U0506830

周易古經易解

李维琦 著

上海古籍出版社

图书在版编目(CIP)数据

周易古经易解 / 李维琦著. —上海：上海古籍出版社，2017. 1(2018. 5 重印)
ISBN 978 - 7 - 5325 - 8326 - 3

Ⅰ.①周… Ⅱ.①李… Ⅲ.①《周易》—注释 Ⅳ.①B221.2

中国版本图书馆 CIP 数据核字(2017)第 024369 号

周易古经易解

李维琦　著

上海世纪出版股份有限公司
上 海 古 籍 出 版 社　出版

(上海瑞金二路 272 号　邮政编码 200020)
　(1) 网址:www. guji. com. cn
　(2) E-mail:guji1@guji. com. cn
　(3) 易文网网址:www. ewen. co

上海世纪出版股份有限公司发行中心发行经销
常熟文化印刷有限公司印刷

开本 635×965　1/16　印张 22.5　插页 2　字数 313,000
2017 年 1 月第 1 版　2018 年 5 月第 2 次印刷
印数:2,101—3,150
ISBN 978 - 7 - 5325 - 8326 - 3
B·981　定价:78.00 元
如有质量问题,请与承印公司联系

开头的话

　　《易经》有经、传两部分。"经"指卦爻辞那一部分，是西周时期的作品。"传"是所谓"十翼"，是春秋战国甚至更晚的作品。对于"传"的研究当然很有意义。但我学力不够，不想搞那么宽。我只讨论"经"，这"经"，在行文中有时称为"古经"。

　　研究《易经》，传统是走象数的路。那条路不适合我。因为象数之学玄杳，一些道理我疑信参半，就不勉为其难了。新近的作法是把它和现代自然科学联系起来，例如，他们中有人说，阴阳，就如电子的二进位算法，由此引出一大块文章来。我这个学文的对此事一窍不通，决不强作解人。剩下给我的领域就只有义理一途了。而且我只讨论卦爻辞本身所显示出来的义理，不在乎前人曾经怎么说过。但我也不是对前人的见解置之不理，他们说对了，我为什么要唱反调？我坦承，这种时候，我就在说前人已说过的现话。

　　这个小册子是效仿业师周秉钧先生著《尚书易解》的精神和宗旨而作，并且是为纪念周先生的冥诞一百周年而作。书由三部分组成。一部分是注解，称为"新注"。其中有些确实是全新的，有些虽是沿用旧释，但它为表达我所理解的新的主题服务，也就冒了一个"新"名。自然也有全旧之处，但那已不算是主要的了。一部分是据此注解而作的白话译文。同时作些说解，以使得每一卦爻辞能联成一个整体。一部分是据前面两部分而归纳出来的古经的思想内容。

最后附上我在周秉钧先生百周年冥诞纪念会上的发言，那是与本书的主要内容密切相关的。

《易经》著作千千万，我下面开列的参考书，只看重文献部分，以及与我"对口"的著述。我没有开列的并不是没有好书，好书多得很，只是我没有开列而已。

[魏]王弼注，〔清〕阮元校传世《周易》，据世界书局影印的《十三经注疏》，中华书局，1980年。

廖名春《马王堆帛书周易经传释文》，《续修四库全书》经部易类第一册，上海古籍出版社，2002年。

张政烺《马王堆帛书〈周易〉经传校读》，中华书局，2008年。

濮茅左《上海博物馆藏战国楚竹书（三）·周易释文考释》，上海古籍出版社，2003年。

何琳仪点校《上海博物馆藏楚竹书〈周易〉》，《儒藏》精华编第281册，北京大学出版社，2007年。

韩自强《阜阳汉简〈周易〉研究》，上海古籍出版社，2004年。

[唐]李鼎祚集注《周易集解》，中央编译出版社，2011年。

杨树达《周易古义》，吉林人民出版社，2010年。

闻一多《周易义证类纂》，《闻一多全集》第10册，湖北人民出版社，1993年。

高亨《周易大传今注》，齐鲁书社，1979年。

高亨《周易古经今注》（1963年撰著，1981年重订），中华书局，1984年。

李镜池《周易通义》，中华书局，1981年。

宋祚胤《周易译注与考辨》，湖南人民出版社，1987年。

还要补充说几句关于本书繁体简体的话。本书上编中古经经文特意用繁体列出，我的说解等用简体。用繁体，是尊重古书。古书本来是那个样子，你把他改得面目全非，他虽然不能说话和你争辩，但为人不可以无敬畏之心。简体繁体往往是一对多的关系，以简代繁，会有难找正身的事儿。这且不说，只说本书可能有的实际问题。"君子幾不如舍"，"月幾望"，"幾"改成"几"，那是一种误导。无异告诉青年人，"隐几而卧"的"几"，古书中有希冀和差近的意思。只顾一时方便，忘了长远的后果。又如"拔茅茹以其彙"，"彙"者类也。你改成"汇"，水流汇合，这一句如何通读呢？还是学罗竹风老先生他们《汉语大词典》的作法，古书用繁，解说用简，没听说罗老他们因此受到指责，相反，《汉语大词典》得过国家级大奖，不是出版的每一部书都能获得这样的大奖的。

本书出版得到挚友鲁国尧教授和上海古籍出版社有关同志的大力支持，有我所在学科郑贤章教授等作坚强后盾，谨表由衷的谢意。

李维琦

目录

1

中编　白话易经及解说

目录

下编　周易古经今论

附　录

上编
周易古经新注

䷀ 乾卦第一①，乾下乾上②

乾③，元亨④，利貞⑤。

初九⑥，潛龍⑦，勿用⑧。

九二⑨，見龍在田⑩，利見大人⑪。

九三⑫，君子⑬終日⑭乾乾⑮，夕惕若⑯，厲⑰，无咎⑱。

九四⑲，或躍在淵⑳，无咎。

九五㉑，飛龍在天㉒，利見大人。

上九㉓，亢龍㉔，有悔㉕。

用九㉖，見群龍无首㉗，吉。

注解：

① 乾卦第一：四字为注者所加。加上序数以醒眉目。以下各卦后接序数，皆同。

② 乾下乾上：四字也是注者所加。两乾卦相重，下面是乾卦，上面是乾卦。（八卦的）乾卦的符号是☰。相传最早的时候八卦是伏羲所画。八卦的名称是乾、坤、震、巽、坎、离、艮、兑。据说姬昌（周文王）将八卦两两排比，交互、颠倒、重叠而成六十四卦。由排比而成的六十四卦各由八卦中的两卦相加或一卦相重而成。这里是相重。

3

③ 乾（qián）：卦名。乾借为健，谓健强，高强。马王堆帛书此字作"键"，也当是"健"的借字。《周易·说卦》："乾，健也。"

④ 元亨：大通，非常顺利。元，大。亨，通。

⑤ 利贞：（此卦为）有利的筮问。贞，用蓍草演算以问吉凶，亦即筮（shì）问。蓍（shī），多年生草本植物，一本多茎，古人曾用其茎来演算，求问吉凶。有别于灼龟以问吉凶，叫做卜问。郑玄注《周礼·天府》"陈玉以贞"："问事之正曰贞。"

⑥ 初九：（从下往上数）第一阳爻（yáo）。八卦一卦三爻；六十四卦的卦，一卦六爻。爻是一根连线（ー），或一根中断线（--）。连线古经叫做"九"，后来叫做"阳"。中断线，古经叫做"六"，后来叫做"阴"。

⑦ 潜龙：龙隐没在水下未现。龙为华夏族图腾，疑是特大型蜥蜴之类。时已消失，只遗留在传说中。

⑧ 勿用：不宜有所施为。

⑨ 九二：阳爻第二，就是第二爻阳爻。

⑩ 见龙在田：龙出现在田野间。见，读为现，音 xiàn。

⑪ 利见大人：（这种现象预示）有利于晋见大人物。大人，指君主，或各级头领。

⑫ 九三：阳爻第三，也就是第三爻阳爻。

⑬ 君子：统治阶级的头面人物。

⑭ 终日：整天整天地。

⑮ 乾乾：健而又健，是说自强不息。

⑯ 夕惕若：整晚整晚地惕然敬惧。惕，《说文·心部》："敬也。"《国语·周语下》"见乱而不惕"，韦昭注："惕，惕然恐惧也。"若，犹"然"，助成形容词的构词成分。

⑰ 厉：危险。《穀梁传·定公元年》"逾年即位，厉也"，范宁注："厉，危也。"

⑱ 无咎：没有灾祸。李鼎祚（唐人，著《周易集解》）引干宝说："凡无咎者，忧中之喜，善补过者也。"

⑲ 九四：阳爻第四，即第四爻阳爻。

⑳ 或跃在渊：龙有时在深潭里腾跃游戏。或，有时。

㉑ 九五：第五爻阳爻。

㉒ 飞龙在天：龙在天上飞翔。

㉓ 上九：第六爻阳爻。一卦六爻，从下往上数，第六爻在最上面，所以说"上"。

㉔ 亢（kàng）龙：龙处高不下。《庄子·人间世》"豚之亢鼻者"，亢，《释文》引司马云："高也。"

㉕ 悔：过失，悔恨。《周易·系辞上》："悔、吝者，言乎其小疵也。""悔"和"吝"，都是说小毛病，小问题。

㉖ 用九：通（本卦全部）阳爻而言。意思近于总而言之。用，帛书作"迵"，与"通"的音义相近。《玉篇·辵部》："迵，徒东切，通达也。"

㉗ 见群龙无首：呈现出群龙无首（无为首的龙）的状态，言其各显神通。见，读为现。

䷁ 坤卦第二，坤下坤上①

　　坤②，元亨，利牝馬之貞③。君子有攸往④，先迷⑤，後得主⑥。利⑦。西南得朋，東北喪朋⑧。安⑨。貞吉⑩。

　　初六⑪，履霜，堅冰至⑫。

　　六二⑬，直、方、大⑭，不習，无不利⑮。

　　六三⑯，含章⑰，可貞⑱。或從王事⑲，无成有終⑳。

　　六四㉑，括囊㉒，无咎无譽㉓。

　　六五㉔，黄裳㉕，元吉㉖。

　　上六㉗，龍戰于野㉘，其血玄黄㉙。

　　用六㉚，利永貞㉛。

注解：

　　①坤下坤上：两坤卦相重，下面是坤，上面也是坤。坤卦的符号是☷。

　　②坤：卦名。坤，古"川"字。《玉篇·巛部》："巛，齿缘切。注渎曰川也。流也。贯穿也。通也。古为坤字。""坤"，马王堆帛书正作"川"，河流贯通于大地，遂取以名卦。

　　③利牝马之贞：有利于就母马之事筮问。意思是，如果筮问（占问）有关母马的事，得吉利的断语。

6

④ 君子有攸往：商人去经商。君子，这里指商人，商人在那时地位不低。有攸往，有所往，商人有所往，那是去经商。攸，所。

⑤ 先迷：先是迷失了方向，指没有找到顾主。

⑥ 后得主：而后有了顾主，生意做成了。

⑦ 利：财利，有财利可得。

⑧ 西南得朋，东北丧朋：西南方向赚钱，东北方向蚀本。朋，货币单位，十钱为朋。

⑨ 安：平安无事。

⑩ 贞吉：筮问如何？吉利。

⑪ 初六：第一爻阴爻。初，序数第一。六，代表中断线，后来称做阴爻。见前注。

⑫ 履霜，坚冰至：脚踏秋霜，寒冬将至。履，践履。坚冰，寒冬始有坚冰，以代寒冬。

⑬ 六二：阴爻第二，即第二爻阴爻。

⑭ 直、方、大：品质端直、方正、心胸阔大。

⑮ 不习，无不利：虽未数习其事，亦无不吉利。数习，经常练习，反复熟习。

⑯ 六三：阴爻第三，即第三爻阴爻。

⑰ 含章：包含美质，具备美好的品德。章，花纹，文采，喻指美质。

⑱ 可贞：（是）称意的筮问（结果）。

⑲ 或从王事：如或为王办事。

⑳ 无成有终：虽无耀眼的成绩，却有良好的收效。

㉑ 六四：阴爻第四，即第四爻阴爻。

㉒ 括囊：扎紧袋口。

㉓ 无咎无誉：无过失也无称誉。是说行事稳健。

㉔ 六五：阴爻第五，即第五爻阴爻。

㉕ 黄裳：黄色的衣裳，吉祥的服装。

㉖ 元吉：大吉大利。元，大。

㉗ 上六：最上面的阴爻，即第六爻阴爻。

㉘ 龙战于野：龙在旷野里厮杀。

㉙ 玄黄：通于"炫熿"，耀眼刺目。《战国策·秦策一》："当秦之隆，黄金万溢为用，转毂连骑，炫熿于道。"

㉚ 用六：通观（本卦全部）阴爻。犹如说总而言之。参乾卦"用九"注。只乾卦有"用九"，坤卦有"用六"，其余各卦都没有这一类的说法。

㉛ 利永贞：永远是吉利的筮问，都有好的结果。或者用现时的表达法：筮问如何？长久吉利。

䷂ 屯卦第三，震下坎上①

屯②，元亨，利貞。勿用有攸往③，利建侯④。

初九，磐桓⑤，利居貞⑥，利建侯。

六二，屯如邅如⑦，乘馬班如⑧。匪寇，婚媾⑨。女子貞不字，十年乃字⑩。

六三，即鹿⑪无虞⑫，惟入于林中⑬。君子幾不如舍⑭，往吝⑮。

六四，乘馬班如，求婚媾，往吉⑯，无不利。

九五，屯其膏⑰，小貞吉⑱，大貞凶⑲。

上六，乘馬班如，泣血⑳涟如㉑。

注解：

① 震下坎上：下面是震卦，上面是坎卦，结合而成屯卦。震卦的符号是䷲，坎卦的符号是䷜。

② 屯（zhūn）：卦名。艰难。《庄子·外物》："心若悬于天地之间，慰暋沈屯。"陆德明《释文》引司马彪云："屯，难也。"

③ 勿用有攸往：不要有所往，不要到外面去有所活动。攸，所。

④ 利建侯：利于封下属或亲属为侯，建立侯国。

⑤ 磐桓：即盘桓，徘徊不进。

9

⑥ 利居贞：利于定居的筮问。若筮问定居之事，吉利。

⑦ 屯如邅如：艰难地行走，徘徊不前的样子。邅（zhān），艰难行进。如，犹然，形容词的构词成分。

⑧ 班如：盘旋的样子。班，《释文》云："郑本作'般'。"读为盘，谓盘旋。

⑨ 匪寇，婚媾：不是劫财，而是抢亲。婚媾，婚配，结婚。

⑩ 女子贞不字，十年乃字：筮问女子嫁人不嫁人？十年后才嫁。

⑪ 即鹿：逐鹿。即，接近，即追赶。

⑫ 无虞：没有虞人帮助接应。虞，虞人，管山林的官。

⑬ 惟入于林中：只好进入茫茫林海中。

⑭ 几不如舍：求取不如舍弃。意思是无人帮助，就不要再追赶了。几（jì），通冀，希望，希望得到。《左传·哀公十六年》："国人望君，如望岁焉，日月以几。"杜预注："冀君来。"

⑮ 往吝：如果去追，便是过失。吝，过失，遗憾。《周易·系辞上》："悔、吝者，忧虞之象也。"韩康伯注："失得之微者，足以致忧虞而已。"

⑯ 往吉：前往求取，吉利。

⑰ 屯其膏：积聚些肥肉。屯（tún），积聚。《庄子·寓言》："火与日，吾屯也。"《释文》："屯，聚也。"膏，肥肉。《国语·晋语一》"不能为膏"，韦昭注："膏，肥也。"

⑱ 小贞吉：小量积聚，筮问如何，吉利。

⑲ 大贞凶：大量积聚，筮问如何，凶险。

⑳ 泣血：哭得眼里出血。

㉑ 涟如：接连不断的样子。

䷃ 蒙卦第四，坎下艮上①

蒙②，亨③。匪我求童蒙，童蒙求我④。初筮告⑤，再三瀆⑥，瀆則不告。利貞⑦。

初六，發蒙⑧。利用刑人⑨，用說桎梏⑩。以往吝⑪。

九二，包蒙⑫，吉。納婦⑬，吉，子克家⑭。

六三，勿用取女⑮，見金⑯，夫不有躬⑰。无攸利。

六四，困蒙⑱，吝。

六五，童蒙⑲，吉。

上九，擊蒙⑳，不利爲寇，利禦寇㉑。

注解：

① 坎下艮（gèn）上：坎卦在下，艮卦加于其上，而成蒙卦。艮卦的符号是☶。

② 蒙：卦名。童蒙的简称。童蒙，幼稚愚昧，幼稚愚昧者。

③ 亨：通达，顺利。

④ 匪我求童蒙，童蒙求我：不是我求幼稚愚昧者，而是幼稚愚昧者求我。匪，非。我，筮人，以著草演算为职业的人。童蒙，或是蔑称居高位的年青人。

⑤ 初筮告：初次筮问（以著草占问吉凶）告其结果。

11

⑥ 再三渎，渎则不告：一而再，再而三（要求占筮），就是亵渎，便不用筮、不用告了。

⑦ 利贞：（这是）有利的占筮。

⑧ 发蒙：除其愚昧。发，马王堆帛书作"癈（废）"，谓除。

⑨ 利用刑人：用受刑者做事，有利。

⑩ 用说桎梏：用解脱其脚镣手铐之法以使刑人方便做事。说，同脱。

⑪ 以往吝：除此以外的做法，会有过失。

⑫ 包蒙：包容蒙昧的孩童。不苛责他。

⑬ 纳妇：娶妻。

⑭ 子克家：娶妻生子，能成家立业。

⑮ 勿用取女：不要娶幼女为妾。

⑯ 见金：其愿为妾者见利动心。金，犹如说钱。

⑰ 夫不有躬：其娶者会丢掉性命。不有躬，言丧其身。

⑱ 困蒙：为幼稚愚昧者所困，（而不辅助教育之）是为失误。

⑲ 童蒙，吉：少智的孩童（有可塑性），本不是坏事。

⑳ 击蒙：敲打幼稚愚昧者，谓批评教育之。

㉑ 不利为寇，利御寇：（其时其人尚不成熟）不宜向外掠取，只可防御外敌。

䷄ 需卦第五，乾下坎上

需①，有孚②，光亨③，贞吉，利涉大川④。

初九，需于郊⑤，利用恒⑥，无咎。

九二，需于沙⑦，小有言⑧，终吉⑨。

九三，需于泥⑩，致寇至⑪。

六四，需于血⑫，出自穴⑬。

九五，需于酒食⑭，贞吉。

上六，入于穴⑮，有不速之客⑯三人来，敬之⑰，终吉。

注解：

① 需：卦名。意思是等待。

② 孚：诚信。《诗·大雅·下武》“成王之孚”，郑玄笺：“孚，信也。”

③ 光亨：大通，非常顺利。光，通广，广大。

④ 利涉大川：利于渡过大川大河。比喻能克服巨大的困难。

⑤ 需于郊：在城郊等待。

⑥ 利用恒：以有恒而得利。

⑦ 需于沙：在沙砾中等待。

⑧ 小有言：有些闲言杂语。

⑨ 终吉：终于吉利。

⑩ 需于泥：在泥泞中等待。

⑪ 致寇至：招惹寇盗来犯。

⑫ 需于血：在沟洫中等待。血，借为洫（xù），大水沟。

⑬ 出自穴：有陌生人从穴中冒出。

⑭ 需于酒食：等候宴饮。

⑮ 入于穴：回到家。古人有以穴为家的。

⑯ 不速之客：不请自来的客人。

⑰ 敬之：恭敬地接待他们，谓待之以礼。

䷅ 讼卦第六，坎下乾上

訟①，有孚窒②，惕③，中吉，終凶④。利見大人，不利涉大川⑤。

初六，不永所事⑥，小有言⑦，終吉。

九二，不克訟⑧，歸而逋其邑人三百戶⑨，无眚⑩。

六三，食舊德⑪，貞厲⑫，終吉。或從王事，无成⑬。

九四，不克訟，復即命⑭，渝安⑮。貞吉。

九五，訟，元吉⑯。

上九，或錫之鞶帶⑰，終朝三褫之⑱。

注解：

① 讼：卦名。争讼，诉讼。

② 有孚窒：诚信窒碍难行。有孚，即孚，"有"是词头，无实义。窒，窒碍，阻塞。

③ 惕：应当警惕。

④ 中吉，终凶：中间吉利，终于危险。

⑤ 不利涉大川：不利于过大江大河，同时比喻困难大，难以克服。

⑥ 不永所事：所从事未能长期坚持。永，长。

⑦ 小有言：有些闲言杂语。

⑧ 不克讼：在讼事中不胜，也就是官司打输了。

⑨ 归而逋其邑人三百户：（打官司）回来让其同邑人三百户逃亡。逋（bū），逃窜，逃亡；使……逃窜、逃亡。

⑩ 无眚：没有过错。眚（shěng），目疾，引申为过失。

⑪ 食旧德：享用昔时所积功德，犹今言吃老本。

⑫ 贞厉：筮问如何，有风险。

⑬ 或从王事，无成：如或为王办事，无功而返。

⑭ 复即命：回来就接受判决。即命，接受判决。命，命令，这里指判决。

⑮ 渝安：改正得平安。渝（yú），变，改正。

⑯ 讼，元吉：讼事无论胜负，都大吉大利。

⑰ 或锡之鞶带：运气好的时候，赏赐给他佩玉用的大腰带。或，有时。锡，读为赐，赏赐。鞶（pán）带，皮制佩玉用的大腰带。

⑱ 终朝三褫之：一个早上多次夺去其所赐。言宠辱无常，胜负不定。终朝，从天亮到吃早饭的时候，这段时间叫终朝（zhāo）。三，多次。褫（chǐ），剥夺（衣饰等）。

䷆ 师卦第七，坎下坤上

師①，貞丈人，吉②，无咎。

初六，師出以律③，否臧④，凶。

九二，在師中⑤，吉。无咎，王三錫命⑥。

六三，師或輿尸⑦，凶。

六四，師左次⑧，无咎。

六五，田有禽⑨，利執言⑩，无咎。長子帥師⑪，弟子輿尸⑫，貞凶⑬。

上六，大君有命⑭：開國⑮承家⑯，小人勿用⑰。

注解：

① 师：卦名。军队。

② 贞丈人，吉：筮问以丈人为帅，得吉利之占。丈人，指受尊敬的长者。

③ 师出以律：以严明的纪律出动军队。

④ 否臧：（如不遵纪）不好。否，不。臧，好。《尚书·盘庚上》："邦之臧，惟女众。"

⑤ 在师中：谓作为统帅的丈人和军队在一起。

⑥ 王三锡命：周王多次颁布宠信统帅及其统帅的部队的命令。

三，多次。锡，赐，颁布。

⑦ 师或舆尸：军队有时候用车子运走尸体。是说战死的人多。或，有时。舆，车子，用车子拉。

⑧ 师左次：军队驻扎在左。军以右为上，居左，谓退避。

⑨ 田有禽：如同田猎，有所获得。田，田猎。有禽，有所获得。

⑩ 利执言：抓到俘虏有利。执言，犹执讯，抓俘虏以供审讯。

⑪ 长子帅师：老大任军队统帅。

⑫ 弟子舆尸：他的弟弟在军，（打了败仗）用车子拉战死者的尸体。

⑬ 贞凶：筮问如何？凶险。

⑭ 大君有命：周王有如下的命令。大君，指周王。

⑮ 开国：为诸侯立国，始建国家。

⑯ 承家：命为卿大夫。

⑰ 小人勿用：不要用无军功的小人。小人，不中用的人，卑鄙无行的人。

䷇　比卦第八，坤下坎上

比①，吉。原筮：元，永贞，无咎②。不寧方③來後④，
夫凶⑤。

初六，有孚比之⑥，无咎。有孚盈缶⑦，終來有它吉⑧。

六二，比之自内⑨，贞吉。

六三，比之匪人⑩。

六四，外比之⑪，贞吉。

九五，顯比⑫，王用三驅，失前禽，邑人不誡⑬，吉。

上六，比之无首⑭，凶。

注解：

① 比：卦名。相亲，相睦。《诗·大雅·皇矣》："王此大邦，克顺克比。"朱熹集传："比，上下相亲也。"

② 原筮：元，永贞，无咎：这七个字是插入语，记载曾经有过的筮问之辞（原筮）。元，等于说元吉，大吉。永贞，无咎，长时筮问，都得无咎的断辞。无咎，无灾无祸。

③ 不宁方：不安定的国家，即乱邦。

④ 来后：来朝后至。

⑤ 夫凶：彼凶。彼，指乱邦之君。此言诸侯朝王，后至者诛。

19

"后至者诛",见《国语·鲁语下》:"防风氏后至,禹杀而戮之。"

⑥ 有孚比之:我有诚信而亲比他人。

⑦ 有孚盈缶:诚信满满。盈缶,字面意思是盆满钵满,实际意思只是充盈。缶(fǒu),钵。

⑧ 终来有它吉:到头来还有其他吉利不求自至。

⑨ 比之自内:从内部来与人相亲。犹今谓团结单位内部的人。

⑩ 比之匪人:非其人而与之相亲。无须团结的对象也讲团结。匪,非。

⑪ 外比之:与外面的人相亲,谓团结外部人士。

⑫ 显比:与人相亲明显的例。

⑬ 王用三驱,失前禽,邑人不诫:王多次驰骋田猎,未得其追逐的猎物,而不责怪乡人。

⑭ 比之无首,凶:所亲比的人无为首者,此事凶险。意思是说,不是与个别的人相亲,与之相亲的是一群人,这才吉利。

䷈ 小畜卦第九，乾下巽①上

小畜②，亨。密雲不雨，自我西郊③。

初九，復自道④，何其咎⑤，吉。

九二，牽復⑥，吉。

九三，輿説輻，夫妻反目⑦。

六四，有孚⑧，血去⑨惕出⑩，无咎。

九五，有孚攣如⑪，富以其鄰⑫。

上九，既雨既處⑬，尚德載⑭。婦貞厲⑮，月幾望，君子征⑯，凶。

注解：

① 巽（xùn）：八卦卦名之一。符号☴。

② 小畜：卦名。是说积小富为大富。畜（xù），积蓄。

③ 密云不雨，自我西郊：浓密的乌云从我所居城邑西郊飘来，却不见下雨。两句言农家盼及时雨，以便适时播种。

④ 复自道：自旅途归来，言回归主业。

⑤ 何其咎：那还有什么过错呢？此为归家男人设言。

⑥ 牵复：强制回到主业。牵，牵制，强制。

⑦ 輿説輻，夫妻反目：夫妻不和，正如车和轮脱节了一样。从

21

正面说，就是要夫妻和好，齐心生产，才能致富。舆，车。说，同脱。辐，本谓凑集于轮中的直木，以代轮。反目，反目相向，谓不和。孔颖达疏："夫妻乖戾，故反目相视。"

⑧ 有孚：有诚心于耕作。

⑨ 血去：去掉了荒废农事的忧虑。血，通恤，忧。

⑩ 惕出：产生了敬业之心。惕，敬惧。

⑪ 有孚挛如：有诚心绵绵不断。挛（luán）如，不断绝的样子。

⑫ 富以其邻：因邻居之助而富，谓共富。我以邻富，邻以我富，我亦邻之邻。当时有没有生产互助组之类的组织，不得而知。

⑬ 既雨既处：已下及时雨免旱，雨已停止，免涝。处，止。《大戴礼记·诰志》："川谷不处，深渊不涸。"

⑭ 尚德载：丰收有望啦。尚，表希冀的副词。德，通得，谓收成。载，通哉，语气助词。

⑮ 妇贞厉：妇女筮问：要再接再厉吗？

⑯ 月几望，君子征：男人看到快月半了，又想离家上路。几，接近。望，农历每月十五日。君子，这里指男人。征，出门远去。

䷉ 履卦第十，兑^①下乾上

履虎尾^②，不咥人^③，亨。

初九，素履^④，往，无咎。

九二，履道坦坦^⑤，幽人贞吉^⑥。

六三，眇能视^⑦，跛能履^⑧。履虎尾，咥人，凶。武人为于大君^⑨。

九四，履虎尾，愬愬^⑩，终吉。

九五，夬履^⑪，贞厉^⑫。

上九，视履考祥^⑬，其旋元吉^⑭。

注解：

① 兑：八卦的卦名，符号是☱。

② 履虎尾：根据卦辞都先出卦名例，此处当作"履，履虎尾"。前一"履"，卦名。后面"履虎尾"，是说踩着老虎的尾巴。履，践行，踩踏。

③ 不咥人：不咬人。咥（dié），撕咬。

④ 素履：行走如常。素，平素。

⑤ 履道坦坦：走平平坦坦的大路。

⑥ 幽人贞吉：筮问囚徒吉凶，平安无事。幽人，囚徒。幽，囚

23

禁。《史记·太史公自序》："七年，而太史公遭李陵之祸，幽于缧绁。"

⑦ 眇能视：一目失明还能看见。眇（miǎo），一目失明。

⑧ 跛能履：腿瘸还能走路。跛（bǒ），腿瘸。

⑨ 武人为于大君：军人做了天下共主。武人，带兵的人。于，动宾之间的虚词。大君，相当于周王那样的角色，统治天下。军人做了天下共主，当指伯和篡立，公元前841至828年。

⑩ 愬愬（sèsè）：恐惧的样子。

⑪ 夬履：快步行进。夬，读为快。

⑫ 贞厉：筮问吉凶如何，有风险。

⑬ 视履考祥：视与行都讲究善。考，成。祥，善。

⑭ 其旋元吉：他周旋于世，必大吉大利。

䷊　泰卦第十一，乾下坤上

泰①，小往大來②，吉，亨。

初九，拔茅茹以其彙③，征吉④。

九二，包荒⑤，用馮河⑥，不遐遺朋⑦。亡得，尚于中行⑧。

九三，无平不陂⑨，无往不復⑩。艱貞⑪，无咎，勿恤其孚⑫，于食有福⑬。

六四，翩翩不富，以其鄰⑭，不戒以孚⑮。

六五，帝乙歸妹⑯，以祉⑰，元吉。

上六，城復于隍⑱，勿用師，自邑告命⑲。貞吝⑳。

注解：
① 泰：卦名。通达，想得开。

② 小往大来：有来有往，有大有小，互相转化。

③ 拔茅茹以其汇：拔茅草，把同类别的茅草连根拔出。茹，根。汇（huì），类。

④ 征吉：谓筮得此爻，于征行吉利。

⑤ 包荒：葫芦瓜中空。包，借为匏。荒，空。韦昭注《国语·吴语》"荒成不盟"："荒，空也。"

⑥ 用冯河：把葫芦瓜系在腰上涉水过河。

⑦ 不遐遗朋：不将朋友远抛在后头。遐，远。

⑧ 亡得，尚于中行：虽无所得，却还是崇尚中道的行为。亡，无。中行，中道，中正之道，一种好的品德。

⑨ 无平不陂：没有平地就没有坡地，没有水平就没有波浪。陂(bēi)，坡地。《文选·古诗〈冉冉孤生竹〉》："千里远结婚，悠悠隔山陂。"

⑩ 无往不复：没有往就没有来，没有去就没有回。

⑪ 艰贞，无咎：筮问艰难则如何，无灾无祸。

⑫ 勿恤其孚：不要忧虑他的倒霉。恤，忧。孚，借为覆，倾覆。

⑬ 于食有福：在饮食方面有福，就是有口福。

⑭ 翩翩不富，以其邻：风度翩翩仍然穷，因为他的邻居是损友。

⑮ 不戒以孚：不接受教诫而至于败家。孚，通覆。

⑯ 帝乙归妹：帝乙嫁女。帝乙，商纣王之父。归，嫁。妹，女儿。

⑰ 以祉：因而得福。祉，福。

⑱ 城复于隍：筑城就近取土，土之所取处即为护城河，亦即隍。城倾，土入于隍，所以说"城復于隍"。

⑲ 勿用师，自邑告命：从城里发来命令，不用兴师动众（再取隍中之土以修复城墙）。

⑳ 贞吝：筮问如何，遗憾，不太好。

䷋ 否卦第十二，坤下乾上

否之匪人①，不利。君子贞②：大往小來③。

初六，拔茅茹以其彙，贞吉亨④。

六二，包承⑤，小人吉⑥，大人否⑦，亨。

六三，包羞⑧。

九四，有命⑨，无咎。疇離祉⑩。

九五，休否⑪，大人吉。其亡其亡，繫于苞桑⑫。

上九，傾否⑬，先否後喜⑭。

注解：

① 否之匪人：据卦辞前有卦名例，此处当作"否，否之匪人。"
否（pǐ）：卦名。传统解释为闭塞不通。实际意思是否定。张衡《西京赋》："街谈巷议，弹射臧否，剖析毫厘，擘肌分理。"荀悦《前汉纪·高祖一》："虽臧否不同，其揆一也。"臧否，都是褒贬义，亦可说成肯定、否定。匪之非人：否定非其人，谓不当否定而否定之。匪，非。

② 君子贞：筮问君子对否定应持何种态度。

③ 大往小来：谓损多益少。

④ 贞吉亨：筮问如此吉凶如何，吉利，亨通。

⑤ 包承：包容，宽容。

⑥ 小人吉：对于小人来说，吉利。

⑦ 大人否：对于大人来说，不吉利。

⑧ 包羞：忍辱。朱熹《论语精义·雍也第六》："杨曰：子见南子，包承者也。此大人处否而亨之道。卫人以为，过吾国者必见吾寡小君。则孔子安得而不见？不见则乱群矣。使孔子而得位，则以妾为妻者，固将正之也。否则无可为之时，则天实厌之，人如之何哉？子路不悦，包羞者也。盖过乎中，则失所谓包承者矣。"按，今注"包承"为"包容"，注"包羞"为"忍辱"，参考了这里朱熹所引杨氏对这两个词语的理解。

⑨ 命：天命，君命。

⑩ 畴离祉：同类人会因而得福。畴，借为俦，类。离，遭，受。

⑪ 休否：放弃否定，亦即不用批判。

⑫ 其亡其亡，系于苞桑：说是羊跑了，羊跑了，（却原来它没有跑，）把它系在桑树丛中。其，指羊。亡，逃亡，丢失。苞桑，桑树丛。

⑬ 倾否：彻底抛弃否定。倾，倾覆，使倾覆。

⑭ 先否后喜：先是想不通，后来就乐意接受了。

䷌ 同人卦第十三，离①下乾上

同人于野②，亨。利涉大川，利君子贞③。

初九，同人于門④，无咎。

六二，同人于宗⑤，吝⑥。

九三，伏戎于莽⑦，升其高陵⑧，三歲不興⑨。

九四，乘其墉⑩，弗克攻⑪，吉。

九五，同人，先號咷而後笑⑫，大師克相遇⑬。

上九，同人于郊⑭，无悔⑮。

注解：

① 离：八卦的一个卦名，符号是☲。

② 同人于野：在城郊之外会集众人。"同人"之前照例当补"同人"二字，以为卦名。同，会集。《诗·豳风·七月》"嗟我农夫，我稼既同，上入执宫功。"郑笺："既同，言已聚也。"野，郊外曰野。

③ 利君子贞：君子筮问，得吉利之占。

④ 同人于门：在家门口聚集众人。

⑤ 同人于宗：在宗庙里集合众人。

⑥ 吝：遗憾，不好。

⑦ 伏戎于莽：伏兵于草莽之中。此兵戎当为所集之众执兵以待。

⑧ 升其高陵：登上那高高的土山。陵，土山。

⑨ 三岁不兴：长时间没有攻击行动。兴，兴起，有所行动。

⑩ 乘其墉：登上那城墙。乘，登。墉（yōng），城墙。

⑪ 弗克攻：未能进攻。

⑫ 先号咷而后笑：集众之先，以为没有出路而大哭。集众之后，看到了群众的力量而心情大好，因而喜笑。号咷（háotáo），放声大哭。

⑬ 大师克相遇：大众能聚合生威。师，众。

⑭ 郊：城外曰郊，郊外曰野。

⑮ 无悔：没有遗憾，就是正确。

䷍　大有卦第十四，乾下离上

大有①，元亨。

初九，无交害②，匪咎③，艰则无咎④。

九二，大车以载⑤，有攸往⑥，无咎。

九三，公用亨于天子⑦，小人弗克⑧。

九四，匪其彭⑨，无咎。

六五，厥孚⑩交如威如⑪，吉。

上九，自天祐之⑫，无不利。

注解：

① 大有：卦名。一切都有，富有。

② 无交害：不要互相残害。交，互。

③ 匪咎：不是祸，是福。匪，非。

④ 艰则无咎：共患难时，黾勉同心，则无忧无祸。

⑤ 大车以载：用大车装载财货。

⑥ 有攸往：有输送的目的地。攸，所。

⑦ 公用亨于天子：公卿大臣以此得受天子宴享。亨，享。

⑧ 小人弗克：庶民不能得此厚遇。克，能。

⑨ 匪其彭：不可那样张扬。彭，鼓声盛大，比喻气势张扬。

⑩ 厥孚：其诚信，指公卿大夫对天子的忠诚。

⑪ 交如威如：积聚叠加。交，交集。威，借为委，委积。马王堆帛书正作"委"。如，形容词构词成分。

⑫ 自天祐之：其佑护自天上来，意即上天保佑他。

☶☷ 谦卦第十五，艮①下坤上

谦②，亨，君子有終③。

初六，謙謙④，君子用涉大川⑤，吉。

六二，鳴謙⑥，貞吉。

九三，勞謙⑦，君子有終，吉。

六四，无不利，撝謙⑧。

六五，不富以其鄰⑨。利用侵伐⑩，无不利。

上六，鳴謙，利用行師征邑國⑪。

注解:

① 艮（gèn）：八卦卦名，符号是☶。

② 谦：卦名。谦虚，谦逊。

③ 君子有终：是说因为有谦退的美德君子最后会有好的收场。

④ 谦谦：谦而又谦，是说足够谦恭。

⑤ 君子用涉大川：君子凭着这谦退的美德能渡过大江大河，克服巨大的困难。

⑥ 鸣谦：表现谦恭。有谦恭的表现。

⑦ 劳谦：劳累于谦退，以谦退而劳累。是说极度谦恭。有不宜过分的意思。

33

⑧ 扐谦：即为谦，行谦。扐，借作"为"。

⑨ 不富以其邻：不因邻居而富，谓不损人利己。

⑩ 利用侵伐：利于用此精神侵伐，谓侵伐非谋取财利。

⑪ 利用行师征邑国：用谦退的精神派兵征讨城邑侯国，有利。

䷏　豫卦第十六，坤下震①上

豫②，利建侯行師③。

初六，鳴豫④，凶。

六二，介于石⑤，不終日⑥，貞吉⑦。

六三，盱豫⑧，悔⑨。遲⑩，有悔⑪。

九四，由豫，大有得⑫，勿疑⑬。朋盍簪⑭。

六五，貞疾，恒，不死⑮。

上六，冥豫成，有渝，无咎⑯。

注解：

① 震：八卦的卦名，符号是☳。

② 豫：卦名。逸豫，安乐。

③ 利建侯行师：利于建立侯国、出动军队。

④ 鸣豫：表现出安乐自得的样子。

⑤ 介于石：比石头还坚硬。介，通砎，坚硬。

⑥ 不终日：不要一整天（其美德就能获得认可）。

⑦ 贞吉：筮问如何，吉利。

⑧ 盱豫：扩大逸豫。谓过度欢乐。盱（xū），扩大。《汉书·地理志下》"恂盱且乐"注："盱，大也。"

35

⑨ 悔：遗憾，过错。

⑩ 迟：延迟过度欢乐的时长。

⑪ 有悔：又错。有，又。

⑫ 由豫，大有得：由于逸豫适度，大有收获。

⑬ 勿疑：不用怀疑。

⑭ 朋盍簪：（也由于逸豫有度，）朋友得以聚会。盍簪，联绵词，聚集之意。盍，合，集合。簪，朱熹《周易本义》卷一："簪，聚也。"方以智《通雅》卷八谓："簪，虞作戠，丛合也。"

⑮ 贞疾，恒，不死：筮问疾病如何，不会好，也不会死。恒，常，谓常时患病不愈。

⑯ 冥豫成，有渝，无咎：形成了盲目逸豫的毛病，若有改变，无祸。冥，通暝，闭上眼睛。《韩非子·外储说左上》："虽冥而妄发，其端未尝不中秋毫也。"渝（yú）：改变。《诗·郑风·羔裘》："彼其之子，舍命不渝。"

随卦第十七，震下兑上

随①，元亨，利贞，无咎。

初九，官有渝②，贞吉，出門交有功③。

六二，係小子④，失丈夫⑤。

六三，係丈夫，失小子⑥，随有求得⑦，利居贞⑧。

九四，随有獲⑨，贞凶⑩。有孚在，道以明，何咎⑪？

九五，孚于嘉⑫，吉。

上六，拘係之⑬，乃從維之⑭，王用亨于西山⑮。

注解：

① 随：卦名。随顺，随从。一种处事原则。

② 渝：通谕，通知，告示。马王堆帛书正作"谕"。

③ 出门交有功：外出活动皆有成功。交，范围副词，皆，都。

④ 系小子：抓住了小孩。经文作"係"，係，系的繁体字，束缚，捆绑。小子，这里指小孩子。或是小奴隶。

⑤ 失丈夫：逃走了大人。丈夫，这里指大人，或是成年奴隶。

⑥ 系丈夫，失小子：抓住了大人，小孩又逃走了。

⑦ 随有求得：随其所求所得。意思是抓到谁就是谁。

⑧ 利居贞：筮问安居如何，吉利。此"安居"，或指心安理得，

37

或指不再烦扰滋事。

⑨ 随有获：随其所获，意思也是抓住谁就用谁做人牲。

⑩ 贞凶：筮问如何，凶险。也就是说，抓住谁，谁就该死，在占筮那里通不过。因为没有讲道理。

⑪ 有孚在，道以明，何咎：只要有诚心在，天道得以显扬，那还有什么过错？这是对前文"贞凶"的回答。

⑫ 孚于嘉：诚信在于美好。之所以推崇诚信，是因为它是美好的。

⑬ 拘系之：抓住他，捆绑他。

⑭ 乃从维之：进而加大绳捆紧些。维，系物大绳。《墨子·备蛾传》："斩维而下之。"这里用为动词，以大绳捆绑。

⑮ 王用亨于西山：周王用来到岐山祭祖。王，指周王。亨，读为享，祭祀。西山：指西周岐山。

䷑　蛊卦第十八，巽下艮上

蠱①，元亨，利涉大川。先甲三日，後甲三日②。

初六，幹父之蠱③，有子④，考无咎⑤。属，終吉⑥。

九二，幹母之蠱⑦，不可貞⑧。

九三，幹父之蠱，小有悔，无大咎⑨。

六四，裕父之蠱⑩，往見吝⑪。

六五，幹父之蠱，用譽⑫。

上九，不事王侯⑬，高尚其事⑭。

注解：

① 蛊（gǔ）：卦名。原指蓄养在器皿中的毒虫，卦中喻指迷误。

② 先甲三日，后甲三日：从天干的甲向前数三天到辛，向后数三天到丁，加上甲本身，一共七天。古人以为从辛到丁，即从始至终，而从丁到辛为从终到始。如此往复循环，便是天行、天道。说此者，谓卦中之言，皆是天道。

③ 干父之蛊：管束父亲的迷误。干，读为管。《汉书·刘向传》："显干尚书事，尚书五人，皆其党也。"颜师古注："干与管同。"管，这里谓管束，约束。蛊，迷乱，惑乱。《左传·昭公元年》："是谓近女室，疾如蛊。非鬼非食，惑以丧志"。孔颖达疏："蛊者，心志惑

39

乱之疾."马王堆帛书作"箇",借为"固",谓执拗固陋。

④ 有子：特指有好的儿子。是说能"干父之蛊"的儿子是好儿子。

⑤ 考无咎：父亲因而无祸。考，父亲。

⑥ 厉，终吉：虽有风险，终于吉利。

⑦ 干母之蛊：管束母亲的迷误。

⑧ 不可贞：筮问可否，不可。

⑨ 小有悔，无大咎：会有小的过失，而无大错。

⑩ 裕父之蛊：任由父亲的迷误增加。裕，使……增多。

⑪ 往见吝：如此以往，将被认为是过失。

⑫ 用誉：因而受到赞誉。

⑬ 不事王侯：不做王侯的事，不为王侯做事。

⑭ 高尚其事：认为不为王侯做事是高尚的。

䷒ 临卦第十九，兑下坤上

临①，元亨，利贞，至于八月，有凶②。

初九，咸临③，贞吉。

九二，咸临④，吉，无不利。

六三，甘临⑤，无攸利⑥。既忧之，无咎⑦。

六四，至临⑧，无咎。

六五，知临⑨，大君之宜⑩，吉。

上六，敦临⑪，吉，无咎。

注解：

① 临：卦名。治理民众谓之临。《国语·周语上》："受职于王，以临其民。"

② 至于八月，有凶：到八月，其时可能出现凶险的事。八月是青黄不接的时候。孟子说："七八月之间旱"。这时可能有灾情。可能饿死人，可能灾民暴动。

③ 咸临：谓以和治民。《左传·僖公二十四年》："昔周公吊二叔之不咸。""不咸"，不和同。

④ 咸临：似不可与上一个"咸临"相重，当有异解。此"咸"或读为"感"。感，感应，谓上下相通，刚柔相济等。以此治民，叫

做"感临"。《荀子·大略》："咸，感也，以高下下，以男下女，柔上而刚下。"

⑤ 甘临：以宽缓治民。甘，宽缓。《庄子·天道》："斫轮，徐则甘而不固，疾则苦而不入。"成玄英疏："甘，缓也。"

⑥ 无攸利：无所利，见不到这样做的好处。

⑦ 既忧之，无咎：但既已忧国忧民，就当无灾无祸。

⑧ 至临：以准则治民，谓讲究规范。《逸周书·常训》："民生而有习有常，以习为常，以常为慎……上贤而不穷，哀乐不淫，民知其至。"

⑨ 知临：以智慧治民。知，智。

⑩ 大君之宜：为天下共主之所宜用。大君，天下共主，高于一国之君。

⑪ 敦临：以厚道治民。敦，厚。

䷓ 观卦第二十，坤下巽上

観①，盥而不薦②，有孚顒若③。

初六，童観④，小人无咎⑤，君子吝⑥。

六二，闚観⑦，利女貞⑧。

六三，観我生進退⑨。

六四，観國之光⑩，利用賓于王⑪。

九五，観我生⑫，君子无咎⑬。

上九，観其生⑭，君子无咎⑮。

注解:

① 观：卦名。观察。

② 盥而不荐：洗手而不祭祀。盥（guàn）：祭祀前洗手。荐，祭祀中献上祭品。

③ 有孚顒若：满是对神的虔诚。有孚，即孚，对神的诚心。顒若，盛大的样子。顒（yóng），头大，引申为一般的大。若，形容词构词成分。

④ 童观：像小孩子一般看事物。

⑤ 小人无咎：对于小民来说，小孩似的看事物没关系。

⑥ 君子吝：统治阶层也这样看就有错。

⑦ 阒观：从门缝里向外看。阒，同窥，经门缝往外看。

⑧ 利女贞：筮问可否，女人可以，有利。

⑨ 观我生进退：观察回想我的一生的进退。进退，谓升沉荣辱等。

⑩ 观国之光：观察瞻仰国家的光辉事业。

⑪ 利用宾于王：利于以此做王的客人。

⑫ 观我生：回顾我一生的言行。

⑬ 君子无咎：君子之行，问心无愧。

⑭ 观其生：观察他（们）一生的言行。

⑮ 君子无咎：君子行者，同样无怨无悔。

䷔ 噬嗑卦第二十一，震下离上

噬嗑①，亨，利用狱②。

初九，屦校③灭趾④，无咎。

六二，噬肤⑤灭鼻⑥，无咎。

六三，噬腊⑦肉，遇毒⑧。小吝⑨，无咎。

九四，噬乾胏⑩，得金矢⑪，利艰贞⑫，吉。

六五，噬乾肉，得黄金⑬，贞厉⑭，无咎。

上九，何校⑮灭耳⑯，凶。

注解：

① 噬嗑：卦名。噬（shì），咬。嗑（hé），口闭合。

② 利用狱：利于治狱，利于处理囚徒。

③ 屦校：戴上脚镣。屦（jù），鞋，穿鞋。校（jiào），木制刑具。

④ 灭趾：砍掉脚趾头。

⑤ 噬肤：噬咬囚徒的肉。肤，连皮带肉。但不知是人咬，还是用豸一类的兽去咬。

⑥ 灭鼻：削去鼻子。灭趾、灭鼻，都是酷刑。

⑦ 腊（xī）肉：风干、晒干或烤干的肉。或是备食用的死囚的

45

干尸。

⑧ 毒：肉中苦恶之物。

⑨ 小吝：这里是说小有不适。

⑩ 胏（zǐ）：带骨的肉脯。

⑪ 得金矢：谓吃肉吃到肉中有铜箭头。此所食当是战俘。肉中犹有箭头未取出。金，铜。

⑫ 利艰贞，吉：筮问碰到困难当如何，得吉利之占。

⑬ 得黄金：咬肉，肉中有金，该是富者之尸。或是敌对部落里贵族尸体。黄金，黄铜，当时是贵金属。

⑭ 贞厉：筮问如何，有风险。

⑮ 何校：肩上套着木枷。何（hè），此字后世写作"荷"，肩负或背扛。

⑯ 灭耳：割了耳朵。

䷕ 贲卦第二十二，离下艮上

贲①，亨，小利有攸往②。

初九，贲其趾③，舍車而徒④。

六二，贲其須⑤。

九三，贲如濡如⑥，永贞吉⑦。

六四，贲如皤如⑧，白馬翰如⑨，匪寇，婚媾⑩。

六五，贲于丘園⑪，束帛戋戋⑫。吝，终吉⑬。

上九，白贲，无咎⑭。

注解：

① 贲：卦名。帛书作"蘩"，是"蘩"的借字。蘩（fán），即白蒿，野菜，可食。

② 小利有攸往：筮得此卦，到什么地方去的话，小有吉利。

③ 贲其趾：蘩之沚。产蘩的水中小块陆地。趾，借为沚，水中小块陆地。

④ 舍车而徒：离开所乘车徒步去采蘩。

⑤ 贲其須：蘩的根须。

⑥ 贲如濡如：蘩菜柔嫩。如，构词成分。濡（ruǎn）：柔嫩。

⑦ 永贞吉：筮得此，长期吉利。

⑧ 贲如皤如：白繁白。皤（pó），白色。

⑨ 白马翰如：白马白。翰，白马。

⑩ 匪寇，婚媾：那不是抢财，那是抢婚。

⑪ 贲于丘园：白繁长在坡上菜园里。丘，小土山。

⑫ 束帛戋戋：像一束束小小的白绢。帛，绢。戋（jiān）戋，小
小的。

⑬ 吝，终吉：有小的不如意，但终将吉利。

⑭ 白贲，无咎：筮得白繁，无灾无祸。

䷖　剥卦第二十三，坤下艮上

剥①，不利有攸往②。

初六，剥牀以足③，蔑贞，凶④。

六二，剥牀以辨⑤，蔑贞，凶。

六三，剥之⑥，无咎。

六四，剥牀以肤⑦，凶。

六五，贯鱼以宫人宠⑧，无不利。

上九，硕果不食⑨，君子得舆⑩，小人剥庐⑪。

注解：

① 剥：卦名。读为支（pū），阜阳汉简作"僕（仆）"可证其读音。意思是击打。

② 不利有攸往：有所往，皆不利。攸，所。

③ 剥床以足：殴打家奴的脚。床，借为臧，奴隶，此谓王室家奴。帛书正作"臧"。以，犹于，介词。

④ 蔑贞，凶：筮问消灭之可否，凶险。蔑，借为灭。筮人认可殴打奴隶，不认可杀死他们。

⑤ 剥床以辨：殴打家奴的膝盖。辨，借为蹁（pián），膝盖。

⑥ 剥之：殴打家奴。之，代家奴。

49

⑦ 剥床以肤：殴打家奴腹部。肤，特指腹部的肌肤。

⑧ 贯鱼以宫人宠：宫人以鱼贯式依次受宠幸，谓不争宠。

⑨ 硕果不食：谓君子不食美食。硕果，大的果食，指美食。

⑩ 君子得舆：君子由此不好美食，而得有车可乘。

⑪ 小人剥庐：小民剥取芦根为食。庐，马王堆帛书作"蘆"（芦），指萝卜、荸荠之类。连前言统治者与被统治者生活差距。

䷗ 复卦第二十四，震下坤上

復①，亨，出入无疾②。朋來，无咎③。反復其道，七日來復④。利有攸往。

初九，不遠復⑤，无祗悔⑥，元吉。

六二，休復⑦，吉。

六三，頻復⑧，厲，无咎⑨。

六四，中行獨復⑩。

六五，敦復⑪，无悔。

上六，迷復，凶，有災眚⑫。用行師，終有大敗⑬。以其國君凶，至于十年不克征⑭。

注解：

① 复：卦名。回来，回归。

② 出入无疾：出门回家都没有病痛。

③ 朋来，无咎：发生了山崩，没有造成灾害。朋，帛书作"堋"，《释文》谓"京作崩"。作"崩"是。

④ 反复其道，七日来复：在那道路上反复行走，天道循环往复，七天一个来回。

⑤ 不远复：没走多远就回来。

51

⑥ 无祗悔：没有大的遗憾。祗（zhī），孔疏说："韩氏云：'祗，大也。'"

⑦ 休复：高兴地回归。休，《广雅·释言》："喜也。"

⑧ 频复：频繁地回复。

⑨ 厉，无咎：有风险，但无过失。

⑩ 中行独复：半路上单独回来。

⑪ 敦复：庄重地回归。敦，厚实，庄重。

⑫ 迷复，凶，有灾眚：迷误于返回，凶险，有灾祸。

⑬ 用行师，终有大败：以迷复而出兵打仗，终归大败。

⑭ 以其国君凶，至于十年不克征：使其国君处于凶险之境，以至于十年都不能作战。以，犹使。克，能。

䷘ 无妄卦第二十五，震下乾上

无妄①，元亨，利贞。其匪正，有眚②。不利有攸往。

初九，无妄，往吉③。

六二，不耕穫④，不菑畬⑤，则利有攸往⑥。

六三，无妄之灾⑦，或繋之牛⑧，行人之得⑨，邑人之灾⑩。

九四，可贞，无咎⑪。

九五，无妄之疾，勿藥有喜⑫？

上九，无妄行有眚？无攸利⑬。

注解：

① 无妄：卦名。无虚妄，即诚正。

② 其匪正，有眚：如果不正，将有灾难。其，表示假设。匪，非。眚，灾。

③ 无妄，往吉：以诚正前往（行事），吉利。

④ 不耕获：不耕作而收获粮食。

⑤ 不菑畬：不积蓄而有余。菑，上博竹简作"畜"；畬，马王堆帛书作"馀"，当据正。

⑥ 则利有攸往：就无往而不利。不耕而获，不蓄而余，却能无

53

往不利，有悖现时道德。但那时是上古，或许竟是事实。爻辞作者本就这么写，不必为之讳，不必曲为之说。正如噬嗑卦爻辞，肉刑惨烈，咬啮干尸不可思议，亦不必为之讳，不必曲为之说。

⑦ 无妄之灾：诚信厚道的人的灾难。

⑧ 或系之牛：有人拴了一头牛。之，代词，与后面两句"之"字相对应。

⑨ 行人之得：行人得之，过路的人偷了去。得，这里指偷，"偷"走就"得"了。

⑩ 邑人之灾：（是附近）居民的祸事。（怀疑是近处周围的人偷走了。）

⑪ 可贞，无咎：筮问诚正可否，应无过错。

⑫ 无妄之疾，勿药有喜：诚正的人生了病，不吃药也会好吗？喜，可表示病愈。

⑬ 无妄行有眚？无攸利：诚正之行有过错吗？没有益处。九五与上九两条爻辞都是对为无妄行的怀疑。其实，六二、六三爻辞，就已经在怀疑"无妄"有没有用了。

䷙　大畜卦第二十六，乾下艮上

大畜①，利貞，不家食②，吉，利涉大川。

初九，有厲，利巳③。

九二，輿説輹④。

九三，良馬逐⑤，利艱貞⑥，日閑輿衞⑦。利有攸往。

六四，童牛之牿⑧，元吉。

六五，豶豕之牙⑨，吉。

上九，何天之衢⑩，亨。

注解：

① 大畜：卦名。大量积蓄潜力，待机而起。

② 不家食：谓忙于王事或投身公共事务，常在外就餐，不在家里吃食。

③ 有厉，利巳：谓忙于公务而不顾私事虽有风险，但终将得利。巳，读为已。通矣。《释文》云："夷止反。"

④ 輿説輹：车箱脱离了车轮，比喻艰难。輿，车箱。説，同脱。輹（fù），钩连车箱底板与车轴的部件。

⑤ 良马逐：良马丢失。逐，马王堆帛书、阜阳汉简均作"遂"，作遂是。《说文·辵部》："遂，亡也。"

⑥ 利艰贞：筮问艰难则如何，吉利。舆脱轮，良马亡，皆是艰难之事。艰难必有克服之法，故说吉利。

⑦ 日闲舆卫：天天训练车从卫队。日，天天。传世本作"子曰"之"曰"。《释文》谓："郑：人实反。"人实反就当是"日月"之"日"。李鼎祚《周易集解》亦作"日"，朱熹《周易本义》也认为是"日月之日"。今从"日"作，于义为长。闲，闲习，谓训练。

⑧ 童牛之牿：小牛角上的牿。牿（gù），施于牛角以防触人的横木。言虽则施牿而触人的能力还在。

⑨ 豮豕之牙：阉猪的牙齿完好，它仍有啮人的本事。豮（fén）豕，去势的猪。

⑩ 何天之衢：担任实施天道的重任，犹如后世说"奉天承运"。何，负荷。衢，道。子夏《易传》："何天之衢，道大行也。"《后汉书·崔骃传》："何天衢于盛世兮，超千载而垂绩。"

䷚　颐卦第二十七，震下艮上

颐①，贞吉。觀颐②，自求口實③。

初九，舍爾靈龜，觀我朵颐④，凶⑤。

六二，顚颐⑥，拂經于丘颐⑦，征凶⑧。

六三，拂颐⑨，贞凶，十年勿用⑩，无攸利⑪。

六四，顚颐⑫，吉。虎視眈眈⑬，其欲逐逐⑭，无咎。

六五，拂經，居贞吉⑮，不可涉大川。

上九，由颐⑯，厲，吉⑰，利涉大川。

注解：

① 颐（yí）：卦名。口腔下部，就是下巴。传统注家皆以"颐"为"养"，遂生异义。

② 观颐：观察吃食时下巴的动态以究吉凶。犹如我们现时犹有审察耳朵以观病情一样。

③ 自求口实：从口含食物（的动作）来推求（吉凶）。自，从。求，推求。口实，口中食物。实，指食物。

④ 舍尔灵龟，观我朵颐：放下你的神龟这个卜筮工具，看我的下巴动。灵，神，言其效验。朵，《周易正义》孔疏："朵是动义"。

⑤ 凶：谓看下巴动态以测吉凶，不是正道，凶险。

57

⑥ 颠颐：下巴剧烈地动。顶上为颠，倒下亦为颠，上下震动谓之颠簸，故颠颐有上下大幅动作之义。

⑦ 拂经于丘颐：以其大动作而异常。拂经，逆反于正常，谓反常，异常。丘，大。尹知章注《管子·侈靡》"丘老不通"："丘，大也。"

⑧ 征凶：照此行事，凶险。

⑨ 拂颐：下巴左右摇动。《逸周书·时训》："鸣鸠拂其羽"。拂，谓摇动。

⑩ 十年勿用：所筮问之事，十年内不得有所动作。

⑪ 无攸利：如果实施，得不到好处。

⑫ 颠颐，吉：吃食时下巴上下剧烈地动，吉利。这里"颠颐"与六二爻辞有两点不同，所以一说凶，一说吉。六二爻辞说"拂经于丘颐"，动作幅度大。这里没有说。这里说了"颠颐"的背景，"虎视眈眈"，那里没有。

⑬ 虎视眈眈：老虎看它的猎物，贪残凶狠。眈（dān）眈，虎视贪婪的样子。

⑭ 其欲逐逐：它的兽欲没完没了。逐逐，不断追求，永无满足的样子。

⑮ 拂经，居贞吉：出现了异常情况，筮问可否安居，安居吉利。

⑯ 由颐：用下巴，谓动嘴巴吃东西。这是说的正常情况。由，用。

⑰ 厉，吉：有风险，但最终吉利。

䷛ 大过卦第二十八，巽下兑上

大過①，棟橈②，利有攸往③，亨。

初六，藉用白茅④，无咎⑤。

九二，枯楊生稊⑥，老夫得其女妻⑦，无不利⑧。

九三，棟橈，凶⑨。

九四，棟隆，吉⑩，有它吝⑪。

九五，枯楊生華⑫，老婦得其士夫⑬，无咎无譽⑭。

上六，過涉滅頂⑮，凶，无咎⑯。

注解：

① 大过：卦名。大过，就是大祸。《墨子·鲁问》："故大国之攻小国也，是交相贼也，过必反于国。"于省吾《墨子新证》："过应该读作祸。"

② 棟橈：大梁压弯了。橈（náo），弯曲。《周礼·考工记·辀人》："唯辕直且无橈也。"

③ 利有攸往：凡有所往，皆利。因为大梁弯了，房屋随时可能倒塌，外出就好。

④ 藉用白茅：祭祀用白茅垫上。以示圣洁虔诚。藉（jiè），垫。《说文·艸部》："藉，祭藉也。"《诗·召南·野有死麕》"白茅包

之"，毛传："白茅，取洁清也。"

⑤ 无咎：没有过错。是说有不幸降临，并不是祭祀不敬，得罪了祖先。

⑥ 枯杨生稊：如同干枯的杨树发出了嫩芽。稊（tí），嫩芽。

⑦ 老夫得其女妻：老男人娶了一个嫩老婆。

⑧ 无不利：似乎没有什么不好。

⑨ 栋桡，凶：大梁弯了，房将倒塌，凶险。

⑩ 栋隆，吉：大梁复原，吉利。隆，高。这里是说大梁本已向下弯，经整治向下的地方已复原。由下弯到复原，用"隆"起来表达，近似。

⑪ 有它吝：但有别的不安的因素。

⑫ 枯杨生华：如同干枯的杨树开了花。华，同"花"。

⑬ 老妇得其士夫：老女人得到了一个童男作丈夫。《荀子·非相》："处女莫不愿得以为士。"杨倞注："士者，未娶妻之称。"

⑭ 无咎无誉：没人说坏，也没人说好。

⑮ 过涉灭顶：涉水过河，水漫过头顶。

⑯ 凶，无咎：凶险，幸好没淹死。

䷜　坎卦第二十九，坎下坎上

習坎①，有孚維心②，亨，行有尚③。

初六，習坎，入于坎窞④，凶。

九二，坎有險⑤，求小得⑥。

六三，來之坎⑦，坎險且枕⑧，入于坎窞，勿用⑨。

六四，樽酒⑩、簋貳⑪，用缶⑫，納約自牖⑬，終无咎⑭。

九五，坎不盈⑮，祗既平⑯，无咎。

上六，係用徽纆⑰，寘于叢棘⑱，三歲不得⑲，凶。

注解：

① 习坎：坑呀坑，是说坑总在心中，挥之不去。习，通袭，重叠。坎，坑，卦名。

② 有孚维心：诚信连结着我的心。是说诚信总在我心中。维，连结。《周礼·夏官·大司马》："建牧立监，以维邦国。"郑玄注："维，犹连结也。"

③ 行有尚：行事有所崇尚。约同于我们现在说，行事时胸中有信仰。

④ 入于坎窞：进入了地牢。窞（dàn），小的深坑，或是地牢所

61

在。地牢在大坑之中，合称坎窞。

⑤ 坎有险：地牢里有凶险。这里的坎，实指坎窞，亦即地牢。

⑥ 求小得：地牢里的人小有所求，能获得满足。

⑦ 来之坎：来到地牢。之，至。

⑧ 坎险且枕：地牢危险而且深邃。枕，借为"沈"，深也。

⑨ 入于坎窞，勿用：勿用入于坑窞，就是说希望不要进入地牢就好。

⑩ 樽酒：一盅酒。樽，盛饮酒容器。

⑪ 簋贰：两钵饭。簋（guǐ），盛饭容器。

⑫ 用缶：用瓦钵装起。缶（fǒu）：瓦钵，亦有铜制者。

⑬ 纳约自牖：缠束好从窗口放进来。约，缠束。牖（yǒu），窗户。

⑭ 终无咎：终于无灾祸。是说牢中人无性命之忧。

⑮ 坎不盈：坑虽然没有填满，坑还是坑。

⑯ 祗既平：但地牢处已整出一小块平地来。祗，借为"坻（chí）"，水中一小块高地。

⑰ 系用徽纆：用绳子捆绑起来。徽纆（mò），绳索。据说三股叫徽，两股叫纆。

⑱ 寘于丛棘：丢在荆棘丛中。寘，通"置"。

⑲ 三岁不得：多年不得自由。

䷝　离卦第三十，离下离上

離①，利貞，亨。畜牝牛吉②。

初九，履錯然③，敬之④，无咎。

六二，黃離，元吉⑤。

九三，日昃之離⑥，不鼓缶而歌⑦，則大耋之嗟⑧，凶。

九四，突如其來如⑨，焚如，死如，棄如⑩。

六五，出涕沱若⑪，戚嗟若⑫，吉。

上九，王用出征⑬，有嘉折首⑭，獲匪其醜⑮，无咎。

注解：

① 离：卦名。通"罹"，遭遇，经历。

② 畜牝牛吉：畜养母牛吉利。取其驯顺，且能繁殖。牝（pìn）牛，母牛。

③ 履错然：步履错乱。然，形容词构词成分。此或是指当权的统治者，步履错乱，行为反常。

④ 敬之，无咎：恭敬地对待他，可以无祸。言对待这类人，要敬而远之。

⑤ 黄离，元吉：遇上黄色，大吉。其时人尚黄。

⑥ 日昃之离：在夕阳西下的时候。比喻年岁大了。昃（zè），太

63

阳西下。之，用于宾语动词之间。离，遇，碰上。

⑦ 不鼓缶而歌：不敲盆子唱歌。敲盆子唱歌，形容自娱自乐。鼓，敲。缶（fǒu），盆子，钵子。

⑧ 则大耋之嗟：那就只能徒然嗟叹年岁之高。大耋，老迈年高。耋（dié），年老，一说八十岁叫耋。之，用法同"日昃之离"的"之"。

⑨ 突如其来如：他们突然来了。其，指代那些杀人放火的入侵者。前一个"如"，形容词构词成分。后一个"如"，语气助词。

⑩ 焚如，死如，弃如：烧呀，杀呀，抛尸呀。如，语气助词。

⑪ 出涕沱若：泪下如雨。涕，泪。沱若，下大雨的样子。若，同于"然、如"，形容词构词成分。

⑫ 戚嗟若：忧愁嗟叹。戚，忧。嗟，叹。若，用同"沱若"的"若"。

⑬ 王用出征：王于是出师讨伐。

⑭ 有嘉折首：杀敌可嘉。有嘉，即嘉。折首，犹如说斩首。

⑮ 获匪其丑：俘获他们的部众。获，俘获。匪，彼。其丑，其同类，他们的部众。

䷞　咸卦第三十一，艮下兑上

咸①，亨，利貞，取女吉②。

初六，咸其拇③。

六二，咸其腓，凶④，居吉⑤。

九三，咸其股⑥，執其隨⑦，往吝⑧。

九四，貞吉，悔亡⑨。憧憧往來⑩，朋從爾思⑪。

九五，咸其脢⑫，无悔。

上六，咸其輔、頰、舌⑬。

注解：

① 咸：卦名。王弼注："感也。"今谓：感，动也。谓轻触之。《诗·召南·野有死麕》"无感我帨兮"，毛传："感，动也。"《庄子·山木》"感周之颡"，司马注："感，触也。"下文轻触之义或因以触与所触不同而有临时的言语义。

② 取女，吉：娶女子，吉利。本卦主要讲青年男女结婚恩爱。

③ 咸其拇：轻触女子之大脚趾。谓爱抚之。

④ 咸其腓，凶：轻触女子小腿肚，不好。这个部位触非其宜。腓（féi），小腿肚。

⑤ 居吉：不动为好。居，处，指不动。

⑥ 咸其股：轻触她的大腿。

⑦ 执其随：扽捉与之相连部分（当是臀部）。

⑧ 往吝：再往前就不好了。

⑨ 悔亡：即无悔。做得对。亡，无。

⑩ 憧憧往来：人们往来不绝。憧（chōng）憧：不绝的样子。

⑪ 朋从尔思：那是朋友们在跟踪你。思，语助无义。此或是好事之徒闹新房之类。

⑫ 咸其脢：抚摩其背沿脊部分。脢（méi），沿脊的肌肉。

⑬ 咸其辅、颊、舌：亲其脸颊，接其唇舌。

恒卦第三十二，巽下震上

恒①，亨，无咎。利贞，利有攸往②。

初六，浚恒③，贞凶，无攸利④。

九二，悔亡⑤。

九三，不恒其德⑥，或承之羞⑦。贞吝⑧。

九四，田无禽⑨。

六五，恒其德⑩，贞妇人吉⑪，夫子凶⑫。

上六，振恒⑬，凶。

注解：

① 恒：卦名。意思是常，有恒心。

② 利贞，利有攸往：筮问有恒心可否，吉利，利于去做事。攸，所。

③ 浚恒：使恒常之德更深更广。浚，深，加深。

④ 贞凶，无攸利：筮问浚恒可否，凶险，无利可得。恒就是恒，不宜过度，不宜使之深广。

⑤ 悔亡：即无悔，前已有注。是说保持恒德，又不过度，这样正确。

⑥ 不恒其德：不保持其德性恒常持久。

⑦ 或承之羞：恐怕会受到羞辱。有蒙羞的可能。或，不定代词。

⑧ 贞吝：筮问不恒其德可否，如不恒其德，将会后悔。

⑨ 田无禽：如同田猎，得不到猎物。禽，所擒，猎物。

⑩ 恒其德：保持其德性长久不变。

⑪ 贞妇人吉：筮问恒其德，于妇人如何，吉利。

⑫ 夫子凶：于男人如何，那就凶险。夫子，指男人。妇人讲究恒其德，男人却可以不讲，这在某一方面与后人的观念相同。

⑬ 振恒，凶：但若动摇恒的地位，以为可以无恒，那就凶险。振，动摇。

遯卦第三十三，艮下乾上

遯①，亨，小利貞②。

初六，遯尾，厲，勿用有攸往③。

六二，執之用黃牛之革④，莫之勝説⑤。

九三，係遯⑥，有疾厲⑦。畜臣妾，吉⑧。

九四，好遯⑨，君子吉⑩，小人否⑪。

九五，嘉遯⑫，貞吉⑬。

上九，肥遯⑭，无不利⑮。

注解：

① 遯：卦名。"遁"的異體字，謂逃遯，逃跑。卦中多指逃跑者，逃跑的奴隸。

② 小利貞：筮問得此卦吉凶如何，小有利。

③ 遯尾，厲，勿用有攸往：對逃跑在最後的，要警惕，不要再追了。

④ 執之用黃牛之革：用黃牛皮做的繩子捆住他們。執之，抓住他們。之，代逃跑的奴隸。

⑤ 莫之勝説：沒有人能解脱他們。莫，无指代詞，沒有人。勝（shēng），能。説，同"脱"。

⑥ 系遁：与逃跑者联系沟通。

⑦ 有疾厉：宜迅速警惕，恐有不测。

⑧ 畜臣妾，吉：如果收留他们做家奴，吉利。畜，畜养。臣妾，男奴为臣，女奴为妾。

⑨ 好遁：向逃跑者示好。

⑩ 君子吉：其人有君子之德就吉利。

⑪ 小人否：如果是小人，那就不吉利。

⑫ 嘉遁：称赞想逃跑的人（的优点）。嘉，美，赞美。

⑬ 贞吉：筮问可否嘉遁，好，吉利。

⑭ 肥遁：让想逃跑者宽松一点，不限得太死。肥，宽大。

⑮ 无不利：没有不利的地方。筮人最赞成用这种"肥遁"之法。

䷡ 大壮卦第三十四，乾下震上

大壮①，利贞。

初九，壮于趾②，征凶，有孚③。

九二，贞吉④。

九三，小人用壮⑤，君子用罔⑥，贞厉。羝羊触藩⑦，羸其角⑧。

九四，贞吉，悔亡⑨。藩决不羸⑩，壮于大舆之輹⑪。

六五，丧羊于易，无悔⑫。

上六，羝羊触藩，不能退，不能遂⑬，无攸利，艰则吉⑭。

注解：

① 大壮：卦名。很强壮，很强大。

② 壮于趾：腿脚强健。趾，即"止"，马王堆帛书即作"止"，谓脚。

③ 征凶，有孚：以此征行或征伐，凶险。为什么？因为有诚信在。讲究诚信才是根本。不讲诚信，而信用征伐，必败。

④ 贞吉：此承前而言，筮问讲究诚信如何，吉利。

⑤ 小人用壮：小人以强壮取胜。就是说依仗几斤力气。

71

⑥ 君子用罔：君子依仗忧思。《文选·宋玉〈神女赋〉序》："罔兮不乐，怅然失志。"善注："罔，忧也。"本爻辞所说之"忧"，约当于后世所说"先天下之忧而忧"那个"忧"。

⑦ 羝羊触藩：公羊头触篱笆。羝（dī）：公羊。藩，篱笆。

⑧ 羸其角：缠住了它的角。羸，通累（léi），缧，谓捆绑、缠束。

⑨ 贞吉，悔亡：筮问君子用罔则如何，吉利，不会后悔。

⑩ 藩决不羸：冲决篱笆使失去缠缚的作用。

⑪ 壮于大舆之輹：那力量要强于大车的轮子（滚进）。輹，借为辐，指代车轮。

⑫ 丧羊于易，无悔：由于不经心丢失了羊，不必后悔。因为"亡羊补牢，未为晚也"。

⑬ 遂：进。

⑭ 艰则吉：艰苦的处境会产生克服它的力量，吉利。

䷢ 晋卦第三十五，坤下离上

晋①，康侯用錫馬蕃庶②，畫日三接③。

初六，晋如摧如④，貞吉。罔⑤。孚裕⑥，无咎。

六二，晋如愁如⑦，貞吉。受兹介福，于其王母⑧。

六三，眾允⑨，悔亡。

九四，晋如鼫鼠⑩，貞厲。

六五，悔亡，失得勿恤⑪，往吉，无不利。

上九，晋其角⑫，維用伐邑⑬，厲，吉⑭，无咎，貞吝⑮。

注解：

① 晋：卦名。晋升。

② 康侯用錫馬蕃庶：用康侯所赐良种马繁殖。康侯，卫康叔。蕃（fán），繁殖。庶，众多。

③ 昼日三接：一天接种多次。此言养马事。

④ 晋如摧如：获得晋升，心情摧挫不悦。如，语气助词。

⑤ 罔：单字句，省略了"悔"字。加上悔字，就是"罔悔"。"罔悔"，犹如说"无悔"、"悔亡"。马王堆帛书此处正作"悔亡"。"罔"与"无"、"亡"同意。

⑥ 孚裕：（原因是）诚信满满。孚，诚信。裕，充裕。

⑦ 晋如愁如：获得晋升，心里发愁。

⑧ 受兹介福，于其王母：晋升者从他祖母那里，得到此等大福，并不是自己有什么功劳。兹，此。介，大。王母，祖母。

⑨ 众允：其家人信实。众，指家人。允，信实。

⑩ 晋如鼫鼠：虽然晋升了，但像鼫鼠那样，本事平平，不足为喜。鼫（shí）鼠，蔡邕《劝学篇》云："鼫鼠五能，不成一伎。"王注曰："能飞不能过屋，能缘不能穷木，能游不能度谷，能穴不能掩身，能走不能先人。"

⑪ 失得勿恤：失与得都不放在心上。恤（xù），忧虑。

⑫ 晋其角：中省介词，本谓晋以其角。以那较量竞争之法决定晋升与否。角（jué），较量，竞争。

⑬ 维用伐邑：这只是用来处罚叛邑的方法。维，马王堆帛书作"唯"，只是。邑，谓叛邑。

⑭ 厉，吉：虽有风险，而终究吉利。

⑮ 贞吝：谓按之卜筮，从根本上来说，仍然是不好。

䷣ 明夷卦第三十六，离下坤上

明夷①，利艱貞②。

初九，明夷③于飛，垂其翼④。君子于行⑤，三日不食。有攸往，主人有言⑥。

六二，明夷⑦，夷于左股⑧。用拯馬壯，吉⑨。

九三，明夷于南狩⑩，得其大首⑪。不可疾貞⑫。

六四，入于左腹⑬，獲明夷之心⑭。于出門庭⑮。

六五，箕子之明夷⑯，利貞。

上六，不明，晦⑰，初登于天⑱，後入于地⑲。

注解：

① 明夷：卦名。明察受损害。夷，通作"痍"，创伤。

② 利艰贞：筮问处境艰难如何，吉利。

③ 明夷：谓明夷者，指明察受损的大臣。

④ 于飞，垂其翼：如同飞鸟，在飞的时候翅膀没能展开。

⑤ 君子于行：君子在路途上。

⑥ 主人有言：主管官员对此有责备的话。就是不满意。

⑦ 明夷：也是说明夷者，这里或是指一名将军。

⑧ 夷于左股：作战左腿受伤。

75

⑨ 用拯马壮，吉：用一匹强壮的战马救他，得以生还。拯，救。

⑩ 明夷于南狩：明察受损的将军于南方征战。狩（shòu），本是打猎，这里指征战。

⑪ 得其大首：俘获敌人的大头目。

⑫ 不可疾贞：筮问如何，不可求快。由此知"得其大首"只是想象之词。

⑬ 入于左腹：伤到左腹。指将军南征受伤。

⑭ 获明夷之心：获得这位明察受损的将军心服。

⑮ 于出门庭：出于门庭，出门而去。连上句当是指南征之明夷者已变心。

⑯ 箕子之明夷：箕子的明察受损。箕子，纣之兄，或说是其叔父，谏纣不听，佯狂为奴。箕子明察受损，当指此事。箕子属于明夷者之列。

⑰ 不明，晦：全然不明，一片黑暗者，当是指亡国昏君。晦，昏暗。

⑱ 初登于天：首先上了天，喻指居于最高权位。

⑲ 后入于地：而后进入到地底，喻指被推翻，到了最底层。

䷤ 家人卦第三十七，离下巽上

家人①，利女贞②。

初九，闲有家③，悔亡。

六二，无攸遂④，在中馈⑤，贞吉。

九三，家人嗃嗃⑥，悔、厉，吉⑦。妇子嘻嘻⑧，终吝⑨。

六四，富家⑩，大吉。

九五，王假有家⑪，勿恤⑫，吉。

上九，有孚威如⑬，终吉。

注解：

① 家人：卦名。家长，或家里人。

② 利女贞：筮问妇女的事，吉利。

③ 闲有家：防止家里出事，约束家人。闲，防止，限制。刘向《说苑·杂言》："小人不可不闲也。"有家，即家。有，名词词头。

④ 无攸遂：家庭妇女别无所成。遂，成。《墨子·修身》："功成名遂。"

⑤ 在中馈：在家中做供应饮食的事。馈（kuì），供应饭食。

⑥ 家人嗃嗃：家长严肃，要求苛刻。嗃（hè）嗃，严酷的样子。

77

⑦ 悔、厉，吉：先是有怨言，有风险，终归吉利。

⑧ 妇子嘻嘻：妇人孩子嘻嘻哈哈，嬉戏失常。

⑨ 终吝：终于会后悔。

⑩ 富家：让家里富起来。

⑪ 王假有家：王来家视察。假，至，来。

⑫ 勿恤：（王见此情景）不再忧虑。恤，忧虑。

⑬ 有孚威如：诚信在胸，威严在外。

䷥ 睽卦第三十八，兑下离上

睽①，小事吉②。

初九，悔亡。丧马，勿逐自复③。见恶人，无咎④。

九二，遇主于巷，无咎⑤。

六三，见舆曳，其牛掣⑥，其人天且劓⑦。无初有终⑧。

九四，睽孤⑨，遇元夫⑩，交孚⑪，厉，无咎⑫。

六五，悔亡，厥宗噬肤⑬，往何咎⑭？

上九，睽孤，见豕负涂⑮，载鬼一车⑯，先张之弧，后说之弧⑰。匪寇，婚媾⑱。往，遇雨则吉⑲。

注解：

① 睽（kuí）：卦名。违背，乖离。谓违背常情，乖离正理。

② 小事吉：所筮问的是小事，吉利。

③ 丧马，勿逐自复：马丢失了，不要去追去寻，它自己会回来。

④ 见恶人，无咎：碰见恶人，本可能受害，然而无恙。

⑤ 遇主于巷，无咎：巷子里碰见主君，见非其地，可也无害。主，主管上司。

⑥ 见舆曳，其牛掣：看到拉车的，他的牛却反方向拖。曳（yè），拉。掣（chè），牵引，牵制。

⑦ 其人天且劓：那个拉车人额上黥字，鼻子被削。天，就是"颠"，这里指额上烙了黑字，一种刑罚。劓（yì），削去鼻子。

⑧ 无初有终：谓所见异常，而终无害。

⑨ 睽孤：异常而罕见的人。

⑩ 元夫：大老。

⑪ 交孚：互为诚信，互相交流。

⑫ 厉，无咎：有风险，但无灾祸。

⑬ 厥宗噬肤：到他自己宗庙里去吃祭肉。厥，其，他的。宗，宗庙。噬，咬，吃。肤，肉，指祭肉。

⑭ 往何咎：（进庙里吃祭肉，也是异常的事，吃的人却以为，）去吃了又何妨？

⑮ 豕负涂：猪在路上拉车。负涂，负于路途。负，背负，这里指拉车。拉车当用牛马，而用猪，怪事一桩。

⑯ 载鬼一车：车上载一车鬼。鬼，睽孤眼中的鬼，或是化了妆的抢亲人。

⑰ 先张之弧，后说之弧：先拉开弓，后又松脱。弧，木弓。说，脱。是说一车抢亲者拿着兵器，装模作样。

⑱ 匪寇，婚媾：不是劫财，而是抢亲。

⑲ 遇雨则吉：碰到下雨，一身湿透，那就更好了。

䷦　蹇卦第三十九，艮下坎上

蹇①，利西南②，不利東北③，利見大人，貞吉。

初六，往蹇，來譽④。

六二，王臣蹇蹇，匪躬之故⑤。

九三，往蹇，來反⑥。

六四，往蹇，來連⑦。

九五，大蹇，朋來⑧。

上六，往蹇，來碩吉⑨，利見大人⑩。

注解：

① 蹇（jiǎn）：卦名。跛行。比喻艰难、困难。

② 利西南：利于在西南方向活动。或者是因为西南土地肥沃，物产丰富，气候温和，人民友好。

③ 不利东北：在东北方向活动不利。或者是因为那里的气候寒冷，存在着不友好的民族。经文多次言"利西南，不利东北"。措辞有时略有不同。

④ 往蹇，来誉：去时艰难，回时愉快。誉，通豫，愉悦。

⑤ 王臣蹇蹇，匪躬之故：臣为王做事，难上加难，不是因为自己（无能）的缘故。蹇蹇，难之又难。匪，非。躬，身，自己。

⑥ 往蹇，来反：去时艰难，回来时容易。反，谓反是，反难为易。

⑦ 往蹇，来连：奔着艰难而去，回来时连络了一帮子人（有了克服困难的助力）。

⑧ 大蹇，朋来：困难大，来帮的人也多。朋，谓一群人。

⑨ 往蹇，来硕吉：以艰难往，以大吉利回。硕，大。

⑩ 利见大人：利于晋见上司（有业绩可以交差）。

䷧ 解卦第四十，坎下震上

解①，利西南②。无所往③，其來復，吉④。有攸往，夙吉⑤。

初六，无咎⑥。

九二，田獲三狐⑦，得黄矢⑧，貞吉。

六三，負且乘，致寇至⑨，貞吝⑩。

九四，解而拇⑪，朋至斯孚⑫。

六五，君子維有解，吉⑬。有孚于小人⑭。

上六，公用射隼于高墉之上，獲之⑮，无不利。

注解：

① 解：卦名。解脱，放松。

② 利西南：去西南方向有利。意思是要放松，就到西南方向去。

③ 无所往：哪里都不去。

④ 其来复，吉：按照那天道循环往复的规律，吉利自来。

⑤ 有攸往，夙吉：如果到哪里去，早已预知，吉利。夙，早。

⑥ 无咎：主语省，是说放松，不绷得太紧，没有坏处。

⑦ 田获三狐：打猎获得三只狐狸。

⑧ 得黄矢：收回了射狐的铜箭头。铜是黄色，所以说黄矢。连

前是说游猎之乐。有所得而无所失。

⑨ 负且乘，致寇至：背着包袱乘车，那包袱里的东西一定贵重，招致强人来抢。是说处理事务，不宜过分谨慎。

⑩ 贞吝：筮问谨小慎微好不好，不好。

⑪ 解而拇：放开你的手脚，意思是抛弃那些清规戒律。而，你。拇，大拇指，大脚趾，以代手脚。

⑫ 朋至斯孚：友朋来就信服你、拥护你了。斯，就。

⑬ 君子维有解，吉：统治阶层唯有放开手脚，不那么拘束，才吉利。维，唯。

⑭ 有孚于小人：在小民那里，你才会有诚信的名声。

⑮ 公用射隼于高墉之上，获之：放开了手脚的公侯们于是站在高高的城墙上远远地射隼，射中获得。还是说游猎之乐。比起射狐来，这一回更洒脱，兴致更高。公，统治者上层。用，于是。隼（sǔn），鹰一类的猛禽。墉（yōng），城墙。

䷨ 损卦第四十一，兑下艮上

损①，有孚，元吉②。无咎，可贞，利有攸往③。曷之用④？二簋可用享⑤。

初九，已事遄往⑥，无咎⑦，酌损之⑧。

九二，利贞⑨，征凶⑩，弗损益之⑪。

六三，三人行，则损一人⑫，一人行，则得其友⑬。

六四，损其疾⑭，使遄有喜⑮，无咎⑯。

六五，或益之十朋之龟⑰，弗克违⑱，元吉。

上九，弗损益之，无咎⑲，贞吉，利有攸往，得臣无家⑳。

注解：

① 损：卦名。减损，精简。

② 有孚，元吉：哪怕是减损了，只要有诚信，就大吉利。

③ 可贞，利有攸往：筮问减损可否，可，有所往都吉利。

④ 曷之用：用什么事例来说明？曷，何。之，宾语述语间的结构助词。

⑤ 二簋可用享：两碗饭就可用来祭祀。言祭品不用多，可以损减，只要有诚信。簋（guǐ），盛饭容器。享，祭祀。

85

⑥ 已事遄往：祭祀的事快点去。已，祀，祭祀。遄（chuán），快速。

⑦ 无咎：没有灾祸。是说一有祭祀，就赶快去，态度好，就没有灾祸。

⑧ 酌损之：而祭品则可酌量减少。之，代祭品。

⑨ 利贞：不减也不增，筮问如何，吉利。

⑩ 征凶：如果是征战，如果不增反减，那就凶险。因为作战，人力物力财力兵力都要有所增加才能取胜。

⑪ 弗损益之：不在原来基础上增减。按常规表达，这话当在爻辞"利贞，征凶"之前。弗，不。

⑫ 三人行，则损一人：做事用三个人，就可减去一个。因为两个人可当三个人用。

⑬ 一人行，则得其友：如是一个人，就可得朋友帮助。此言损减有利。

⑭ 损其疾：使病情减轻。

⑮ 使遄有喜：让高兴早来。

⑯ 无咎：（只有好处，）没有坏处。

⑰ 或益之十朋之龟：有人送给他一个价值十朋的宝龟。十朋，一朋十钱，十朋百钱，是说昂贵。

⑱ 弗克违：不能违背送礼者的好心。是说当收下。前面都是说损，简损有利。但不排除增益。即如送我宝龟，那就收下，便是增加了。

⑲ 弗损益之，无咎：重提不增不减，没有坏处。但还有下文。

⑳ 贞吉，利有攸往，得臣无家：（从眼前说，不增不减无害也无益。但就预测而言，）筮问不增不减则如何，吉利，行事皆利，能得到无家的奴隶。那奴隶是纯劳力，没有家室拖累。

益卦第四十二，震下巽上

益①，利有攸往，利涉大川。

初九，利用爲大作②，元吉，无咎。

六二，或益之十朋之龜③，弗克違，永貞吉④。王用享于帝，吉⑤。

六三，益之，用凶事，无咎⑥。有孚、中行，告公用圭⑦。

六四，中行告公從⑧，利用爲依遷國⑨。

九五，有孚惠心⑩，勿問元吉⑪，有孚惠我德⑫。

上九，莫益之⑬，或擊之⑭，立心勿恒，凶⑮。

注解：
① 益：卦名。增益，所增益。

② 利用为大作：利于以所增益大兴土木。用，以，后省宾语"益"。为大作，进行大的建造。作，指兴建，建造。《逸周书·作雒》："（周公）及将致政，乃作大邑成周于土中。"此所增益，谓建材、建工、资金等。

③ 或益之十朋之龟：有人以价值百贝的宝龟敬献于王。益，赠送，敬献。

87

④ 永贞吉：筮问如何，永久吉利。

⑤ 王用享于帝，吉：王拿这宝龟祭祀天帝，吉利。这也是说增益的好处。

⑥ 益之，用凶事，无咎：将所增益用于凶事的处理，可保平安。凶事，或指战事，兵凶战危。则所增益为军费、兵员、武器等。所说"益之"，便是增加这些。

⑦ 有孚、中行，告公用圭：以诚信、中道二者执圭告于大臣。有孚，诚信，谓思想信仰。有是词头。中行，中道，是方法。公，谓经手办事的大臣。用圭，指手执圭玉，以示隆重。圭，上圆下方长条形的玉。这是说光有物质上的增加还不够，还要有精神思想方面的准备。

⑧ 中行告公从：以中道告于公之从者。中行，中道，无过无不及。

⑨ 利用为依迁国：有利于以所增益为依托迁徙国都。用，以。后省宾语之。之代所增益，所增益者当为中行。国，封地，或国都。

⑩ 有孚惠心：诚信施恩惠于心。约同于今言以诚信武装思想。

⑪ 勿问元吉：其为大吉无疑。勿问，等于说无疑。

⑫ 有孚惠我德：诚信以德施惠于我，意思就是诚信让我有所得。德，通"得"。

⑬ 莫益之：无人让他有所增益。实际上是说没有人帮助他。

⑭ 或击之：有时还打击他。

⑮ 立心勿恒，凶：安一颗无常的心。（说不定什么时候来一个突然动作。）凶险。本爻辞似乎是在说周厉王。

夬卦第四十三，乾下兑上

夬①，揚于王庭②，孚號③：有厲，告自邑④。不利即戎⑤，利有攸往⑥。

初九，壯于前趾⑦。往不勝，爲咎⑧。

九二，惕號：莫夜有戎⑨，勿恤⑩。

九三，壯于頄⑪，有凶。君子⑫夬夬獨行⑬，遇雨若濡⑭，有慍无咎⑮。

九四，臀无膚⑯，其行次且⑰。牽羊悔亡⑱，聞言不信⑲。

九五，莧陸夬夬⑳，中行无咎㉑。

上六，无號㉒，終有凶㉓。

注解：

① 夬（guài）：卦名。分决，决裂。

② 揚于王庭：在王的殿堂上称说。

③ 孚号：如实地大声叫唤。孚，信实地。号（háo），大声呼叫。

④ 有厉，告自邑：从下面城镇来的报告：有危险。

⑤ 不利即戎：不利于用兵作战。

⑥ 利有攸往：利于逃跑。有攸往，有所往，指逃跑。

⑦ 壮于前趾：伤到前脚。壮，通"戕"，伤。趾，即"止"，脚。

⑧ 往不胜，为咎：往前迎战，打不赢，是为灾祸。

⑨ 惕号：莫夜有戎：警惕地大声宣布：晚上有兵变。莫，暮。戎，兵事，兵变。

⑩ 勿恤：群众不要担忧。（因为是夺取政权，不会伤害百姓。）恤，忧虑。

⑪ 壮于頄：伤到颧骨。頄（kuí），颧骨。

⑫ 君子：统治者，这里可能是指周厉王。

⑬ 夬夬独行：一个人孤零零地上路。夬夬，分决的样子。

⑭ 遇雨若濡：碰上下雨，身上打湿了。若，犹"而"。濡，沾湿。

⑮ 有愠无咎：有苦恼，但无过错。

⑯ 臀无肤：臀部没有肉，瘦得厉害。肤，连皮带肉。

⑰ 其行次且：他的行动艰难。次且（zījū），艰难地行走的样子。

⑱ 牵羊悔亡：投降就做对了。《史记·宋微子世家》："周武王伐纣克殷，微子乃持其祭器造于军门，肉袒面缚，左牵羊，右把茅，膝行而前以告。"因以牵羊表示投降。悔亡，就是无悔，做得正确。

⑲ 闻言不信：听到传言不要相信。

⑳ 苋陆夬夬：山里的羊到平陆来夬夬独行，无伴不快。苋（莧），是"萈"的误字。萈（huán），山里的细角羊。

㉑ 中行无咎：但如果走在大道中间，还是不会有灾祸。

㉒ 无号：没有了大声宣告。

㉓ 终有凶：那就是事情完结了。对于君子来说，有凶险在等着他。

䷫　姤卦第四十四，巽下乾上

姤①，女壮，勿用取女②。

初六，繫于金柅③。贞吉④。有攸往，見凶⑤。羸豕孚蹢躅⑥。

九二，包有魚⑦，无咎，不利賓⑧。

九三，臀无膚，其行次且⑨，厲，无大咎⑩。

九四，包无魚，起凶⑪。

九五，以杞包瓜⑫，含章⑬，有隕自天⑭。

上九，姤其角⑮，吝，无咎⑯。

注解：

① 姤（gòu）：卦名。通"遘"，遇，遭遇。这里指周厉王被赶下台后的遭遇。

② 女壮，勿用取女：女子强壮，不要娶她。此女或是"女汉子"，被派来监护周厉王，所以周厉王不娶。

③ 系于金柅：捆绑在金属止车器上，万无一失。柅（nǐ），止车滑动的器具。谓姬胡被禁拘，不得逃脱。

④ 贞吉：筮问吉凶如何？吉利。就拘禁一方说，所拘者逃不脱，是吉。就被拘一方说，暂无性命之忧，所以也是吉。

⑤ 有攸往，见凶：有所往，谓逃跑，预见其必凶。

⑥ 羸豕孚蹢躅：像一只病瘦的猪，又艰于行走。羸（léi），衰病，瘦弱。孚，帛书作"復"，今简作"复"，意思是又。蹢躅（zhízhú），行不进的样子。

⑦ 包有鱼：厨房里有鱼。包，厨房，后作"庖"。

⑧ 不利宾：宾来不利。因为就那么一点，不足以分食。言其少。

⑨ 臀无肤，其行次且：是说瘦得行动有困难。见夬卦九四爻辞注。

⑩ 厉，无大咎：有险，但无大害。

⑪ 包无鱼，起凶：厨房里没有了鱼，祸事开了头。是说伙食标准下降了。

⑫ 以杞包瓜：柳条箱里装有瓜果。杞，谓杞柳，枝条细长柔韧，可编织箱筐。此谓柳条箱。

⑬ 含章：包含着美味。

⑭ 有陨自天：有陨石从天而降，把水果箱砸坏了。

⑮ 姤其角：以横木缚于兽角，使其不能伤害人。姤，借为觏（gòu），木交集为觏。这里是说周厉王好像还有角可以触人，但已有木横其角，受到约束，再无战力了。

⑯ 吝，无咎：不好，但无害。

䷬ 萃卦第四十五，坤下兑上

萃①，亨。王假有廟②，利見大人。亨，利貞。用大牲③，吉，利有攸往。

初六，有孚不終④，乃亂乃萃⑤。若號⑥，一握爲笑⑦。勿恤，往无咎⑧。

六二，引吉⑨，无咎。孚乃利用禴⑩。

六三，萃如嗟如，无攸利⑪。往无咎，小吝⑫。

九四，大吉，无咎⑬。

九五，萃有位⑭，无咎。匪孚，元永貞，悔亡⑮。

上六，齎咨⑯涕洟⑰，无咎。

注解：

① 萃：卦名。群聚。《楚辞·九歌·湘夫人》："鸟何萃兮蘋中，罾何为兮木上。"这里是说人群聚集。

② 王假有庙：周王来到太庙。假，至。有庙，指太庙。

③ 大牲：祭祀所用牛。

④ 有孚不终：诚信不能坚持到底。

⑤ 乃乱乃萃：就会混乱，人群就会聚集。

⑥ 若号：如果大声宣告什么。

⑦ 一握为笑：全体会因而讪笑。不屑听受。一握，帛书作"一屋"，谓与会的全体。

⑧ 勿恤，往无咎：（见此情景）不要忧虑，前往行事，并无大碍。

⑨ 引吉：长吉。引，长。心有诚信，就能长远吉利。

⑩ 孚乃利用禴：只有诚信方有利于祭祀。禴（yuè），春祭，只需饭菜的薄祭。

⑪ 萃如嗟如，无攸利：群集呀，嗟叹呀，全然无用。如，语气助词。

⑫ 往无咎，小吝：照旧行事没错，只有一点小麻烦。

⑬ 大吉，无咎：这与六二爻辞"引吉，无咎"意思相同。只要诚信，就大吉大利，无灾无祸。

⑭ 萃有位：因群聚（闹事）而得官。位，谓官位，甚至是王位。

⑮ 匪孚，元永贞，悔亡：筮问那诚信如何，大吉，永吉，正确。匪，彼。孚，诚信。元，大。永，长。悔亡，即无悔，正确。

⑯ 赍（jī）咨：嗟叹。王弼注："赍咨，嗟叹之辞也。"

⑰ 涕（tì）洟：眼泪鼻涕，谓流眼泪鼻涕。连前是说面对群聚骚乱，是一番嗟叹，一番伤心。

䷭ 升卦第四十六，巽下坤上

升①，元亨，用見大人②。勿恤，南征吉③。

初六，允升，大吉④。

九二，孚乃利用禴⑤。无咎。

九三，升虚邑⑥。

六四，王用亨于岐山⑦。吉，无咎。

六五，貞吉，升階⑧。

上六，冥升⑨，利于不息之貞⑩。

注解：

① 升：卦名。上升。不是指个人的晋升，而是指国力的增强。

② 用见大人：《释文》谓或作"利见大人"。晋见大人有利。

③ 勿恤，南征吉：不要担心，南征会吉利。周南征与楚人战，常败无胜。此卦希望登上一个台阶，南征会有进展，能取得初胜。

④ 允升，大吉：真的上升了，大吉大利。允，诚，真。是祝愿之词。

⑤ 孚乃利用禴：诚信方有利于祭祀。见萃卦六二爻辞注。

⑥ 升虚邑：登上建于山丘上的城邑。虚，山丘。这是企盼取得南征胜利的又一措施，登高望远，以察地理形势。

⑦ 王用亨于岐山：周王于是到其发祥地岐山祭祀。亨，即享，祭祀。这不是一般的祭祀。这是求南征得胜的又一招。

⑧ 贞吉，升阶：筮问登上台阶吉利否，吉利。这是一种象征的说法。说周的军力、国力已上了一个台阶。

⑨ 冥升：（日日升）于无光亮之时亦升。是说昼夜不懈。冥，暗，谓无光之时。

⑩ 利于不息之贞：筮问如此不懈努力吉利否，吉利。

䷮ 困卦第四十七，坎下兑上

困①，亨，贞大人吉②，无咎。有言不信③。

初六，臀困于株木④，入于幽谷⑤，三岁不觌⑥。

九二，困于酒食⑦，朱绂方来⑧。利用享祀。征凶，无咎。

六三，困于石⑨，据于蒺藜⑩。入于其宫，不见其妻⑪。凶。

九四，来徐徐⑫，困于金车⑬。吝，有终。

九五，劓刖⑭，困于赤绂⑮，乃徐有说⑯。利用祭祀。

上六，困于葛藟⑰，于臲卼⑱，曰动悔有悔⑲。征吉。

注解:

① 困：卦名。困难，困顿。

② 贞大人吉：筮问吉凶如何，若是筮问大人的事，吉利。

③ 有言不信：有传言不要相信。言，指传言，流言，小道消息。

④ 臀困于株木：屁股困坐在树桩上。株，树桩。

⑤ 入于幽谷：进入到幽深的山谷之中。

⑥ 三岁不觌：多年不见天日。三岁，多年。觌（dí），见。此或言隐士之困。

97

⑦ 困于酒食：饮酒过量，吃食过饱，致身体不适。

⑧ 朱绂方来：恰值做大官的上司到来。朱绂（fú），王服，或高官之服。以代王或高官。此言候任官员者之困。

⑨ 困于石：在石堆里被困。

⑩ 据于蒺藜：抓住蒺藜攀援出来。蒺藜，有刺植物。此或为人所陷害。

⑪ 入于其宫，不见其妻：回到家里，不见了妻子。宫，指家。此言有室家者之困。

⑫ 来徐徐：缓缓行来。徐徐，缓慢的样子。

⑬ 困于金车：为贵重的官车所困。金车，以贵重金属为饰的车。此言官员出行之困。

⑭ 劓刖：受肉刑者。劓（yì），削去鼻子。刖（yuè），断腿或去其膝盖。

⑮ 困于赤绂：为判刑者、行刑者所困。赤绂，官服中较为低级的，指代判刑、行刑的官员。

⑯ 乃徐有说：慢慢地才有脱罪的机会。说，通脱。此言受肉刑者之困。

⑰ 困于葛藟：如同为葛藤缠绕所困一样。藟，通纍（léi），缠绕。

⑱ 臲卼：为世上动乱不安所困。臲（niè）卼（wù），动乱不安。

⑲ 曰动悔有悔：（筮问困顿之状整个如何？）回答说动不动就悔恨又悔恨，是说悔恨有加。此言一般平民之困。

䷯　井卦第四十八，巽下坎上

井①，改邑不改井②，无喪无得③。往來井④，井汔⑤，至亦未繘井⑥，羸其瓶⑦，凶。

初六，井泥不食⑧，舊井无禽⑨。

九二，井谷射鮒⑩，甕敝漏⑪。

九三，井渫不食⑫，爲我心惻⑬，可用汲⑭。王明，並受其福⑮。

六四，井甃⑯，无咎。

九五，井洌⑰，寒泉食⑱。

上六，井收勿幕⑲，有孚元吉⑳。

注解：

① 井：卦名。水井。

② 改邑不改井：城市可以改造、改建，水井可不能改变。

③ 无丧无得：水井没有失去什么，也没有得到什么，还是老样子。

④ 往来井：在井边来来往往。

⑤ 井汔：如果井水干了。汔（qì），《说文·水部》："水涸也。"

⑥ 至亦未繘井：来到了井边也打不上水来。繘（yù），汲井的

绳。这里用为动词，以井绳挽水上来。

⑦ 赢其瓶：并瓶亦打破了。赢（léi），程颐《易传》："毁败也。"

⑧ 井泥不食：井水与泥相混不好喝。

⑨ 旧井无禽：没有疏浚的旧井没有鱼。禽，这里是说鱼。《国语·鲁语上》："水虞于是乎讲罛罶，取名鱼，登川禽而尝之。"川禽，河里的鱼。

⑩ 井谷射鲋：以箭射井底的鱼。井谷，井底。鲋（fù），鲫鱼。

⑪ 瓮敝漏：打水的罐子破了漏水。瓮（wèng），陶制水罐。罐破当是箭射所致。

⑫ 井渫不食：井水清理干净了而无人饮用。渫（xiè），清理污秽。

⑬ 为我心恻：使我心里悲伤难过。

⑭ 可用汲：因为已经可以打上水来饮用了。

⑮ 王明，并受其福：因为周王英明，大家都能受到他的福荫。

⑯ 井甃：砌好井壁。甃（zhòu），井壁。这里用如动词。

⑰ 井冽：井水寒凉。冽（liè），同"洌"，寒冷。《诗·曹风·下泉》"冽彼下泉"，毛传："冽，寒也。"

⑱ 寒泉食：清冷的泉水可供饮用。

⑲ 井收勿幕：晚来收起井绳，但不要把井盖上。幕，遮盖。

⑳ 有孚元吉：心有诚信，必定大吉。

䷰ 革卦第四十九，离下兑上

革①，巳日乃孚②。元亨，利贞。悔亡。

初九，鞏用黄牛之革③。

六二，巳日乃革之④，征吉⑤，无咎。

九三，征凶⑥，贞厲⑦。革言三就，有孚⑧。

九四，悔亡，有孚改命⑨，吉。

九五，大人虎變⑩，未占有孚⑪。

上六，君子豹變⑫，小人革面⑬。征凶⑭，居贞吉⑮。

注解：

① 革：卦名。改革，革新。

② 巳日乃孚：于巳日启动改革，方能昭明诚信。巳日，古人以干支纪日，巳为地支之一。古有上巳节，取其能拂除不祥。又有"殺改"一词（见《说文·攴部》），义为驱鬼魅。这个词的"改"从"巳"得声。知巳日是个好日子。

③ 鞏用黄牛之革：用黄牛皮为绳捆紧。比喻加强统治，加紧镇压。鞏，巩固，牢固。《诗·大雅·瞻卬》："藐藐昊天，无不克鞏。"毛传："鞏，固也。"

④ 巳日乃革之：于巳日方启动改革。

⑤ 征吉：进行顺利。

⑥ 征凶：如此进行，凶险。

⑦ 贞厉：筮问前景如何？有危险。

⑧ 革言三就，有孚：改革言论多次兑现，诚实无欺。这话本当置于"征凶，贞厉"之前，言真的改革起来，群众不买账，实行下去有危险。

⑨ 有孚改命：改革的命令诚实无欺。就是说，改革还在进行。

⑩ 大人虎变：当权者翻脸，变得凶猛如虎。

⑪ 未占有孚：他们未曾占筮是否合于诚信之道。

⑫ 君子豹变：统治阶层也变得凶猛如豹。

⑬ 小人革面：被统治阶级一改过去顺从的面目，造起反来。

⑭ 征凶：进行下去，凶险。

⑮ 居贞吉：筮问当如何？安居无为，吉利。亦即停止改革。

䷱　鼎卦第五十，巽下离上

鼎①，元吉，亨②。

初六，鼎颠趾③，利出否④，得妾以其子⑤，无咎⑥。

九二，鼎有实⑦，我仇有疾⑧，不我能即⑨，吉⑩。

九三，鼎耳革⑪，其行塞⑫。雉膏不食⑬，方雨亏悔⑭，终吉。

九四，鼎折足⑮，覆公𫗧⑯，其形渥⑰，凶。

六五，鼎黄耳金铉⑱，利贞。

上九，鼎玉铉⑲，大吉，无不利。

注解：

① 鼎：卦名。烹煮食物的大器具，三个脚支撑，两个供扛起或提起的鼎耳。先是陶制，而后是金属制。当它是金属制的时候，闪闪发亮，引起了人们的高度重视。是个新鲜事物，所以说"鼎新"。

② 元吉，亨：大吉，顺利。所以说大吉利，是因为鼎这个贵重器物，受到人们重视，受到人们宝爱。

③ 鼎颠趾：鼎从底座处颠覆。趾，脚，这里指鼎的底座。

④ 利出否：有利于倾倒出全部赃物。否，指不干净的东西。

⑤ 得妾以其子：得到一个女奴和她的儿子。妾，女奴。以，连

103

词，和。

⑥ 无咎：没有祸害。鼎打翻了，本不是好事，但有利于彻底除其残秽，仍是好事。而得妾以其子，便是无害有利的证明。

⑦ 鼎有实：鼎里装了食物。

⑧ 我仇有疾：我的同辈人有病。仇，借为俦，类，辈。

⑨ 不我能即：不能到这儿来。即，接近，到来。

⑩ 吉：朋友不能来，一个独吞，所以说吉。

⑪ 鼎耳革：鼎耳脱落。

⑫ 其行塞：无法移动。塞，阻塞不行。鼎耳供抬鼎或举鼎之用，所以鼎耳脱了，鼎就无法移动了。

⑬ 雉膏不食：野鸡肉烧焦了不能吃。膏，油脂，这里指肉。

⑭ 方雨亏悔：恰值下雨，（熄灭了火，）减少了损失。亏，犹减。

⑮ 鼎折足：鼎的支撑断坏。

⑯ 覆公𫗧：打翻了主公精美的食物。𫗧（sù），指鼎中精美的食物。

⑰ 其形渥：郑玄、虞翻本作"其刑劓"，《新唐书·元载王缙等传论》："鼎折足，其刑劓。"当以"其刑劓"为正。其刑劓：那是死罪。劓（wū），诛之于户内，不肆于市朝。

⑱ 黄耳金铉：鼎耳和抬鼎的杠由黄金制成。言其贵重。铉（xuàn），抬鼎的杠。

⑲ 鼎玉铉：鼎杠用白玉装饰。

䷲ 震卦第五十一，震下震上

震①，亨。震來虩虩②，笑言啞啞③。震驚百里，不喪匕鬯④。

初九，震來虩虩，後笑言啞啞，吉⑤。

六二，震來厲⑥，億喪貝⑦。躋于九陵⑧。勿逐，七日得⑨。

六三，震蘇蘇⑩，震行，无眚⑪。

九四，震遂泥⑫。

六五，震往來厲⑬，億无喪⑭，有事⑮。

上六，震索索⑯，視矍矍⑰。征凶⑱。震不于其躬，于其鄰⑲，无咎。婚媾有言⑳。

注解：

① 震：卦名。地震。《国语·周语上》："幽王三年，西周三川皆震。"

② 震来虩虩：地震来了虩虩作响。虩虩（xìxì），地震响声。

③ 笑言哑哑：谓谈笑自若。哑哑（èè），笑声。

④ 不丧匕鬯：正在宴饮，地震来了。拿着的调羹没有掉，所饮酒也没有泼。匕（bǐ），调羹。鬯（chàng），用于祭祀特制的酒。

105

⑤ 震来虩虩，后笑言哑哑，吉：初经地震，不知道地震厉害。以为地震来了，谈笑自若，能够镇定，是好事。

⑥ 震来厉：地震发生，事实严酷。

⑦ 亿丧贝：损失了大量的钱财。贝，钱。

⑧ 跻于九陵：那些钱登到高高的山顶上去了。跻，登上。九陵：其高九重的山陵。

⑨ 勿逐，七日得：不要去追寻，七天会自动返回。这是筮人据天道七日来回的推论。

⑩ 震苏苏：地震苏苏作响。

⑪ 震行，无眚：余震持续，尚未见到灾害。眚（shěng），目疾，引申为灾害。

⑫ 震遂泥：地震使山石变成了泥土。遂，成。

⑬ 震往来厉：余震反复持续，猛烈严酷。往来，犹如说反反复复。

⑭ 亿无丧：余震时没有丧失大量钱财。

⑮ 有事：可出现了一些异常的事。

⑯ 震索索：地震索索作响。

⑰ 视矍矍：人们惶恐四顾。矍矍（juéjué）：惊恐地顾盼的样子。

⑱ 征凶：如此进行下去，凶险。

⑲ 震不于其躬，于其邻：地震所造成的灾害，没有落到他自己身上，落到了他邻居头上。

⑳ 婚媾有言：亲戚那边有些传言。婚媾，指亲戚。

䷳ 艮卦第五十二，艮下艮上

艮①其背②，不獲其身③。行其庭，不見其人④。无咎。

初六，艮其趾⑤，无咎⑥，利永贞⑦。

六二，艮其腓⑧，不拯其随⑨，其心不快⑩。

九三，艮其限⑪，列其夤⑫，厉薰心⑬。

六四，艮其身⑭，无咎。

六五，艮其辅⑮，言有序⑯，悔亡。

上九，敦艮⑰，吉。

注解：

① 艮（gèn）：通"限"，限制，约束。照例，"艮"之前当补一"艮"字，以为卦名。以避重而省。如果不省，就当是："艮，艮其背。"

② 艮其背：限制其背部。

③ 不获其身：限制不了他的全身，还有头部、肩膀、手脚可以动作。

④ 行其庭，不见其人：如同在他院子里走，见不到他本人。他本人或者在室内。

⑤ 艮其趾：限制他的脚。趾，通"止"，脚。

⑥ 无咎：约束他的脚，让他履行于礼，所以说无罪过。

⑦ 利永贞：筮问如何，长期有利。

⑧ 艮其腓：约束他的小腿肚。腓（féi），小腿肚。

⑨ 不拯其随：如果不承接与之相连的大腿。拯，读为"承"，承接。随，谓与之相连的部分，即大腿。

⑩ 其心不快：小腿与大腿相连。走起路来不可能分开动作。如果强令分开，不相协调，自然心意不爽。

⑪ 艮其限：约束他的腰，使之挺直。限，《释文》引马融曰："要也。"要，即腰

⑫ 列其夤：扶正他的背脊。列，借为"戾"，扭曲，扶正。夤（yín），朱熹《周易本义》："膂也。"

⑬ 厉薰心：防止危险烧灼他的心。意思是不要总是想到危险而忧虑。厉，危险。薰，灼。"防止"义是承上"艮"字而来。

⑭ 艮其身：约束其身，使之正直，不谄不傲。

⑮ 艮其辅：约束他的腮帮。

⑯ 言有序：说话有条不紊。

⑰ 敦艮：加强约束。敦，厚，强。

䷴ 渐卦第五十三，艮下巽上

渐①，女歸，吉②，利貞。

初六，鴻漸于干③，小子厲④，有言，无咎⑤。

六二，鴻漸于磐⑥，飲食衎衎⑦，吉。

九三，鴻漸于陸⑧，夫征不復⑨，婦孕不育⑩，凶，利禦寇⑪。

六四，鴻漸于木⑫，或得其桷⑬，无咎⑭。

九五，鴻漸于陵⑮，婦三歲不孕⑯，終莫之勝⑰，吉。

上九，鴻漸于陸⑱，其羽可用爲儀⑲，吉⑳。

注解：

① 渐：卦名。缓进，一步一步行进。

② 女归，吉：女儿出嫁吉利。归，出嫁。

③ 鸿渐于干：大雁从容地飞到岸上。干，岸。

④ 小子厉：那小子（嫁给他）有风险。

⑤ 有言，无咎：关于那小子有些传言，但他本人没有过错。

⑥ 鸿渐于磐：大雁从容地飞到大石上。磐（pán），大石。一说当作“阪”，山坡。

⑦ 饮食衎衎：雌雄相与饮食和乐恩爱。衎衎（kànkàn），和乐

的样子。

⑧ 鸿渐于陆：大雁从容地飞到陆地。陆，高平曰陆。

⑨ 夫征不复：丈夫征战没有回来。

⑩ 妇孕不育：妻子怀孕了却没有生下来，流产了。

⑪ 凶，利御寇：就个人说是凶事。但丈夫在军中抵御外寇入侵，却有利于国家。

⑫ 鸿渐于木：大雁从容地飞到树林里。

⑬ 或得其桷：有时碰到强人。或，有时。"得其桷"，帛书作"直其寇"，碰到强人。直，借作"值"，碰上。

⑭ 无咎：幸而没有受到伤害。

⑮ 鸿渐于陵：大雁从容地飞到土山上。陵，土山。

⑯ 妇三岁不孕：妻子多年没能生育。

⑰ 终莫之胜：终于无法克服。是说终于没能生育。

⑱ 鸿渐于陆：大雁从容地飞到大的丘陵上。"陆"字疑误。既与九三爻辞相重，又与下句"仪"不相协。清代先辈学者多拟改为"阿"，阿，大陵也。今从之。

⑲ 其羽可用为仪：大雁的羽毛可用来作为文舞的导具。仪，文舞的导具。一说仪仗的装饰。比喻这位军人的妻子可以作人妻的仪范。

⑳ 吉：这女子虽不孕而遭不幸，但其夫为国御寇有贡献，总的来说，仍是吉利。

䷵ 归妹卦第五十四，兑下震上

歸妹①，征凶，无攸利②。

初九，歸妹以娣③，跛能履，征吉④。

九二，眇能視⑤，利幽人之貞⑥。

六三，歸妹以須，反歸以娣⑦。

九四，歸妹愆期⑧，遲歸有時⑨。

六五，帝乙歸妹⑩，其君之袂，不如其娣之袂良⑪。月幾望，吉⑫。

上六，女承筐无實⑬，士刲羊无血⑭，无攸利⑮。

注解：

① 归妹：卦名。归，嫁。妹，女。

② 征凶，无攸利：筮得此卦，如问出征，凶险。问其他也无所利。

③ 归妹以娣：嫁女（本当嫁姐而）把妹妹先嫁出去。《左传·成公八年》："卫人来媵共姬，礼也。凡诸侯嫁女，同姓媵之，异姓则否。"《公羊传·庄公十九年》："媵者何？诸侯娶一国，则二国往媵之，以侄娣从。"侄，父亲之侄女。娣（dì），女弟。就是我们现在所说的妹妹。

111

④ 跛能履，征吉：瘸腿也能走路。如果问的是征行，吉利。

⑤ 眇能视：一目失明也能看得见。眇，少一只眼睛。

⑥ 利幽人之贞：筮问囚徒的事，吉利。幽人，囚徒。

⑦ 归妹以须，反归以娣：嫁女先嫁姐姐为正，反先嫁妹妹以为正。须，借为"嬃"，姐姐。

⑧ 归妹愆期：嫁女误了约定的期限。愆期，失期，误期。

⑨ 迟归有时：迟点嫁也有嫁的时候，不是赖婚。

⑩ 帝乙归妹：帝乙嫁女。帝乙，商纣的父王。

⑪ 其君之袂，不如其娣之袂良：那姐的风采不如她妹的风采优秀。君，出嫁的主角，自然是指姐。袂，衣袖，喻指风采。

⑫ 月几望，吉：快到月半，大好时光。

⑬ 女承筐无实：女人提着筐子，里面空无一物。承，提，携。

⑭ 士刲羊无血：男士宰羊，羊病瘦无血。士，未娶的男人。刲（kuī），刺。

⑮ 无攸利：有名无实，故无所利。

䷶ 丰卦第五十五，离下震上

豐①，亨。王假之②，勿憂③，宜日中④。

初九，遇其配主⑤，雖旬无咎⑥，往有尚⑦。

六二，豐其蔀日中⑧，見斗往⑨，得疑疾⑩，有孚發若⑪，吉。

九三，豐其沛日中⑫，見沬⑬，折其右肱⑭，无咎⑮。

九四，豐其蔀日中，見斗，遇其夷主⑯，吉。

六五，來章⑰，有慶譽⑱，吉。

上六，豐其屋⑲，蔀其家⑳，闚其戶㉑，閴其无人㉒，三年不覿㉓，凶㉔。

注解：

① 丰：卦名。大，使……大。

② 王假之：周王来到祭祀现场。

③ 勿忧：（王说：）不要担忧。

④ 宜日中：祭祀当于正中午举行。

⑤ 遇其配主：以礼相见此祭的配主。所祭不可得见，而以普通人为其代表，名曰主。所祭者有主有从，其主者名"尸主"，其从者名"配主"，言配享。

113

⑥ 虽旬无咎：要他担任配主的角色，即算是时间长一些也没问题。旬，普通指十天，这里只说是长时间。

⑦ 往有尚：如此进行，有所尊崇，谓尊崇所祭。

⑧ 丰其蔀日中：于正午时分搭一个大草棚。蔀（bù），草编覆盖物，用来搭棚。

⑨ 见斗往：言棚中甚暗，进去如见星斗。

⑩ 得疑疾：迅即怀疑（是昼是夜）。疾，迅速。

⑪ 有孚发若：（如此便是）诚信得到了发扬。有孚，诚信。若，语气助词。

⑫ 丰其沛日中：于正中午搭一个大布棚。沛，借为"斾"，布制旗帜。

⑬ 见沫：（进入棚中）如见到暗淡小星星，言其黑暗无光。沫（mèi），只有微光的小星。

⑭ 折其右肱：（看不见地的高低跌一跤，）跌断了右臂。肱（gōng）：手臂。

⑮ 无咎：断了右臂不是好事，但做到了黑暗无光，心有诚信，所以无害。

⑯ 遇其夷主：以礼接见此祭的夷主，亦即尸主。受祭的主代表。

⑰ 来章：（祭祀过程）呈现出华丽的性质。章，色彩，花纹，用以说明华丽。

⑱ 有庆誉：获得了美好的称誉。庆，善，美。

⑲ 丰其屋：搭一个大的帐篷。屋，这里指帐篷。

⑳ 蔀其家：以草编物覆盖他的住家。蔀，用如动词，以草编物覆盖。

㉑ 阒其户：从窗户里看进去。

㉒ 阒其无人：空无一人。阒（qù），空寂的样子。

㉓ 三年不觌：多年不见人烟。觌（dí）：见。

㉔ 凶：有祭祀场所而无往祭的人，一派衰亡景象。所以说凶。

䷍ 旅卦第五十六，艮下离上

旅①，小亨，旅贞吉②。

初六，旅琐琐③，斯其所取灾④。

六二，旅即次⑤，怀其资⑥，得童仆⑦，贞⑧。

九三，旅焚其次⑨，丧其童仆⑩，贞厉⑪。

九四，旅于处⑫，得其资斧⑬，我心不快⑭。

六五，射雉⑮，一矢亡⑯，终以誉命⑰。

上九，鸟焚其巢⑱，旅人先笑后号咷⑲。丧牛于易⑳，凶。

注解：

① 旅：卦名。寄居外地，寄居外地的人，卦中多半是指被流放到彘地的周厉王。

② 旅贞吉：筮问旅居外地吉凶如何，吉利。

③ 旅琐琐：旅人琐屑不识大体。这是对被赶下台的姬胡的看法。

④ 斯其所取灾：这是他所以遭到灾祸的原因。王被赶下台，神圣全无，故而可以有此看法。

⑤ 旅即次：旅人，亦即周厉王，来到了他被流放的位置。次，位次。

115

⑥ 怀其资：带着他的资财。

⑦ 得童仆：有侍候招呼他的人。童仆，仆役，在身边供使唤的人。

⑧ 贞：贞的意思是筮问。一般相随的有或吉或凶的断辞，这里没有，是说吉凶未卜。

⑨ 旅焚其次：旅人，亦即周厉王住的地方，发生火灾，被烧了。

⑩ 丧其童仆：丧失了招呼侍候他的人。或者是走散了，或者是被监管者遣散了。

⑪ 贞厉：筮问如何，危险。住处被烧，可能是火灾，更大的可能是监管的官员有意为之。所以说危险。

⑫ 旅于处：旅人有了一个新的处所。

⑬ 得其资斧：他的钱财物品仍回到了他手中。

⑭ 我心不快：其心不快。经历了一次火灾，侍候他的人也没了。心情如何好得起来。所以其心不快。这里的"我"所代为第三人称。

⑮ 射雉：箭射野鸡。是说允许他打猎。

⑯ 一矢亡：丢了一支箭。可能是被射中的野鸡带箭飞走了。

⑰ 终以誉命：终于有一个美好的名声。是说他仍然有射的本领，能射中野鸡。誉，赞美。命，名，名声。从语法上来分析，当读为"以誉命终"。如果这确是说的周厉王，就是讲已剥夺了他的王权，但仍保存了他的王号。

⑱ 鸟焚其巢：如同鸟巢被烧一样。

⑲ 旅人先笑后号咷：旅人先觉得好笑，而后想起自己的遭际，不就是像一只巢被烧了的鸟一样吗？所以就伤心大哭起来了。

⑳ 丧牛于易：由于轻易疏忽，让牛走失了。牛是大件，损失重大。比喻自己警惕性不高，由于粗心大意，丢失了一个大好江山。这是周厉王的自我总结，但已悔之晚矣。

䷸ 巽卦第五十七，巽下巽上

巽①，小亨②。利有攸往，利见大人③。

初六，进退④，利武人之贞⑤。

九二，巽在牀下⑥，用史巫纷若⑦，吉，无咎⑧。

九三，频巽，吝⑨。

六四，悔亡，田获三品⑩。

九五，贞吉，悔亡。无不利。无初有终⑪。先庚三日，後庚三日⑫。吉。

上九，巽在牀下，丧其资斧⑬，贞凶⑭。

注解：

① 巽（xùn）：卦名。顺从。

② 小亨：较为顺利。

③ 利有攸往，利见大人：谓所往皆利，特别是有利晋见上面当权者。能随顺其意，上司自然喜欢。

④ 进退：谓知进知退，当进则进，当退则退，审时度势。

⑤ 利武人之贞：筮问关于军阀之事如何，吉利。

⑥ 巽在床下：在座位之下顺从，是说谦恭。床，坐具，指座位。

⑦ 用史巫纷若：纷纷然使用巫史卜筮一类人员，向他们咨询吉

凶祸福。纷若，纷纷然，言其频繁，不断使用，多次使用。

⑧ 吉，无咎：吉利，无过错。是说虚心听取意见，态度谦卑，故能吉利无祸。

⑨ 频巽，吝：频繁谦卑顺从，毫无主见，也不是好事。

⑩ 悔亡，田获三品：如同打猎，获得多种猎物，那就证明正确。三品，谓多种。此言顺从是否正确的评价标准。

⑪ 无初有终：初始如何不必问，重要的是看结果。

⑫ 先庚三日，后庚三日：先庚三日，为丁、戊、己，没有甲。后庚三日为辛、壬、癸，有癸。所以说无初有终。初，指甲；终，指癸。实在是说，这是天道，七日一个来回。

⑬ 巽在床下，丧其资斧：在座位之下顺从，言十分谦卑顺从他人，却丧失了资财货物。

⑭ 贞凶：筮问如此可否，凶险。也就是不赞成这样。巽顺以能否获利为原则，如果不能得利，反而损财，这样的顺从就凶险。

兑卦第五十八，兑下兑上

兑①，亨，利貞。

初九，和兑②，吉。

九二，孚兑③，吉，悔亡。

六三，來兑④，凶。

九四，商兑⑤，未寧，介疾有喜⑥。

九五，孚于剥，有厲⑦。

上六，引兑⑧。

注解：

① 兑：卦名。借为"悦"，喜悦，怡悦，取悦於人。

② 和兑：基於和谐互利的怡悦。

③ 孚兑：基于诚信的怡悦。

④ 来兑：来即相悦，不问思想基础，不讲原则。

⑤ 商兑：通过协商达成一致而生的喜悦。

⑥ 未宁，介疾有喜：即算是没有谈妥，仍然如大病治愈了一样，是大好事。介，大。病愈为喜。

⑦ 孚于剥，有厉：诚信受到伤害，有危险。孚，诚信。剥，击，

伤害。此言与人相处，当以诚信，怡悦要以诚信为基础。与九二爻
辞相呼应。

⑧ 引兑：长相悦。是希冀祝福之辞。引，长。

䷤ 涣卦第五十九，坎下巽上

涣①，亨。王假有廟②。利涉大川，利貞。

初六，用拯馬壯③，吉。

九二，涣奔其机④，悔亡。

六三，涣其躬⑤，无悔。

六四，涣其群⑥，元吉。涣有丘⑦，匪夷所思⑧。

九五，涣汗其大號⑨，涣王居⑩。无咎⑪。

上九，涣其⑫血去逖出⑬，无咎。

注解：

① 涣：卦名。水流散。卦中多用为洗涤义，疑借为"浣"。又涣涣，水流盛大貌。

② 王假有庙：王来到太庙。当是有所祭祀，祷告决策。

③ 用拯马壮：如同作战，用强壮的马来拯救伤者。比喻大力挽救危局。

④ 涣奔其机：冲洗他的几案。奔，上博竹简作"走"。涣奔，犹如说洗去。机，就是"几"，几案。

⑤ 涣其躬：冲洗他自身的污垢。

⑥ 涣其群：冲洗群臣的污垢。

⑦ 涣有丘：冲洗山丘。有，词头。

⑧ 匪夷所思：不是我们所能想象的。夷，上博竹简作"台"。台，自称代词，我，我们。

⑨ 涣汗其大号：尽力大声呼号。涣汗，联绵词，犹"涣涣"，盛大的样子。其，犹"然"。

⑩ 涣王居：冲洗王的居室的污垢。

⑪ 无咎：无罪。大声呼号冲洗王的居室而无罪，不异于一场"革命"。

⑫ 涣其：犹如说涣然。形容下文谓语规模之大，程度之高。

⑬ 血去逖出：打消顾虑，提高警惕。血，借为"恤"，忧虑。逖，借为"惕"，警惕。

䷻　节卦第六十，兑下坎上

節①，亨。苦節②，不可貞③。

初九，不出户庭④，无咎。

九二，不出門庭⑤，凶⑥。

六三，不節若⑦，則嗟若⑧，无咎⑨。

六四，安節⑩，亨。

九五，甘節⑪，吉，往有尚⑫。

上六，苦節，貞凶⑬，悔亡⑭。

注解：

① 节：卦名。节制。《韩诗外传》卷一："居处不理，饮食不节，劳过者，病共杀之。"

② 苦节：以节制为苦。

③ 不可贞：筮问如何，不可。

④ 不出户庭：不走出内户和厅堂。

⑤ 不出门庭：不走出大门和院子。

⑥ 凶：与初九比，只向外在世界迈出一点点，为什么就凶了？爻辞作者主张内敛，严守分际，稍向外扬就以为不节，故云凶。

⑦ 不节若：如果不节制。若，语气助词。

⑧ 则嗟若：就会嗟叹无及。

⑨ 无咎：如果节制，就不会嗟叹了，所以可说无咎。

⑩ 安节：安于节制和受节制。

⑪ 甘节：以节制为甘甜，乐于节制。

⑫ 往有尚：如此以往，必有所崇尚，谓心怀信仰。

⑬ 苦节，贞凶：卦辞说，苦节不可，这里说苦节凶险。那是就情理说，这里是就结果说。

⑭ 悔亡：虽说凶险，但就其作法而言，尚未违背节制的原则，只是思想上认为苦而已。故说"悔亡"（正确）。正确是说作法正确。

䷽ **中孚卦第六十一，兑下巽上**

中孚①，豚魚吉②。利涉大川。利貞。

初九，虞吉③。有它不燕④。

九二，鳴鶴在陰⑤，其子和之⑥。我有好爵⑦，吾與爾靡之⑧。

六三，得敵⑨，或鼓或罷⑩，或泣或歌⑪。

六四，月幾望⑫，馬匹亡⑬。无咎⑭。

九五，有孚攣如⑮，无咎。

上九，翰音登于天⑯。貞凶⑰。

注解：

① 中孚：卦名。胸中有诚信。吾师宋祚胤先生熟读《反杜林论》，以为命（天命）为原始客观唯心主义，道是成熟的客观唯心主义，而孚即诚信介于二者之间，由命向道过渡。供参考。

② 豚鱼吉：江上河豚出现为吉利之兆。豚鱼，河豚。

③ 虞吉：安于诚信，吉利。虞，安。《国语·周语下》"虞于湛乐"，韦昭注："虞，安也。"

④ 有它不燕：不如是不安。有它，谓不如是。燕，安。《诗·周颂·雍》"燕及皇天"，毛传："燕，安也。"

125

⑤ 鸣鹤在阴：鹤在树荫里叫。

⑥ 其子和之：小鹤也在叫，与老鹤应和。

⑦ 我有好爵：我有好酒。爵，贵重的酒杯，这里代酒。

⑧ 吾与尔靡之：我和你一起分享。靡，分散，这里指消费。

⑨ 得敌：谓战胜了敌人，打了胜仗。

⑩ 或鼓或罢：有的有余勇而击鼓，有的因疲倦而休息。罢，读为"疲"。

⑪ 或泣可歌：有的喜极而泣，有的高唱凯歌。

⑫ 月几望：快到月半。几，近。望，月亮每月最圆的时候，通常是在农历十五或十六、十七日月中的时候。

⑬ 马匹亡：马匹走失。

⑭ 无咎：没关系。它自己会回来。

⑮ 有孚挛如：诚信络绎不绝。挛如，接连不断的样子。

⑯ 翰音登于天：鸡飞上天。《礼记·曲礼下》："凡祭宗庙之礼……羊曰柔毛，鸡曰翰音。"

⑰ 贞凶：筮问如何，得凶险的断语。鸡飞上天，违于常理，有背诚信，所以说凶险。

䷽ 小过卦第六十二，艮下震上

小過①，亨，利貞。可小事，不可大事②。飛鳥遺之音：不宜上，宜下③，大吉。

初六，飛鳥以凶④。

六二，過其祖，遇其妣⑤。不及其君，遇其臣⑥。无咎。

九三，弗過防之⑦，從或戕之⑧，凶。

九四，无咎。弗過遇之⑨，往厲⑩，必戒⑪，勿用⑫，永貞⑬。

六五，密雲不雨，自我西郊⑭，公弋取彼在穴⑮。

上六，弗遇過之⑯，飛鳥離之⑰，凶，是謂災眚⑱。

注解:

① 小过：卦名。稍稍胜过即可。

② 可小事，不可大事：事情可以小办，不可大办。

③ 飞鸟遗之音：不宜上，宜下：飞过去的鸟留下这样的声音：宜于向下飞，不可向上飞。向上飞，空气稀薄，不如向下飞，省力些。

④ 飞鸟以凶：鸟因飞得过快而遭灾。

⑤ 过其祖，遇其妣：错过了祖父，遇上祖母也好。

⑥ 不及其君，遇其臣：没赶上君主，赶上了大臣也不错。

127

⑦ 弗过防之：防止受伤害，应当适度。弗过，不过度，就是适度。

⑧ 从或戕之：如果防之过度或不及，可能会有人会伤害到他。从，从而，因而。或，可能会有人。戕，残害。

⑨ 弗过遇之：即遇之弗过，待人处事要适度。《管子·任法》："奇术技艺之人，莫敢高言孟行，以过其情，以遇其主矣。"尹知章注："遇，待也。"

⑩ 往厉：如果不适度，这样下去就危险。

⑪ 必戒：一定要戒惧谨慎。

⑫ 勿用：不要如此。指不要过度。

⑬ 永贞：这是长期有效的筮问。

⑭ 密云不雨，自我西郊：从我这城市西郊飘来乌云，欲雨未雨。言其势已成。

⑮ 公弋取彼在穴：大人待时而动，乘机射得那在洞穴中藏身的野物。弋（yì），箭可收回之射，这里只是说射。

⑯ 弗遇过之：待人处事不过分。过之，补语。

⑰ 飞鸟离之：如果过分，就如飞鸟投入罗网。离，读为"罗"，用如动词。

⑱ 是谓灾眚：这就叫做灾难。

䷾ 既济卦第六十三，离下坎上

既濟①，亨，小利貞②，初吉終亂③。
初九，曳其輪④，濡其尾⑤，无咎⑥。
六二，婦喪其茀⑦，勿逐⑧，七日得⑨。
九三，高宗伐鬼方⑩，三年克之⑪，小人勿用⑫。
六四，繻有衣袽⑬，終日戒⑭。
九五，東鄰殺牛⑮，不如西鄰之禴祭，實受其福⑯。
上六，濡其首⑰，厲⑱。

注解：
① 既济：卦名。河已渡过，事业已成。既，已。济，过河。
② 小利贞：筮问如何，小有利。
③ 初吉终乱：从"既济"的观点看来，已成为吉，为治，而治会走向反面，吉会发展为不吉。始吉终不吉，始治终乱。
④ 曳其轮：拉车过河。轮，代车。
⑤ 濡其尾：河水打湿了车尾。濡（rú），沾湿。
⑥ 无咎：无灾害。此在未济，未济之后便是既济，所以说无灾害。
⑦ 妇丧其茀：女人丢失了她的饰品。茀（fú），头发上的装

129

饰品。

⑧ 勿逐：不要去追寻。

⑨ 七日得：七日一个来回，不求自得。

⑩ 高宗伐鬼方：殷高宗讨伐鬼方部落。高宗，指盘庚的第三代武丁。鬼方，当时西北方向的一个强大的部落。

⑪ 三年克之：打仗打了多年才取得胜利。

⑫ 小人勿用：总结经验教训，不要用小人执掌军务。

⑬ 繻有衣袽：河水浸湿了穿絮衣者。繻，通作"濡"，沾湿。有衣袽，犹如说穿絮衣。袽（rú），絮。衣袽，絮衣。

⑭ 终日戒：整天戒慎，不敢怠忽。

⑮ 东邻杀牛：东邻杀牛以祭，费用巨大。东邻，指商，商处于周之东。

⑯ 不如西邻之禴祭，实受其福：比不上西周的薄祭，得到实际的好处。西邻，指周，它处于殷之西。禴祭，春或夏的常规祭祀，只以普通饭菜为祭品的薄祭。是说关键在于心诚，不在于祭品的多少。

⑰ 濡其首：过河水淹没了头顶。

⑱ 厉：危险。此言未济时宜有艰危的思想准备，以达到既济的目的。

䷿ 未济卦第六十四，坎下离上

未濟①，亨②。小狐汔濟，濡其尾③，无攸利。

初六，濡其尾，吝④。

九二，曳其輪⑤，貞吉⑥。

六三，未濟，征凶⑦。利涉大川⑧。

九四，貞吉，悔亡⑨。震用伐鬼方，三年有賞于大國⑩。

六五，貞吉，无悔。君子之光有孚⑪，吉。

上九，有孚于飲酒，无咎⑫。濡其首，有孚失是⑬。

注解：

① 未济：卦名。河尚未过，事尚未成。

② 亨：顺利。未济必将至于既济，所以说顺利。既济、未济两卦多有辩证思维。

③ 小狐汔济，濡其尾：小狐过河快到岸，浸湿了尾巴。汔（qì），接近，快要。濡，浸渍。

④ 濡其尾，吝：初濡其尾，无所利。而持续濡其尾，就有害了，可能伤及性命。

⑤ 曳其轮：如车过河，拽着轮子向前。

⑥ 贞吉：筮问如何，吉利。人力拉着车子过河，很费气力，而

131

说吉利，是因为经过努力，可到既济，所以说吉利。

⑦ 未济，征凶：于未济之时，陆地征行凶险。目的在过河，而行于陆就南辕北辙了。

⑧ 利涉大川：利于渡过大江大河。只有勇于过渡，才能达到既济的目的。

⑨ 贞吉，悔亡：筮问渡河怎么样，吉利，正确。

⑩ 震用伐鬼方，三年有赏于大国：以雷霆之怒讨伐鬼方，讨伐多年才取胜，才从商王朝那里领到赏赐。震，雷。三年，多年。大国，指商王朝。此言事业成功，需付出艰苦的努力。

⑪ 君子之光有孚：君子的光荣在于诚信。

⑫ 有孚于饮酒，无咎：饮酒易失德，而如果有诚信在胸，就没关系。

⑬ 濡其首，有孚失是：如果淹没了头顶，那是因为失去了诚信。有孚，即孚，诚信。是，代词之，代诚信。

中编
白话易经及解说

第一卦　乾　卦

乾卦论谋取天下者"遵养时晦"的策略。

　　*乾卦，十分顺当，此占问吉利。

　　乾，健强。个人健强如大禹，胼手胝足，身负导洪工具，与滔滔洪水争夺九州陆地而得胜。集体健强如会合八百诸侯以伐纣，盟师孟津，决战牧野。当显露肌肉的时候肌肉尽显，这就叫健，叫强。为什么要健强呢？古人以为"天行健"，人的行动要效法天，所以君子要"自强不息"。这话也不能说错。根本原因是这荡荡世界、茫茫宇宙，普遍实行丛林规则，弱肉强食。你不强，就要变成弱肉了。

　　*第一阳爻，龙隐没在水下；不宜有所施为。

　　这一爻代表的是龙的初始状态。潜龙未显，此时修治不够，它应该收敛鳞爪，低调地隐没在水底，坚定信念，保存实力，潜心修炼，等待时机。如果它贸然出动，锋芒毕露，那样只会招致灾祸。

　　这种"潜龙勿用"的智慧，或者叫做"遵养时晦"。《诗经·酌》："於铄王师，遵养时晦。"朱熹集传："退自循养，与时皆晦。"叫做"韬光养晦"，那是以后的事情了。

　　*第二阳爻，龙出现在田野间。有利于晋见大人物。

　　此时的龙已安稳地渡过潜伏期，开始崭露头角，出现在世人面

135

前。如果这个人志在谋取天下，那他就将有所作为，一展身手了。去见居于统治地位的大人物，或为他所见，都将有利。"天生我才必有用"。

　　＊第三阳爻，君子一天到晚自强不息，且时刻保持警惕，好像随时都会有危险发生。这样才能免祸。

　　一方面自己强而又强，修炼"内功"。一方面高度警觉，似乎随时有被灭的可能，战战兢兢，如临深渊。这像不像是正处在丛林之中？像极。如果说的是一个国家，那一定是强敌环伺，虎视眈眈。有人以为写的是西伯姬昌从羑里释放回到岐周的情形。很有可能正是如此。这时他的出路只能是发展生产，加强武备，收拢民心，使国家强盛，同时警惕商纣加到西周以及他本人头上的绝灭的灾祸。

　　＊第四阳爻，龙有时在深潭里腾跃游戏。无害。

　　想来这龙已经摆脱了随时有灾祸降临的处境，这时候的商纣或者已无暇顾及或无力顾及远在岐山的西伯，龙可以跳跃游戏，表露一下自然天性了。下一步的走向：是激进一点，腾跃升天，以实现更大的抱负和追求呢；还是保守一点，安于现状，以巩固和维持既得利益呢？

　　＊第五阳爻，龙在天上盘旋飞翔。有利于晋见更高级的大人。

　　巨龙高飞上天，在天空里自由飞翔，左右逢源，要风得风、要雨得雨，已经相当自在可为了。此时还须有更远大的抱负，取得天帝的青睐，从而更上层楼，取代商王朝而自立。

　　＊第六阳爻，龙居高不下，将有晦气的事发生。

　　这里表现了爻辞作者以后会处处出现的辩证观点，盛极则衰，最得意的时候，失意就要到来。已经在天空盘旋过了，如果持久，会引起敌视，招来利剑的锋芒。《史记·周本纪》说："崇侯虎谮西伯于殷纣曰：'西伯积善累德，诸侯皆向之，将不利于帝。'帝纣乃囚西伯于羑里。"这便是居高自得的报应。

　　＊通乾卦而言之，出现了群龙竞舞的局面，吉利。

　　这是当时人所设想的一种理想境界，个个生龙活虎，而无称王称霸、指手划脚的高居人上定人生死的"霸主"级的人物。其实这也是一种遵养时晦的手法。先群龙竞舞，无为首的龙，是要摆脱商纣的控制。待到此目的达到之后，他西伯就会自为首领了。

◎ 志在天下有雄才大略的人，先是韬光养晦，不露锋芒。继而初露头角，求得大人物青睐。然后日夜奋发努力，积聚能量。有了时机，便出来小试身手。进而上下飞腾，呼风唤雨。试探着在更大人物提携之下，有所作为。于是上升到了极盛阶段。虽小有挫折，而其谋取天下之志未衰，必将大有所成。

第二卦　坤　卦

坤卦论经商，选择经营范围和区域，留心物候商情，诚信生财。

　　＊**坤卦，十分顺利。筮问母马之事，吉利。老板有所经营，先无主顾，后做成了生意。有利。西南赚钱，东北折本。平安。筮问如何？吉利。**

　　历来易学家以乾为天，坤为地。其实坤的本义是河流。江河行地，说坤代表地，亦无不可。古时旅游和货运，多赖水路，水路顺畅，利于贸易。或者亦含有财源广进之意。马为大畜，买卖马匹有利可图，其中母马可以繁殖，利倍于常，筮问母马，自是商人之所关注。商人先富，得为君子。故知所谓君子，有位者之称，亦有德者之称，亦有财者之称。其得为君子，有钱是其凭借，故不得不有所往，以求其财。而生财亦有风险，所担心的是有无主顾。既有顾客，生意做成，是为上好。发财要方向对，码头旺。当时利好之所在，在西南。或者是因为西南土地肥沃，经济发达，且部族和善友好。东北则反是。

　　＊**第一阴爻，脚踏秋霜，寒冬将至。**

　　寒露霜降过后，立冬小雪即来。商人关注商情，亦关注物候。

138

物候渐变，人们所需随之有所改易，商品之采购当在需求之前，而销售宜正需求之时，慎勿错失良机。

＊**第二阴爻，品质端直、方正，心胸阔大，虽未谙习其事，亦无不吉利。**

商有商德，所谓诚招天下客，童叟无欺，所谓能吃小亏以求大利，便是。对商业往来细节虽暂不熟习，亦不碍大事，抓住了根本，无不吉利。

＊**第三阴爻，具备美质，定会得到称意的筮问结果。如或为王办事，虽无耀眼的成绩，却有良好的收效。**

这是说和有权者打交道，宜具优雅的素质，不要显得一副小家子气。如果代表王权者有所请托，宜尽心竭力，即使所为不成，但由于你尽了力，会得到好的报答。

＊**第四阴爻，扎紧袋口，无过失也无称誉。**

把装货物的袋口扎紧，在货运过程中不会有所损失。货无遗失，旁人也不能因此得到什么，不会说你的好话。是说行事稳健，不沽名钓誉。要紧的是保护好自己的利益。

＊**第五阴爻，穿黄色吉祥的衣服，大吉大利。**

这里讲着装。那时认为穿黄衣吉利，为了发财，讲究穿着。黄色衣裳是人人都可以穿的，后来才变成帝王衣服的专有颜色，所谓黄袍加身，就是拥护人家做皇帝。正如朕本是我称，平民百姓也可称自己为朕，后来就只有皇帝才能自称为朕了。

＊**第六阴爻，龙在旷野里惨烈地厮杀。血流如注，耀眼刺目。**

商人走南闯北，什么事情没见过。见过和平宁静，也见过部落间残酷的战斗，无情的屠杀。从商者的观点看来，这不利于商业经营，寓有反战渴求和平之意。

＊**通六阴爻而言，永远是吉利的筮问，能有好的结果。**

◎ 坤卦讲经商之道，古代少有。论商贸往来的重要性有之，如何管理工商亦有之，独独没有讨论如何经商的。这里讨论到经商的各个方面。贸易往来由此到彼，赚其差价，交通第一，故以河川为卦名，通其水路。商贸必选择经营范围，卦辞以为贩卖母马最能图利。商品讲营销，洽谈生意至关重要。做生意要看码头，要选好经营区域，卦辞也选好了，西南方向最能赚钱。要赚钱，就要货俏，卖得出去，秋天要准备冬天的货。做生意要诚信，所谓诚招天下客，也要心胸阔大，和气生财。生意人要气质优雅，服饰美观吉祥，钱财出入却要抠紧。政商关系也考虑到了，为王办事尽心，即使办不好，也要有个交代。商人反战，一有战争，人民连生命都难保，自然就无生意可做了。一条卦辞，六条爻辞，加起来讲了经商的 11 条要诀。最后总结，只要能在 11 条上下功夫，就会永远吉利，会大发其财。

第三卦　屯　卦

屯卦言处境艰难当安居无为，勇于舍弃，取之有度。

＊屯卦，十分顺利，是一个吉利的筮问。不要有所行动，利于封下属为侯，建立侯国。

屯，艰难。身处困境，能迎难而进，想尽克服困难之法，故得以顺利。这时不要轻举妄动，以免备受挫折。宜于封支属或亲信为侯，建立侯国，以为自己的支柱，夯实政权的基础。此卦似乎是为周王出谋划策。

＊第一阳爻，徘徊不进，待机而动。若筮问定居之事，吉利。有利于建立侯国。

处于困境，绝不可急躁冒进。宜于定居一处，建立巩固的根据地。那才是好事。好事还包括多建立稳固的基层政权。

＊第二阴爻，艰难地行进。改乘大马，马亦盘桓不前。那不是抢劫财物，而是掠夺女人。筮问女子嫁人不嫁？十年后才嫁。

行步艰辛，乘马，马亦畏葸不前。前方出了事，人嚷马嘶，初以为是明火执仗抢劫，再仔细观察，却原来是抢婚。多么不容易啊！女方根据筮问，十年内不可嫁人，现在就只好抢了。

＊第三阴爻，猎鹿而无虞人帮助接应，只好进入茫茫林海中碰

141

运气。在此情形下，明智的选择是：求取不如舍弃。如果硬要继续，则会有不如意的事发生。

这是个比喻，比喻做事得有人协同。个人单独蛮干，于事无补。这时宜于作出理智的选择，宁可放弃当前无效的追求，免得产生不良后果。为了今后长远的利益，要敢于有所舍弃，不弃不得。

* 第四阴爻，所乘马踟蹰不进。往女方求婚，吉利，不会碰壁。

所乘马踟蹰，说明乘马人心里犹豫不决。所筮问告诉你，不必踌躇，大胆求婚去吧，能实现自己的愿望。

* 第五阳爻，艰难地积聚些油脂。小量积聚，筮问吉凶如何，蓍回应：吉利。大量积聚，筮问吉凶如何，蓍回应：凶险。

囤积难得的日用品，宜少不宜多。多则有凶险，难免他人抢夺。

* 第六阴爻，所乘马踟蹰不进，哭得眼里出血，不绝如缕。

惊险丛生，伤心事多，跨上马去，亦不知去向何方。唯有痛哭，以至于哭出血来，绵绵不止。本来是想求得解决困难之法，结果却只有痛哭而已。可知也有处境艰难而无出路的时候。或者痛哭，眼睛哭出血来，也是一种对付困境的办法吧。困窘如此，可知他已到穷途末路。西周各王，不得好死的是昭王和幽王，一死于外敌，一死于内乱。最窝囊的是厉王，他被流放到彘，可称是穷途末路。

◎ 说是行进艰难，我马踟蹰，女子不嫁，都是比喻处境艰危。处境艰危则如何？当安居无为，不轻举妄动。追求不到，要勇于舍弃。可小有所取，但不可大量搜刮。能做的是建立侯国，夯实政权基础，儿女婚嫁之事亦尚可为。至于大局嘛，实难挽回，唯有痛哭而已。

第四卦　蒙　卦

蒙卦反映长辈筮人自我尊重和对于幼主的忠心。

*蒙卦，亨通。不是我有求于居高位的年青人，而是他有求于我。初次筮问（以蓍草占问吉凶）告其结果。一而再，再而三，就是亵渎，便不用筮、不用告了。

筮者年长，在位者年青。长辈应有长辈的尊严。你高于位，而我长于年。不是我求你什么，而是你求我通过筮问来接受教导。筮问当有节制，不可频繁使用，以至于亵渎它的神圣。

*第一阴爻，除其蒙昧。用受刑者做事，有利。解脱其脚镣手铐以使刑人方便干活。除此以外的做法，会有麻烦。

在位者不知道可不可以用受过刑罚的人做事。筮者告诉他，可以。用刑徒做事，还必要解其桎梏。不用刑徒，用而不除其脚镣手铐，都会带来不利的后果。

*第二阳爻，年青人有过失，要能包容，吉利。年青人娶妻生子，成家立业，是好事。

要保持老人的尊严，也要涵容年青人可能有的过失。对于他娶妻生子，逐步成长成熟，长者当乐观其成。

*第三阴爻，不要娶幼女为妾。其愿为妾者为见利动心，其娶

者有丢掉性命的危险。没有任何好处。

这是劝诫年青在位者不要见色动心，不要沉溺于女色。

　＊第四阴爻，为年青不晓事者所困而不辅助教育之，是为失误。

年青在位者亦有对付长辈之法，用一些琐屑事来打扰麻烦，使你无暇他顾，说是尊重，实则让你放弃关注正事大事，这就叫困蒙，叫做为蒙所困。倘如此，那就不好。

　＊第五阴爻，缺乏历练的年青人有可塑性，本不是坏事。

长者对后辈总的评价，认为他们虽不晓事，但可以学，可以教，成为合格的主君指日可待。总之，后生寄托着老一辈的希望。

　＊第六阳爻，敲打年青人，助其成长。其时其人尚不能独当一面，不宜向外掠取，只可防御外敌。

长者要严，该批评教育就要批评教育，不可心软手软。任其所能，其所不能，留待他日。

◎ 筮人自我尊重，也要求幼主尊重，不得亵渎占筮。他为幼主出的第一个主意是让刑人干活，并且要脱去镣铐。他涵容幼主小的失误，乐见他娶妻生子，成家立业。告诫他不贪女色，不可娶幼女为妾。筮人自我要求，负有教导幼主的责任，看好幼主的前程。筮人评估，幼主在承受敲打、不断辅正的情况下，已可担负起卫国的责任，至于向外发展，条件还不成熟。

第五卦　需　卦

需卦言宜以诚心展望未来，等候利与不利的事态发生。

＊需卦，接物诚信，大顺无碍。筮问可否？吉利。特别有利于渡过大江大河。

需，等待。以诚信处事，静候时机到来，这样做会十分顺利。那时过大江大河危险的几率很高，可能翻船覆没。但若得需卦，就说明没有风险，可以放心闯过大江大河而去。

＊第一阳爻，在城郊等待，以有恒而得利。无灾祸。

郊近于城，伺机可得城市之利，而离于城市的喧嚣。郊外为野，待于郊，伺机可得田野之利，而拒斥其荒芜贫瘠。若能持久不变，必有好运到来。

＊第二阳爻，在沙洲上等待，有些闲言杂语，结果仍然不坏。

沙洲上多半荒凉，在那里等候，会有些小的麻烦发生。但天无绝人之路，最终还是有办法离开那地方，多有活路。

＊第三阳爻，在泥淖中等待，招惹寇盗来犯。

入于泥淖而不能自拔，寇盗会乘虚来犯。倒霉这一回。

＊第四阴爻，在大水渠边等候，有陌生人从洞穴中冒出。

在排水系统旁伫立，若有所思。忽然冒出一个陌生人来，不知道将会发生什么事，不知道来人怀有善意还是恶意。

*第五阳爻，等候宴饮，筮问如何？吉利。

有酒食相待，自是吉利。但酒席筵前，难免有诡谲狡诈，故亦需筮问，筮问得吉利的断语，这就可放心无虞了。

*第六阴爻，回到家，有不速之客三人来，以礼相待，最终吉利。

客人不请自来，或是朋友，或是仇人。既然来了，礼当善待，会有好的结果。

◎ 人生就是那一份等待。少等待长，长等待老，老等待死。无论等待什么，将有什么到来，最基本的是要诚信在胸，有了这一条就可应对万变。至于在什么地方等待，比喻境遇不同而吉凶各异。在城郊等，那是个好地方，会等来好运。在沙滩上等，那不太好，会有小的麻烦。在泥沼地里等，那可是一个倒霉的地方。在水渠边等，比喻会有不测，吉凶未卜。而最佳的等待，莫过于有酒席在等待自己。回到家里，应该是一个安全的港湾了，可也有不请自来的客人光顾，这客人不知是掠夺者还是友好人士，本着诚信的原则，总以礼相待，方可无虞。这个人一生碰到那么多的事，有吉有凶，风险多于平安。反映出社会上的动乱，人们的生命财产没有保障。这卦是一个生活在乱世的卦。

第六卦 讼 卦

讼卦说打官司并非良策，如果输了怎么办。

*讼卦，讼，争讼，诉讼。争讼之时，诚信窒碍难行，当警惕危惧，中间吉利，而终于凶险。利于晋见高一级的官长，不利于过大江大河。

打官司不是比道德高尚，诚信之人未必就能在诉讼中胜出。心存危惧，要有输的思想准备。中间看似有胜的希望，而结果可能大为不利。筮得讼卦，利于见高官，他那里可能有说理的地方。不利于到官场上，到社会上去闯荡。好比渡过急湍的河流，不能保证必无覆舟之患。

*第一阴爻，所从事未能长期坚持，难免闲言杂语，但最后吉利。

该做的事未能坚持到底，这该做的事或是本职工作，或是诉讼中的判决。其所以不可坚持，或者是与人民利益不合，或者是判决不公。虽曾受到指责，然而诚信终将获胜，有好的结果。

*第二阳爻，争讼不胜，回来让其同邑人三百户逃窜，没有过失。

此人或是邑大夫，让邑人逃离，或是为了避征徭役，避纳赋税。

147

人已逃亡，其上司亦莫奈其何，故无过可言。这是对付上面审判不公的一个办法。

  ＊第三阴爻，啃老，吃老本，筮问如何？危险。但终究有好结果。如果筮问为王办事如何？一无所成。

凭借祖宗所积功勋而享现成，有恃无恐，这样就不会有好下场。如果用这一类的因循被动的态度为王家服务，休想办成任何有意义的事情。

  ＊第四阳爻，官司打输了，回来接受判决，加以改正。筮问如此平安否？平安吉祥。

争讼皆不胜，第二爻不接受判决，本爻接受。争讼若胜，自然欢喜。如果不胜，也有办法。没有过不去的坎。

  ＊第五阳爻，诉讼，大吉。

争讼结束，从此专心治理政事，安民息讼，大吉大利。

  ＊第六阳爻，运气好的时候，赏赐给他佩玉用的大腰带。时赏时夺，一个早上可以赏赐三次，接着又夺去三次。

是说上司对下级宠辱无常，得之勿喜，失之勿忧。争讼之事亦如此，胜败乃是常事，毋喜毋悲。

◎ 人相处，或相争。相争如不相让，得有解决之法。或是武力相见，或者提起诉讼，让第三方来裁决。如何看待诉讼，如何对待不利的裁决，从讼卦能窥知其中的一些情形。卦爻辞作者推崇诚信，但在诉讼中诚信窒碍难行。赢得官司的未必是诚信一方。所以诉讼并非良策。宜将所争诉之于长官，而不可以诉讼为工具闯荡世界。合于诚信的事或兴或废，虽然遭到指摘，却问心无愧。官司输了，怎么办？他回来就让其里人逃亡。人都走了你还能怎么样？这是他对付不利判决的对抗之法。邑人没了，他只能吃老本，食祖宗的福荫，虽不好，也只能如此了。在此情形之下还能为王办事么？谈不上了。这叫做上下齐伤，没有人能得到好处。败诉时还有一条路，就是服从裁决，加以改正，终得平安无事。这不是吃亏了吗？要想得通，正如上级对下级，宠辱无常，打官司有胜有负，别看得那么认真。

第七卦　师　卦

师卦讲军事，信用贤能，不任用亲人小人，守纪律、不骄兵等。

＊师卦，筮问以受尊崇有威望的长者为统帅可否？吉利，不会有祸害。

师，军队。军队重在择帅，当用有威望的长者为司令官。统帅号令严明，为众所信服。且老成持重，身经百战，方可付之以重任。

＊第一阴爻，以严明的纪律出动军队。否则，不好，凶险。

征战的部队，第一要统帅得人，第二要遵守纪律，令行禁止。没有纪律便是乌合之众。

＊第二阳爻，有威望的统帅居于军中，吉利。无灾。王多次发布表示宠信的命令给军中首长。

军不离帅，帅不离军。不在庙堂上遥控，保证司令官与全军将士同其命运，因而受到王的宠信，再三发布嘉奖的命令。

＊第三阴爻，军队有时用车子拉战死者的尸体。凶险。

战斗惨烈，牺牲众多，用大车运尸。兵凶战危，死人的事常有。

＊第四阴爻，军队驻扎在左边。不会造成灾难。

军以右为尚，驻于左，谓退避。意思是不逞强，不骄兵。骄兵

149

必败。

    *第五阴爻，如同田猎获得猎物，抓到俘虏是胜利。没有什么不好。长子领兵作战，次子在军参战，打了败仗，以车拉死者尸体。筮问如何？凶险。

抓到俘虏好不好：或者以为不好，消耗口粮，俘虏还可能伺机反扑。但从俘虏那里可以审出军事情报，以便进一步消灭敌人，没有什么不好。

兄弟从军，兄为将帅，弟在其统帅下领兵作战。兄能，弟未必能。果然打了败仗，以车运走尸体。任人唯亲不好，部队里更是不能这样乱来。这样乱来凶险。

    *第六阴爻，周王有令：作战功勋卓著人员，可封为诸侯建国，可以任命为卿大夫。不要任用无功的卑鄙小人。

战争结束，奖赏立功人员。兼及用人标准。有军功者方可为社稷大臣。

◎ 这是一篇军事小论文。早于孙武兵法，更早于孙膑兵法。其要点是：（1）任用有崇高威望的长者为帅。（2）军纪严明。（3）帅不离军，还必得王的宠信。（4）保持战力，不让士卒大批死亡。即便是死亡，也不让暴光，免伤士气。（5）骄兵必败。（6）俘获敌军。通过审讯俘虏，洞察敌情。（7）部队将领不得任用私人。（8）以军功任命朝廷大臣，不可任用卑鄙小人。

第八卦　比　卦

比卦讲广为团结的道理，以诚信亲比内外，团结的人越多越好。

　　＊比卦，吉利。（曾经有过的筮问之辞：十分顺利，长时间筮问，皆得无灾害的断辞。）乱邦之君来朝后到，那他就凶险了。

　　比，谓亲比，亲和。亲和是好事，所谓和为贵。古人有"后至者诛"的说法，根据广为亲比的精神，后至比不至好，所谓爱国不分先后嘛。或者那个"后至"者，本不是来与大伙亲和，而是来搅局，并且后面还有武力作后盾，态度蛮横，这才会引起众怒。

　　＊第一阴爻，我有诚信，以亲比他人。无灾无祸。我的诚信满满，到头来还有别的吉利不求自至。

　　讲亲比、亲和，最根本之点是要诚心诚意，居心不正，那团结就是假的，缺乏基础。讲诚信，就要满怀诚信，不因一点小事故就损害团结，即便是大一点的事故，也不可使团结受到破坏。越是诚信，就越有可能得到意想不到的好处，所谓至诚感神就是。

　　＊第二阴爻，内部搞好团结。筮问如何？吉利。

　　内部团结，才有可能与外部讲团结，才有底气与外部讲团结。内部乱糟糟，哪里谈得上团结他人？

＊第三阴爻，对无须团结的对象也讲团结。

尽量扩大团结的对象，团结一切可以团结的人。这是战无不胜的法宝。

＊第四阴爻，团结外部人士，筮问如何？吉利。

对不是本单位的人讲团结。哪怕是敌对阵营里的人，也不是铁板一块，能讲团结就讲团结。

＊第五阳爻，亲比明显的例：王多次驰骋田猎，未得其追逐的猎物，而不责怪乡人，如此则为吉利。

这是一个周王与平民亲比的例。那就是不扰民，亲民。我们理解的本卦的亲比精神，比这要广泛得多。

＊第六阴爻，所亲比之人无为首者，此事凶险。

所亲比之人要有一个为首的，那就是着眼于族群，着眼于群体。不在乎与个别人亲和，在乎"泛爱众"，在乎与大众站在一起。

◎ 比卦的主题是最广泛地团结人。以国与国之间的关系而论，要主动亲近大邦，免招后至之诛。富有诚信，这是团结人的思想基础。搞好内部团结，也团结外部人士，即使不好团结的人也要和他讲团结。对于周王来说，他的首要任务是亲民，得到人民的拥护，这是他搞好团结的具体体现。但团结对象一定要有代表性，团结了一个，就是团结了一群。

第九卦　小畜卦

小畜卦倡导农耕，夫妻同心，邻居互助，迎取丰收。

＊小畜，积小富为大富。顺利。乌云从我所居之城的西郊生起，欲雨未雨。

不期望一下子暴富，只期望逐步积累，年年有余。盼年景好，盼风调雨顺。所以能留心观察欲雨未雨的天象。

＊第一阳爻，自道路归来。那还有什么过错呢？吉利。

此为在外流浪或经商的人设言。从离家的路上归来，以就主业。此主业当是农业。回来了就好，不应再受责备。

＊第二阳爻，强制回来，吉利。

上一爻是说自动归来。这一爻是说被强制回归。即使是强制，回归主业仍是好事。

＊第三阳爻，如同车箱和车轮脱节，夫妻闹矛盾，任何事情都办不成。

夫妻不和，反目相向，以家庭为单位的农业生产怎么搞得下去？就是说，必须夫妻同心，家庭和睦。

＊第四阴爻，有诚心于耕作。去掉了荒废农事的忧虑，产生了敬业之心。免去了颗粒无收的灾祸。

能不能搞好生产事业，于家于国，都至关重要。或者是浪荡惯了，不安心于农业；或者是有更方便的图利的捷径，比如经商，甚至可能是抢掠，比辛勤劳动的收获快而且多。有了这样一些情形，诚心耕作就显得特别重要，用现在的话来说，就是思想领先，思想是统帅，是灵魂。

　＊第五阳爻，诚信之心绵绵不绝。邻帮邻，得以共富。

有了诚心，不但于己，也及于邻居。邻帮邻，我以邻富，邻以我富，我亦邻之邻。大概其时刚步入农业社会，对于农业生产，大家都有一个适应过程，有一个熟悉的过程。邻帮邻，能使这个过程缩短。

　＊第六阳爻，已下及时雨免旱，雨已停，免涝。丰收有望啦！妇女筮问：要再接再厉吗？男人看到快月半了，又想离家上路。这种想法，凶险。

风调雨顺，农人全家同心合力耕耘，已丰收在望。这时当再接再厉，以迎取丰收。而不安分的男人又想离家外出了。警惕别走危险之路。

◎ 周朝以农立国。他们的祖先是农业行家。似乎不存在弃农经商或专事游猎的现象。但周灭殷以后，必须消化殷的顽民，使归于农。殷又称商，很可能他们以经商而著名。农业受制于气候节令，要有及时雨才能播种育苗。本卦卦辞首先就预设了雨水及时的条件。关键是要一家的主要劳力在家务农。自愿归来最好，强制归来也行。看得出来，其时生产是以家庭为单位，必须夫妻同心。倘若夫妻反目，男女不和同，生产就无从着手进行。而夫妻同心的基础在于诚信，在于有共同搞好农业生产的愿望。家庭是社会的基层单位，是组成国家的细胞组织，国家好，家庭才好。反过来，家庭生产好，这个国家才有希望。这就叫诚信。这诚信管得很宽，不仅家庭，还有邻居，得互相帮助。没有任何资料显示，其时已有生产互助组织。但从爻辞看，确有邻帮邻的事实。或者是政府规定了周人与原来的殷人混居，周人有义务帮助不熟悉农业的殷顽民熟悉农耕，以巩固周的统治。这事无从考究。只是在情理上估计，或有可能而已。而农事刚刚就绪，那家的男人又想上路，可知要让习于游荡、惯于经商的人安于农业有多困难。

第十卦　履　卦

履卦讲与武人周旋败绩。

　　*踩老虎尾巴。老虎不咬人。吉利。

　　俗话说老虎屁股摸不得，你现在踩了它的尾巴，它却不咬你，岂非怪事？这只是个比喻，比喻君主得罪了武人，而武人犹然忍受不发作。可得短暂的安宁。或以为此卦言周厉王事，他以为得罪武人即军阀没有什么了不得，终招致流放之祸。

　　*第一阳爻，行走如常，事情照常进行，无害。

　　言与武人的关系和平常一样，不特别宠他，也不特别贬他。该怎么着仍怎么着。如果这里真是言周厉王的事，那么，就周王而言，他显然是失策了。

　　*第二阳爻，走平平坦坦的大道。筮问囚徒吉凶，得吉利之占。

　　据爻辞看，这时周厉王已遭幽禁。而仍然认为他做得对，在走平坦大道。筮问其吉凶如何？吉利。由此知周厉王刚愎自用，已被流放，仍然对前途抱乐观态度。

　　*第三阴爻，虽一目失明，但仍能视物；腿虽瘸，但还能走路。这时如果再踩虎尾，虎就会撕咬你了。为啥？军阀已全面执政，做了周的共主。

这时的周厉王仍然相当自信，以为虽遭幽禁，他仍有能量可以发挥。不过时移势异，这时再也不可踩虎尾巴了，你踩它，它就会咬你了。军阀篡立，在西周只有共伯和流放周厉王而自己主政。时在公元前841至前828年。《易经》经文，有史可考的不多，武人篡位是其中的一处。

* **第四阳爻，试图再踩虎尾，胆战心惊。但终于没事。**

周厉王死不倒威，还想再踩一次老虎尾巴，只是心里有点诚惶诚恐了。但已到这步田地，武人也没有把他怎么样。算是得了一个善终。

* **第五阳爻，快步行进，筮问如何？危险。**

周厉王想加快复辟的步伐，筮问如何？得危险之占。

* **第六阳爻，观察分析与实际行动都讲究完善，那么，他在世间周旋就会绰有余裕，大吉大利。**

这是为周厉王作总结，是说他认识片面，而行为又轻率，过高地估计自己，对武人又估计不足。

◎ 后世有伴君如伴虎的说法。而周厉王与他的握有兵权的大臣打交道，却像是踩老虎尾巴一般。周厉王在位，他踩虎尾，就是触犯还未发动兵变的武臣，他们隐忍不发。厉王宠他贬他，一切照常。直至被流放到彘地之后，厉王仍然刚愎自用，以为自己并没有做错什么，仍然对前途乐观。如同一目失明还能看见东西，腿虽瘸还能走路一样，厉王以为他虽被流放，仍有能量可以发挥，不承认已经失败，已不可能东山再起。不过，这种时候，他就再也不敢踩虎尾了，再踩，那就会被无情撕咬。因为他的武臣已经做了天下共主，取代了他原来的位置。再触犯他，他绝对不会再容忍下去。厉王不死心，他还想再踩虎尾，不过已经胆战心惊，怕有危险。而结果竟然无事，武人并没把他怎么样。在厉王一方，他还有加快复辟步伐的想法，在筮人看来，那是危险的，没有任何希望。于是筮人为厉王总结：观点和行为都要讲究完善。意思是说，他厉王看法不对，对武人估计过低，对自己估计过高。在行动上，既没有提防武人的兵变，又不自量力，想改变自己的被动处境。所以落到一个被废黜的下场并非意外。

第十一卦 泰 卦

泰卦讲互相联系，对立转化。

* 泰卦，小的去，大的来。吉祥，顺利。

泰，通泰，旷达，想得开。有来有往，有大有小，互相转化。

* 第一阳爻，拔茅草，把同类别的茅草连根拔出，出行吉利。

事物相互联系，触动这个，牵扯那个。一荣俱荣，一损俱损，有所行动，得吉利之占。

* 第二阳爻，葫芦瓜中空，把它系在腰上涉水过河。不将朋友远抛在后头。虽无所得，仍是崇尚中道的行为。

葫芦瓜是一种植物，与人们过河似乎没有联系，但中空的葫芦可系在腰上，利用其浮力以免沉没之患。不将朋友抛在后面看来于己并无好处，但合于中道，具备了这样一个高尚的品德，也就是为自己平添了光彩。

* 第三阳爻，没有平地就没有坡地，没有往就没有来。筮问有艰难则如何，没什么要紧。不要忧虑他是否会趴下，他暂且享到了口福。

没有平地就没有坡地，反过来，没有坡地就没有平地。没有往就没有来，反过来，没有来就没有往。艰难不足惧，艰难过后就是顺利。不要忧虑他会倒霉，在倒霉的时候，仍然不愁没饭吃。比喻仍然有所得。

*第四阴爻，外表漂亮，却与其邻居一起还是困穷。原因是不接受教诫，以致败家。**

风度潇洒，外表光鲜，却不能帮助他从贫穷中摆脱出来，他的邻居帮了倒忙。接受持家的教诫是好事，忠言逆耳利于行，而不接受会导致家庭败落。

*第五阴爻，商纣的父亲将女儿嫁给西伯昌，因以得福，大吉。**

西伯姬昌是商朝潜在的政敌，他的儿子姬发带领联军推翻了商的统治。纣的父亲帝乙把女儿嫁给了敌人，似乎不好。但嫁女嫁给了新兴的即将领有天下那个国的首脑，仍然是幸运的，所以可说是大吉。

*第六阴爻，城墙倒塌，墙土倾入护城河。城里来命令，不用兴师动众再将土掏上来筑城。筮问再掏土筑城如何？不好。**

筑城就近取土，土之所取处即为护城河，城墙倒塌，墙土倾入护城河。是物归故处。如果又取所倾之土再筑城墙，仿佛不错，但命令说不必如此。机械重复，不是上策。当另取新土以筑城，可更牢靠持久。

◎ 泰卦集中讲辩证法。但它没有讲矛盾的普遍性和绝对性，没有讲每一否定都比较地达到了高一级的程度，只能说是涉及了辩证法这个领域。虽说如此，中国古籍中能这样集中讲辩证逻辑的，实属罕见。更不用说，它是说得最早的了。原文是"小往大来"，我们译成"小的去，大的来"，好像是说赚了，去得少，来得多，付出小，收益大。如果在别的地方，这样理解也就无误了。可在此卦，这样理解就很不够。那意思是，有大有小，没大就没小，有来就有往，没来哪里会有往？反过来也一样。而且，大与小，来与往，都可以相互转化。事物相互联系，马克思主义讲，现在的存在主义也在起劲地讲，我们的古经已早就在讲。只是说得朴素，说得直观。"拔茅草，把同类别的茅草连根拔出"，已经表达出相互联系之意。

葫芦瓜没用，历史上是最著名的了。孔夫子说："吾岂匏瓜也哉？焉能系而不食？"（《论语·阳货》）但把它挖空，系在腰上，凭借其浮力，可以渡过大江大河，无用可转换成有用。卦爻辞作者在说哲理的同时，不忘其道德说教。你凭着系在腰上的葫芦顺利过河，可不要把朋友远远抛在后头，这才合于中道。没有平地就没有坡地，反过来，没有坡地就没有平地，把这个道理运用到社会生活中来，艰难与顺利可相互转化，碰到艰难困苦，可以产生克服之法，于是就变得平易顺畅了。这里包含了能动的意思，是可贵的。下面说到形式与实质的关系。一个人表面上漂漂亮亮，却是穷得当当响。可知贫富与长相并没有必然联系，他的穷是因为他不听教诫以致败家的缘故。不要表面上看问题，又如帝乙把公主嫁给西伯姬昌，和一个反叛结成亲戚，似乎不好，但姬昌后来成了周文王，也不能算是吃亏的事。本卦爻辞最后以土建的比喻来结束，说明建设新的不等于恢复旧的，隐含了否定之否定的意思。

第十二卦　否　卦

<u>否卦告诫慎用否定这个批判武器，倾向于不用，主张尊重人。</u>

　　＊否卦，其人不当否定而否定他，不利。筮问君子对否定应持何种态度？损多益少。

　　所谓"否定他"，这里是说他固陋闭塞，少有见识，不识大体，而又固执不改。本卦以为不可随便否定人，他可能本有见地，自有操守，是你误会了他。但固陋闭塞的人还是有的，该否定还是要否定。只是这样做利少害多。这里讲的实际上是要尊重人。

　　＊第一阴爻，拔茅草的根，连同别的茅草也拔出来了。筮问如此吉凶如何？吉利，亨通。

　　"拔茅草的根，连同别的茅草也拔出来了"，在本卦是说，否定了其人的固陋，也就否定了其人别的长处；否定了一个人，连带会否定相关的人。言不可不慎。认识到这一点，于事大有裨益。

　　＊第二阴爻，包容，待人宽厚。对于一般小民来说，吉利。对于统治层面的人来说，不吉利。总的来说，顺利。

　　对人取宽容态度，不苛求于人，也就是不轻易否定他人。这样做，对小民来说，吉利。而对统治阶层的人来说，就不那么好，因

161

为包容会使自己的利益受损。但如果全盘考虑，对众人有利的事，对于个体也是有利的。所以说顺利。

＊第三阴爻，忍受耻辱。

不但是不轻易否定他人，能宽宏大量，就算是自己受到侮辱，也能包容，不予计较，不施报复。想想自己的作为，是不是也有不对的地方，也为他人想想，他是不是也有占理的地方。所谓忍得一时之气，免得百日之忧。

＊第四阳爻，顺从天命。无害。我和我的同类将因而获得好处。

这话实际上也扣着不轻易否定他人来的。是说自有天命安排，用不着你人为地去指摘批判。顺从天命，顺从君命，好处自至。

＊第五阳爻，弃用否定，统治者吉利。说是羊跑掉了，羊跑掉了，却原来系在桑树丛中，并没有跑掉。

为什么不用否定却吉利呢？好比是羊不见了，以为是跑掉了，却原来还在，被系桑树丛中。意思是抛弃否定的做法，好像碍事，实则无损。

＊第六阳爻，毁弃否定不用，先是想不通，后来就高兴地接受了。

大概否定他人是当时一种惯用的做法，积习难改。本卦爻辞耐心分析说服，希望大家能乐于接受。

◎ 否卦这个"否"，假如要让它好懂，和现代人的生活沟通起来，就是否定，就是批判。本卦不主张随便就批判人。批判错了，批判了不该批判的人，不利于共同的事业。有没有该批判的？有，但一批判，就害多利少。你批判他的缺点，连同他的优点也被否定了，你批判一个人，连同和他关系密切的人都一起否定了。正如拔草把与之相连的草都拔出来了一样。要能包容人，包容对于大面积的平民来说，是好事。站在统治者的立场，看平民百姓总是缺点多，该批判的地方多，统治者能包容，也就是平民的福音。这对于统治和统治者的规矩来说，也许不好，但对广大平民好，亦即对全体人民有利，不能说不好。要能忍受耻辱。后来的佛徒也讲忍辱，是他们的六度之一。为什么要忍辱？你能做到忍辱，就是让人占先，占先才能安后，而安后必将占先。你要统治人家，而你又要批判人家，占尽道理，那是不可以的，物极必反。批判别人，往往是根据一些不实之辞，说是羊跑了，羊跑了，其实并没有跑，还好端端地在那儿呢。于是筮人总结说，弃用批判，起初或者想不通，等明白过来以后，就会乐意接受这个道理了。

第十三卦　同人卦

同人卦讲如何运动群众。

　＊**在城郊之外会集众人，顺利。有利于过大江大河。统治阶层的筮问，吉利。**

群众集合的地点很有讲究。本卦辞是说在郊外集合，会进行得顺利。过大江大河，比喻能办大事，能克服大的困难。这里的"统治阶层"，是指那些企图运动群众以达其政治目的的人。想必不是当权的统治者。当权者直接以命令行事，不必借助于众人。求助于群众造势，那他必定是在野的政治人物。当时经济发达，市民阶层兴起。他们为了自己的经济利益，往往集会以表达他们的政治愿望。这也引起了政治家的兴趣。他们在研究如何利用这一力量。

　＊**第一阳爻，在家门口集合众人，无害。**

相比于在郊野聚会稍次，不是顺利，只是无害而已。可能在野聚会众市民，更能肆无忌惮地发表政见。

　＊**第二阴爻，在宗庙里举行群众集会，不好。**

在宗庙里集合众人，其所以不好，大概是恐怕祸及宗人。问责起来，会牵连一族一伙，也便于抓捕头目。

*第三阳爻，伏兵于草莽之中，登高瞭望，三年不举事。

那"伏兵"之兵，当为所集之众执兵器以待。他们登山观察形势，长时间没有攻击行动。没有行动可能是还没有下决心兵戎相见，也可能还不到发起攻击的时机。

*第四阳爻，登上城墙，未展开攻击，吉利。

筮人赞同做好攻击的准备，而不贸然发起进攻。认为不攻击和平解决为好。

*第五阳爻，集合众人，集会之先号咷大哭，集会之后开怀大笑，因为看到能集合这么多的人，大有威力。

原先大哭，是悲观失望，以为没有出路了。直至集众之后，看到了群众的力量而心情大好，因而喜笑。大众聚集起来，显示了强大的威力。

*第六阳爻，集合众人于近郊，不会后悔。

城外曰郊，郊外曰野。在城与野之间举行集会，次于在野而优于在门。

◎ 如何运动群众？集合地点最好在离城较远的地方，以逃脱监视，畅所欲言。作好动武的思想准备，但要耐心等待时机，不可冒冒失失地发动攻击。运动群众最能激励士气，于无望中看到希望，前程一片光明。

历史延续了数千年，古今中外，说到搞群众运动，只有中国共产党理论上最为完备，行动上最有经验，规模最为广阔，成功最为巨大。古经中这点作法，只能说是小儿科。但在上古，有这样的认识，算是难能可贵的了。我估量，这里说的就是国人群起反对周厉王的专利政策。中国历史上怕就只这一次以群众运动的形式赶走了一位暴君。这里总结了那次运动的成功的经验。

第十四卦　大有卦

大有卦论公卿大臣保持富有之道。

＊大有卦，第一位的顺利。

大有，谓富有。富有，一切事都好办。

＊第一阳爻，不互相残害。不是祸，是福。共患难时，黾勉同心，则无内忧。

公卿大臣，没有人能伤害他，除非互相残害。所以首先就提出不互相残害。共过患难的人，可以互相体谅，互相支持。这是说互不伤害的一个条件。

＊第二阳爻，用大车装载财货，向目的地输送，可无祸害。

是说把大量财货送往能左右其命运的更高的官员，或者就是指周王。这是保证他长期富有的主要一点。

＊第三阳爻，公卿大臣以此得受天子宴享，庶民不能得此厚遇。

大臣向周王输送利益，周王宴请大臣，以示恩宠。说明大臣们向周王输送财物以保持自身富有之法已经奏效。

＊第四阳爻，不要那样张扬，不张扬方可免祸。

不张扬，也就是说不炫富，不盛气凌人，锐气内敛，让人觉得是一个平常人，这是避害之法。

﹡**第五阴爻，其诚信积聚叠加，吉利。**

这是说不断增加至德，包括忠诚于王，取信于民等，这样才会有可靠的吉利长久保持。

﹡**第六阳爻，上天保佑他，随时随地吉利无灾。**

互不相害，大量输送利益于上司，得王宠信，保持低调，并且积累诚信，修治至德，这样就会得到上天的佑护，永保大有之家。

◎ 大有，如果是共同富裕，那就是我们现在共产党人的境界了。古经讲大有，是公卿大臣们一群高层统治者的大有，那就会导致人民群众的大无。不管怎么说，统治者的高层，利益一致，无论何时，他们都会串通一气，企图保持其利益的永久性。他们会研究如何才能做到这一点。第一是不互相残害。第二是向周王大量输送利益。一把总保护伞不可怠忽。有利益输送，自然可以得到回报。第三，个人不要张扬，不要炫富，不要过度欺压百姓。第四，要居心无恶，忠于王，办事公道，所谓诚信在胸。第五，有了上面四条，上天就会保佑他。虽然想得好，事实怕是与愿望相违。这里缺了一条最根本的，那就是只有广大被统治者富了，上层的富裕方有源泉。少数寡头独富，终究是社会的毒瘤，结不出好果子来。

第十五卦　谦　卦

谦卦提倡谦逊美德，认为谦逊与征伐并不矛盾。

　　＊谦卦，顺利。上层人物会有好的结局。

　　谦，自认不足，卑己下物。办事会顺利。统治阶层的人如有谦
退的美德，会得善终。之所以这样说，大概当时统治阶层中能得善
终的不是很多。能得善终就算是一个好的结局了。

　　＊第一阴爻，谦而又谦。统治阶层凭此可过大江大河。吉利。

　　谦而又谦，是说足够谦恭。渡过大江大河，比喻可克服巨大的
困难，能闯过难关，继续前行。

　　＊第二阴爻，宣称自己谦退。筮问如何？吉利。

　　宣称自己谦退，问筮得吉利的断辞。宣称自己谦逊，那就不是
谦逊了。何以也得吉利之占？自称谦，可得群众监督，促使自己谨
守谦德，所以吉利。

　　＊第三阳爻，为自谦而烦劳。这样的统治阶层有好的结局。吉利。

　　劳累于谦退，是说极度谦恭。极度谦恭的统治者会得善终。

　　＊第四阴爻，实行谦恭有礼，没有不利的。

　　这一条对一般人而言，人人都谦恭，处处讲规矩。平安无事。

﹡第五阴爻，不因邻居而富有。以此征伐不友好的部族。处处吉利。

富有，不是沾邻人的光，不是损邻而利己，是本人独立致富。以此精神讨伐无礼的邻邦，谓征战不以谋财利为目的，无疑会取得胜利。

﹡第六阴爻，自称谦逊。以退让精神用兵征伐城邑邦国，吉利。

以退让精神用兵，如历史上所说的退避三舍，表示礼让，亦含有不骄兵之意。哀兵必胜，骄兵必败，为历代兵家所重视的明训。

◎ 从有所征伐看来，这里说的"谦"是指君王而言。也只有君王，才讲究一个好的结局，讲究善终。西周各王，不得善终的有三位，昭王、厉王、幽王，昭王事不详，厉王、幽王都是暴虐无道的家伙。由此可知，谦是暴之反。筮人总结厉、幽的教训，如果他们能谦和，不一意孤行，就不会不得善终了。如果谦而又谦，不是谦一下，而是持续谦下去，就能克服巨大困难，而臻于大治。还要宣称自己谦逊，以明不拒谏饰非，而收听取善言之效。帝王谈何劳累？唯独对于谦，要狠下功夫，而至于劳累，在所不惜。虽则劳烦，但可得善终，酬报不菲，也值。须知谦恭有礼，接纳善言，就会无往而不利，所施必行，所求必得。何为而不行？富必自求，不以侵害邻邦而富。倘所处之邻国，所属之城邑邦国，不谦而无道，当义无反顾地讨伐之，这与谦的精神并不矛盾。

第十六卦　豫　卦

豫卦论欢乐之道，必须欢乐，但欢乐有度。

＊豫卦，建立侯国，行军打仗，吉利。

豫，逸豫，欢乐。建立侯国，以封亲属功臣，强化政权基础，当愉快地裂土分封。行军打仗，不可畏葸不前，而当勇于杀敌，乐于赴死。

＊第一阴爻，以欢乐自我标榜，凶险。

自称我无忧，我欢乐，忘乎所以，必有凶险降临。

＊第二阴爻，比石头还坚硬，不需要一整天。筮问如何？吉利。

既已欢豫，又加刚强。是欢乐与坚强的统一。不是一天到晚嘻嘻哈哈，无法振作。不用很长时间，其不可撼动的品格自显。毋需老是装作不可侵犯的样子。

＊第三阴爻，过度欢乐，错。一次欢乐时间过长，又错。

是说欢乐要有节制。任性不得。

＊第四阳爻，由于欢乐，大有所得，不用犹疑。朋友聚会。

由于欢乐适度，好处多多，收获满满。对此要深信不疑。也由于欢乐适度，得以友朋聚会；友朋聚会，也当适度欢乐。

＊**第五阴爻，筮问疾病吉凶如何？不会好，也不会死。**

已病入膏肓，好是好不了了。但因乐观，一时也不会死。

＊**第六阴爻，形成了盲目欢豫的毛病，若有改变，灾祸自消。**

这也应当包括在适度欢豫的范围之内。不可以不问情况，一律盲目乐观。倘如此，那就是一个应当改正的毛病。改正就好。

◎ 这里多方面地讨论了有关欢乐的事。裂土分封，好比割自己的肉，欢乐否？欢乐。因为那是为我王权多了一份支撑。行军打仗会死人的，欢乐否？欢乐，保卫家园，乐于赴死。欢乐无处不在，但不必以此自我标榜，而忘乎所以，那会招来灾祸。欢乐是不是就软绵绵的了？不对，要刚强。欢乐是欢乐，刚强是刚强。可欢乐不过度，欢乐不逾时，欢乐招得友朋聚会，友朋聚会，又产生新欢乐。欢乐治不好病，但欢乐也不会加剧病情。只是不要盲目欢乐，不该欢乐时也欢乐。改掉这个毛病，才会有真正的欢乐。

第十七卦　随　卦

随卦主张随顺，有麻烦事，也将就随顺。诚信第一。

　　＊筮问得随卦，大吉大利，无灾无祸。

　　随，谓随顺，随从。卦辞作者充分肯定随是一个正确的原则。

　　＊第一阳爻，官府有明示。筮问如何？吉利。出外有所活动，都能见到成效。

　　官府明白地告知该如何做，就如何做，吉利。随顺官方，外出活动都能成功。不排除官员为私利而发出告示，而许多情况下，是为了公益。爻辞主张随顺官府，也是一种选择，近乎正确的选择。

　　＊第二阴爻，抓住小孩，逃走了大人。

　　可以设想，这是以小孩和大人做人牲，是很残酷的事情。大小两个，其中大的逃跑了。该怎么办？如何"随顺"，成了棘手的问题。

　　＊第三阴爻，又或抓住大人，小孩却逃跑了。该怎么办？随其所得。筮问如何？用在者为牲，吉利。

　　两人要用一个，或是这个跑了，或是那个跑了。是不是大人跑了，去把他追回来，用他做人牲？如果是小孩跑了，就把小孩追回来用做人牲？爻辞的回答是：谁在就用谁。没有逃得掉的，该死。

＊**第四阳爻，随其所获，筮问如何？凶险。胸有诚信在，大道得以显明，有何过错？**

随顺所抓获的，抓住谁就是谁。这与上一爻谁在就用谁有别。但这样做很不好，问著通不过。虽则凶险，但只要有诚心在，天道得以显扬，有何过错？意思仍然要这么做，抓住谁就是谁。

＊**第五阳爻，诚信受到嘉许，吉利。**

这诚信，指诚心于祭祀，诚心杀牲以祭。杀牲以祭，诚心就到了位，就会受到嘉许。至于牲的来源，用谁为牲，随顺而行，不多计较。

＊**第六阴爻，抓住他，捆绑他，再加大绳捆紧些。周王用来到岐山祭祖。**

这爻辞明白告诉世人，告诉后人，西周王朝初期，为了对祖先的诚信，确实曾杀人以祭。至于以谁为人牲，那是可以不择手段、没有原则的。

为了某种意念中的祖宗，为了某种思想例如所谓诚信而毫无人性地杀戮，这是绝对要不得的人类遗产垃圾，必须铲除净尽。

◎ 随顺就是听话。能听话就好，总没有坏处。首先是听官府的话，官府有告示，有教谕，听他的保险没错。还听谁的话？听既有的规矩的话。祭祀祖先是头等大事。是不可违的规矩。必得按礼节进行，每个步骤都不得马虎。麻烦事是这样：祭祀得用人牲，抓了一老一少来用，逮住小孩，大人跑了，逮住大人，小孩又跑了，怎么办才好？如果一定要用大人，大人跑了就要去追，追不到怎么办？如果一定要用小孩，小孩跑了就要去追，追不到怎么办？请问你讲听话，讲随顺，你随顺什么呢？爻辞给出的回答是：抓到谁就用谁，手边有谁就用谁。这样随机决定人的生死，岂不是没有原则可言了吗？回答说：只要胸有诚信在，大道得以显明，还有什么可以责备的呢？所谓诚信，就是祭祀祖宗的尽心。果然，他们就抓住人牲，捆得紧紧的，绑到岐山祭祖去了。

第十八卦 蛊 卦

<u>蛊卦说父亲政治上的错要纠，母亲生活上的错，不要管它。</u>

*蛊卦，非常顺利。利于过大河。始终合于天道。

蛊，喻指迷误。筮得此如何对待父母迷误的卦，非常顺利。克服巨大的困难不在话下。卦中所言，皆合于天道。实际上是指，纠父亲政治上的错，不管母亲生活小节，是合于天道的。

*第一阴爻，管束父亲的迷误。证明这儿子是好儿子。父亲由此得以无祸。虽则危险，终会吉利。

儒家讲究父为子隐，子为父隐，《易经》主张去除父亲的迷误。或者他们虽主张隐，但同时又主张去除错误。然而书无明文。或者去除错误也要隐吧。据爻辞，去除父亲的迷误，父子双赢。儿受称赞，父得无祸。那是敢于公开的。

*第二阳爻，管束母亲的迷误，筮问可否？不可。

管束母亲的迷误，为什么不可以？父亲为什么可以？想必父亲的迷误事关政治，非去掉不可。而母亲之误，或是小节，可能与生活有关，这种事，儿子不便干预。而后世儒家，以为失节事大，不会小看。

*第三阳爻，去掉父亲的迷误，会有小的晦气，而无大的过错。

一般说来，父尊儿卑，儿要纠正父亲的错，谈何容易？必有一

174

番思想斗争，口舌争吵，甚至肢体冲突，故而会有点小麻烦。但由于儿子一方有诚信，虽忤逆于父，似有小过，但绝无大过。此条说对说错，是就父子血缘关系而言，非就大义而言。

　*第四阴爻，任由父亲的迷误扩大，如此以往，将被认为是过错。

　　是说见父有误而无所作为，便是任其继续，任其发展，这就是过错了。

　*第五阴爻，去掉父亲的迷误，因而受到赞誉。

　　认识到父有错，这是一难。认识到了，要有勇气纠父之错，二难。有勇气而没有办法，仍难达到目的。况且，去除父错，和所传的大义灭亲又不同，要使之无灾无难，不是灭掉他那么简单。所以理应受到高度赞誉。

　*第六阳爻，不为王侯做事，认为不做是高尚的。

　　这一条带有根本性质。所谓对与错，迷误与觉醒，不以周王为准，不以拥护周王与否为准，不以为周王服务为准，而以道德高尚与否为准。

　◎ 后世讲大义灭亲，举周公的例。周公诛管蔡，是兄弟，不是父亲。古经所言主要是父亲。不是"灭"，而是与之斗争，要他去掉迷误。要父亲改邪归正，可不那么容易，宜有思想准备。但不斗争不行，父亲的迷误会扩大，会造成更大的危害。而斗掉了父亲的迷误，会获取双赢，父既无祸，子亦得美誉。更可贵的是，去掉父亲的迷误，不是为了有利于王侯，而是站在道德高地上的一种正义行为。

第十九卦 临 卦

临卦梳理治民之道，六种方法中最推崇以智慧治民。

* 临卦，非常顺利，筮问如何？吉利。到八月，会出现险象。

临，谓治理。筮得临卦，顺利吉祥。周历八月间，是青黄不接的时候，警惕有灾祸发生。

* 第一阳爻，以和同治民，筮问如何？吉利。

和同，谓与百姓同其愿望，想民之所想，急民之所急。这自然是很高的境界，如能做到，不消说，吉利。

* 第二阳爻，以刚柔相济治民，吉利，处处时时得到好处。

治理民众，来了硬的，又来软的，不全硬，也不全软，软硬兼施。只怕上古那比较早期的治理，未必能到这个火候。或只是一种拟想而已。

* 第三阴爻，以宽缓治民，不会利民。若已忧虑民事，将无灾害。

这是对上面说法的补充，若只宽缓，实际上民将无所得。关键是要有忧国忧民之心，好心才会有好报，无灾无害。

* 第四阴爻，以情真意切治民，没有过错。

真心实意治理国家民众，不是那种为个人贪图享乐而为君，就是说，用心良好，方向正确，就不会出差错。

＊第五阴爻，以智慧治民，为全国共主之所宜用。吉利。

或者是说，在用心良好、方向正确的基础上，知民之所需，知大利之所在，知获利之途，知利民之要，而以智慧导民于富，使老有所终，壮有所用，幼有所长。

＊第六阴爻，以厚道治民，吉利无过。

讲厚道，近于仁慈。爱民如子，如兄如弟，如父如母。薄赋敛，省刑罚。

◎ 按这里所说的进行治理，简直可以说是至治。但我们不可以怀疑古人治理国家人民的良好愿望。那也是从事实教训中得来的，不是头脑中自行产生的。值得珍视。治理一方，首先要有危机感，只怕会出什么事，防患于未然。要想民之所想，这对于长期养尊处优的帝王来说，难乎其难。对不轨者，绳之以法；对妇孺老幼全体，加之以慈。峻法易，施之以仁不易。关键是要居心善良。处于上位，有权可使，有物可靡，而不贪图淫乐，自古暨今，能有几人？古人就已注意及此，不能不佩服他们的真知灼见。加之以政治智慧，知寒知暖，知利知害。而归结于敦厚之道，与严酷的吏治划清界线。

第二十卦 观 卦

观卦言当深入、全面观察，观察国家和个人，充满自豪自信。

*观卦，洗手而未献祭，诚心浩然盛大。

献祭之前，必先洗手洁爵，此时态度肃穆，诚心充盈。此言观察前亦当如此。

*第一阴爻，像小孩似的看事物，对于平民来说无害，对于统治者来说就有过错。

小孩看事物肤浅，平民观察肤浅没关系；统治者也这样，那就是过失了。据此不正确的观察而形成政策措施，必然不利于国人。

*第二阴爻，从门缝里看事物，筮问这样行吗？蓍答：女人有利。

从门缝里往外看事物，就片面了，只能看到一线，看到一点。这样当然不行，但对女人来说，有利。她们本就不该与男人一样，必须全面观察事物，看到事物真相。古经对妇女的歧视是不加掩饰的。

*第三阴爻，观察我一生的升沉荣辱等。

是说审视我本人一生走过来的历史。总结经验教训。进是怎么

178

进的，退又退得如何。

 ＊**第四阴爻，瞻仰国家的光辉业绩。利于以此做王的国宾。**

了解国之光荣，了解国之辉煌，引以为荣，为国之栋梁而不愧于心，不愧为王之大臣，不愧为国宴上王之嘉宾。爻辞充满对国家的认同。

 ＊**第五阳爻，统治阶层的人物自我观察审视，结论是一生无过。**

此人回顾一生，自认无过无错，充满自信。

 ＊**第六阳爻，统治阶层全体自我审察，自以为没有过失。对得起自己的一生。**

观此爻辞，其时当为少有的盛世，大臣皆有功于国家，个人也品行端庄，人民想必也能安居乐业。此或当传说中的成康之治。

◎ 我们现在，有时候在讨论一件事的时候，总是先讲思想，思想是统帅，是灵魂，思想问题解决了，其他都好说。我们来读《易经》，也几乎是处处要说到诚，说到诚信，而且也是起着主导作用。可知谈论思想领先有着深厚的根源。我们的老祖宗两三千年前就已经这么干了。我们没有理由加以忽视。我们这里的观卦首先就说诚信，诚信可掬，观察定能正确。观卦要求人们不要小孩似的肤浅地看事物，不要如同从门缝里向外看那样，片面地看事物。要求正视自己的过去和现在，敢于面对自己的升沉荣辱，问心无愧，充满自信。瞻仰国家的辉煌，充满自豪。君子之人回顾自己的一生：对得起良心，对得起国家，对得起自己，总之是没有白过。

第二十一卦　噬嗑卦

噬嗑卦叙说对犯人实施多种肉刑，以及咬食瘐毙者尸体的情形。

　*噬嗑卦，顺利，利于处理狱事。

噬嗑，撕咬。得此卦，利于严刑处理狱中的犯人或囚禁的俘虏。

　*第一阳爻，戴上脚镣，砍断囚犯的脚趾头，无过错。

此爻以残酷的肉刑提示狱吏，让他如此对付狱中关押的人，而不必担心会犯错误。

　*第二阴爻，撕咬囚徒的肉，削去囚徒的鼻，没有过错。

连皮带肉撕咬下来，可能只是虐囚，是狗咬。可能是狱吏咬，他们大概认为咬下活人的肉吃了有某种神效。也可能强令同牢的人互咬以充饥。总之是我们现在一般人料想不到的残酷。

　*第三阴爻，啃干肉，肉中有坏烂部分，苦恶难吃。有点小的不适，可无灾祸。

狱中哪来的干肉？必是瘐毙者风干其尸而成。谁啃？可能是活着的囚人，让他们吃了充饥，以节省食粮供狱吏中饱。从行文看，也可能是狱吏。狱吏啃干尸，或者是美食的一种吧。究竟如何，不能遽定。但咬干肉而食之，则是事实。

＊第四阳爻，咬食带骨的肉脯，吃出来一根铜箭头。筮问遇到困难如何？吉利。

此所食当是战俘。肉中犹有箭头未取出。此战俘当是关入牢中而瘐毙者。瘐毙因人众多，狱吏一方正忧其难以处理，而在发现瘐毙之囚可以制作成肉脯之后，弊转为利，所以说遇到困难，吉利。

＊第五阴爻，吃干肉，吃出黄铜来。筮问如何？危险。但无过错。

黄铜，当时是贵金属，犹如我们现在的黄金。身有黄金，必是富者之尸。或是敌对部落里贵族的尸体。把富者贵人做成肉脯吃掉，恐有不当，或有风险。但既为囚徒，例当一律，故无过错。

＊第六阳爻，肩上套着木枷，耳朵被截去，凶险。

前面砍断脚趾，削去鼻子，都说无过错。这里截去耳朵却说是凶险。不明其故。或者此类受刑者有反抗的可能，故说凶险。或者此类刑罚是杀死他的前奏，对于囚徒来说，凶险。不管怎么说，给囚徒戴上枷，割去他的耳朵则是事实。

传统的解释以切趾、削鼻、割耳为不可信，曲说成宽仁治狱。《易经》所记为三四千年前的事，焉知其非实？

◎ 噬嗑，就是咬食。说咬食利于处理狱事，匪夷所思。但本卦明明这样说，不可不信。其处理狱事方法之一，是囚徒戴上脚镣，砍断他的脚趾头。这砍断的脚趾大概也是煮了吃了。这就是治狱，是酷刑，是野蛮。后人千方百计把这说成是仁慈治狱，怎么说也漏洞百出。方法之二是咬脱囚徒的肉，连皮带肉撕下来，削去他的鼻子。这咬脱囚徒的肉，我怀疑是用狗一类的畜牲去咬。你看看，一项比一项残暴。中间穿插着说吃干尸，囚徒瘐毙，或被杀死，被制成肉脯以供食用。当不是偶然吃一顿两顿。因为吃这种肉脯，有时碰上了坏烂部分，有时从干肉里面吃出了箭头，有时又吃出了黄铜。谁在吃？或者是狱卒，他们伙食标准太低，不得不靠此法活命。或者就是活着的囚徒。囚粮有限，或者根本就不给吃的，就只好吃同伙的肉了。其惨酷叫人不忍卒读。如果这样，那也算得是处理狱事的方法之一了。其四，给囚徒肩上套着木枷，割去他们的耳朵。那割下来的耳朵，大概也是煮了吃了，或者干脆趁鲜生吃了也不一定。从卦爻辞看，他们说的是满嘴巴的诚信，临民有术，亲比非人等，终难掩其暴烈与残酷的另一面。读古书如果只读到他的光明，如观卦所说，那是小孩子的观察，是从门缝里向外看那样的观察。

第二十二卦　贲　卦

贲卦的爻辞犹如一首小诗吟唱着白蘩之歌。

＊贲卦，顺利。如果到什么地方去办事，会获得小利。

贲，即蘩，白蒿。其嫩叶可食，味微苦，可以救荒，但古人多用于祭祀，故而受到重视。若单就食用说，价值不高，所以说小利。

＊第一阳爻，白蘩生长在水中小块陆地上。离开所乘车徒步去采摘。

这个采蘩者有车可坐，那就是贵族了。贵族来采蘩，下车徒步，那是他生活中的一种调节。坐着车到郊区转一转，采些白蘩回去，改变一下住在城里那种刻板的生活。

＊第二阴爻，白蘩啊，它的根须。

这是说把玩白蒿，从根须起。这根须吸取营养，使蒿得以长成，似有可爱之处。

＊第三阳爻，白蘩啊，它柔嫩的枝叶。筮得此爻，长期吉利。

长得柔嫩，蕴育着生机，可以惹动人们持久的爱心。

＊第四阴爻，白蘩白如玉，白马白如霜。那不是抢财，那是抢婚。

白蘩白，白马白，是专就颜色来欣赏。贵人出城，恰巧碰上了另外的刺激事，碰到人们骑着高大的白马在抢婚。

＊第五阴爻，白蘩长在坡上菜园里，像一束束小小的白绢儿。有小的不如意，但终将吉利。

把白蘩的个体欣赏完，再把它放在坡上菜园里这个背景上来欣赏，觉得白蘩像一束束小白绢，可爱之极。筮得此爻，终将吉利。

＊第六阳爻，白贲，无咎。

白蘩的根，白蘩的叶，白蘩的色，为白蘩配上背景，无不可爱，筮得白贲，无灾无祸。

◎《诗经·采蘩》："于以采蘩？于沼于沚。于以用之？公侯之事。于以采蘩？于涧之中。于以用之？公侯之宫。"那里的采蘩是为祭祀。这里采它，虽说他有车可乘，也是贵族，但没有明说是为了公侯之事，很可能是采新，是尝鲜。所以只说是"小利"。到哪里去采？那里说"于沼于沚"，"于涧之中"。这里只说"水中小块陆地"。也就是"沚"。总之它是长在水边或水中。坐在车上是无法采得的。所以一定要离车徒步前去才行。贵族来体验乡间生活，一洗城市的喧嚣，清新可喜。然后赞美白蘩根须，白蘩嫩叶，称叹不止。最有戏剧性的是适逢抢亲，白蘩白如玉，白马白如霜，一个自然，一个社会，相互映衬，风情如画。高潮过后，还有余味，让坡园上呈现出一朵一朵如同生丝一般白、细绒一般柔的蘩枝蘩叶，让人流连忘返。

第二十三卦　剥　卦

<u>剥卦叙及王家殴打家奴，兼及御女及饮食。</u>

＊**剥卦，有所行，不利。**

剥，读为攴，击打。筮得此卦，所行不利。

＊**第一阴爻，殴打家奴的脚，筮问消灭他如何？不行，凶险。**

西周政治上实行封建，而社会制度还是奴隶制，可任意殴打家奴。但在奴隶生命保障方面，已有所进步，处死他们，那就要受限制了。

＊**第二阴爻，殴打家奴的膝盖，筮问杀死他如何？凶险。**

或许打膝盖比打脚要严重。如果犯事更为严重，筮问可否处死？不可以，凶险。

＊**第三阴爻，殴打家奴，无罪过。**

这里没有指明是打什么地方，那就是打什么地方都行。同样，如果要处死就不行，凶险。

＊**第四阴爻，殴打家奴腹部，凶险，所不允许。**

这是一个补充。虽说打什么地方都可以，但腹部不能打。可能打腹部那种打法，会致人于死命。具体怎么打，怎么打会致人于死地，已说不清楚了。

＊第五阴爻，宫人以鱼贯式依次受宠幸，可以避免争宠而生的弊端。因而在宫廷生活中，将不会发生不利的事。

前四爻讲殴打奴隶的规矩，此爻讲御女的次序。也是王家私生活的一部分。

＊第六阳爻，饮食不可特别讲究，统治者以道德为上，被统治者以果腹为重。

这里告诉我们王家的饮食标准。他们不当贪图美食，而当以积德为上。只有小民才看重吃喝。

◎ 周王除了政务之外，他的私人生活是怎样的呢？这里说了 3 条。一是管束家奴，一是御女，一是饮食。筮人的观点，打奴隶的脚，打奴隶的膝，打奴隶的任何地方都可以，就是不准打腹部。为什么不准，大概打那里会影响饮食，影响体能，危及生命。殴打没问题，但不能要他们的命。御女，则须依次进行，不可偏爱。吃不要讲究，能饱肚就行。筮人以为，王家的私人生活理应如此。

第二十四卦　复　卦

复卦祝愿人们出入平安，愿天下人都回家来。

*复卦，顺利。出外在家都没有病痛。山崩，无灾害。在那道途上反复行走，七日一个来回。出行去任何一个地方，都吉利。

复，回归。回归就好。古经的一个思想就是回来好，不赞成在外流浪，可能反映了在向农耕过渡。但并不反对外出，只是说终归要回来。但愿出外在家都无病无痛。出去又回来，反反复复，碰上山崩，仍平安无事。犹如我们现在说，出入平安。七日一个来回，是当时术数方面的一个信念。认为循环往复以七为期。要而言之，筮得此卦，无不利。

这一段话主要意思是天道循环往复，七日一个来回，与之相应，人们出去又回来，反复如是，出入平安。合乎天道人事，故无不利。

*第一阳爻，走得不远就回来，不会出大错，大吉。

从另一面说，就是不要走得离家太远了，要想到归家才是根本。走远了就可能出纰漏。

*第二阴爻，高兴地回家，吉利。

回家有发展农业生产之利，有家人团聚之乐，所以要高高兴兴地回家。

187

＊第三阴爻，不厌其烦地回来了又回来，自我警省，以免迷误。

这是对以在外为常的人说的，要他们不间断地回家。并警惕在外迷失自我。

＊第四阴爻，半路上单独回来。

大家一起上路，走到半道上独下决心回家。爻辞作者对此流露出肯定的意向。

＊第五阴爻，心甘情愿地回家，无怨无悔。

爻辞注重思想上解决问题，回家要心甘情愿，要心情愉快。大概当时一些男人游猎惯了，不适应定居；在外流浪惯了，尚未形成家居观念；在外野惯了，难得收心。但农业生产要求一个稳定的生产单位即家，社会进步要求结束动荡不定的生活。爻辞所反映的观点是正确的。

＊第六阴爻，迷误于回归，有祸患。以迷误回归者打仗，最后会大败而逃。使其国君处于凶险境地，十年之内都无作战能力。

这里说不愿回归之害。不但祸及自身，更祸延国家。

◎ 先说应该出去，出入平安。不要怕出去，外面即算是山崩，也没关系。但出去了要回来。这是天道。走不远就回来，高兴地回来，频繁地回来，心甘情愿回来，不可不回来，不回来还影响到保家卫国，陷国君于危险境地。这里并没有限死人不准他们出去，而是有去有回，主要是讲哲学道理，天道必回复如旧。正像太阳落山后必复出，天黑了又会天亮一样。有没有这样的意思，不要离家不归，或者久离不归？这个意思一定有。本卦卦爻辞也在说，不可离开农业这个根本，应当维持以家为单位的农业生产。

第二十五卦　无妄卦

无妄卦主张为人诚正，但也不宜死板，以为诚正必得吉利。

＊无妄卦，非常顺利。筮问如何？吉利。那些不诚正的人有灾难。凡有所行，都不利。

无妄，无虚妄，即诚正。诚正之人亨通吉利。不诚正者即妄人，必有灾祸。可知爻辞作者主张无妄，反对虚妄。

＊第一阳爻，诚正，如有所行，吉利。

这是说应当如此。是讲原则，讲一般情况。

＊第二阴爻，不耕耘而有收获，不积蓄而有余，这才是无往而不利。

这里的说法与前面的说法相悖。不耕而获，不积蓄却有余财，那是剥削或掠夺。决非诚正。然事实的确如此，这样的人无往不利。前面是讲道义，这里是讲不公平的社会现象。于此鲜明对比中，见作者的倾向性。"不耕耘而有收获，不积蓄而有余"两句，说者历来都说爻辞并没有肯定这样的意思。怎么没有肯定呢？它明明就是这么肯定地说的。上古时爻辞作者本就这么写，不必为之讳，不必曲为之说。正如噬嗑卦爻辞，肉刑惨烈，撕咬干尸不可思议，亦不必为之讳，不必曲为之说。

189

＊第三阴爻，诚正厚道的人的灾难：有人拴一头牛，过路人偷了去，却成了附近城里人的祸事。

和上一爻的意思相承，诚正的人会有无妄之灾落到他头上。没有人为诚正者打包票，他们会处处吉祥。偷牛贼逍遥法外，无辜的百姓却遭殃。

＊第四阳爻，筮问可否？可行，无过。

所问的是什么可否，什么可行。主语不明。据上下文，知是不诚正，知是妄为。为什么说妄为可行呢？社会现实如此。

＊第五阳爻，诚正的人生了病，不吃药会好吗？

不会好。诚正虽然高尚，却于事无补。

＊第六阳爻，诚正之行有过错吗？没有益处。

不回答有没有错，而回答：没有好处。回答巧妙。这不是一个道义上的问题，不是有错没错的问题。而是一个实际问题，是一个有益无益的问题。

◎ 诚正的人必吉利，不诚的人有灾祸。这是道义，理当如此。实际上如何呢？实际上不全如此。有四条证据。（1）不耕而获，不积蓄而有余。他们无往而不利。（2）窃贼偷了牛，栽赃栽到他人的头上。即所谓的无妄之灾。（3）胆大妄为可以大行其道。（4）诚正的人照样生病，不吃药照样不得痊愈。最后问：诚正之行到底好不好？回答说：无益。

本卦似乎在以对比形式控诉社会上的不公。历史上有一个著名的事例，也是讲与道义相悖的。《后汉书·范滂传》记范滂在走上刑场的时候对儿子说："吾欲使汝为恶，则恶不可为；使汝为善，则我不为恶。"

第二十六卦　大畜卦

大畜卦叙一位大臣在困境中奋力前行，虽受制约而志存高远。

＊筮问得大畜卦，吉利。常在外就餐，也吉利。利于过大江大河。

大畜，大量积蓄潜力。自是好事。不在家里用餐，谓忙于王事或投身公共事务，也是好事。这样，能克服巨大困难。这里树起了一位积极上进，敬业奉献的大臣的形象。

＊第一阳爻，常自我警省，前面可能有危险。这种严肃的心情有利于事业。

所谓战战兢兢，如临深渊，惟恐出错出乱。不但可以处理好日常事务，也有利于处理好国家大事。

＊第二阳爻，车箱和车轮脱节。

喻指事情并不顺利，须在困难中磨炼。

＊第三阳爻，良马丢失。筮问艰难之事如何？吉利，天天训练车队、卫队，无往不利。

事虽困难，但有克服困难的动力，故可转不利为有利。车队、卫队都是武力，整军经武，加强实力，可收无往不胜之效。

＊**第四阴爻，加横木于小牛角上。大吉。**

加横木于小牛角上，以防它在成长过程中以角触人。言虽受制约不可触人，但触人能力还在。一旦解除桎梏，仍得一展本领。故得为大吉。

＊**第五阴爻，阉猪的牙齿，吉利。**

猪虽已去势，但它牙齿完好，仍有啮人的本事。所以能说吉利。

＊**第六阳爻，担负着实施天道的重任，会顺利。**

以实施天道为己任，其人志不在小。以此自任，以此自负，坚强的信念，会产生克服困难的力量。

◎"大畜"谓大臣积聚能量，以当大任。他废寝忘餐，投身公务。有危机感，生怕出事，这于公于私都有利无害。车箱脱离了车轮，良马丢失，比喻处境艰难，艰难产生克服艰难之法，阻挡不了这位胸怀大志者的脚步。他天天训练车从卫队，掌握可以保卫高层的武力，以防不测。如同在小牛角上施加横木，公猪虽已去势，而它的牙齿完好，仍有攻击力，虽受制约而实力保存完好，无损于大局。他将以此担负实施天道的重任。就是所谓的"何天之衢"。

第二十七卦　颐　卦

<u>颐卦说观察吃食时的下巴以占吉凶。</u>

＊**筮得颐卦，吉利。观察下巴，看他吃东西的样子。**

颐，下巴。筮问得此卦吉凶，吉利。观察吃食时下巴的动态以究其吉凶。如我们现时犹有察耳以观病情一样，为奇事之一。注家皆谓颐为颐养，遂生异义，相传以为正解。

＊**第一阳爻，放下你的神龟这个卜筮工具。看我的下巴动。凶险。**

看我的下巴动以察祸福，凶险。谓此法不是正道，有风险。

＊**第二阴爻，下巴剧烈地动。以其大动作而异常。照此行事，凶险。**

吃东西下巴动作过大，可能预示着有凶险的事情发生。

＊**第三阴爻，吃东西时摇动下巴，筮问如何？凶险。所筮之事，十年内不要有所动作。如果动作，无利可得。**

下巴摇动，大概是说吃食时下巴左右游移，那种吃相预示着风险。特别反对出什么新招。

＊**第四阴爻，让下巴剧烈地动，吉利。老虎看它的猎物，贪残凶狠，它的欲望没有止境。无过。**

第二爻说下巴剧烈地动，凶险，而这里说下巴剧烈地动又吉利。

193

作何解释？是说在吃东西的时候，有如老虎一般急欲攫取食物。那样子的下巴动，虽则猛烈，也当视为吉利。

　　＊第五阴爻，下巴异常，筮问安居不动如何？吉利。筮问出外过大河如何？不可。

　　第二爻异常，以其动作过大而异常，这里只是一般的异常。一般的异常，不动作好，动作不好。

　　＊第六阳爻，动嘴巴吃食，警惕别出事。能警惕，就吉利，利于过大江河，克服大的困难。

　　这一爻可与第四爻虎视眈眈对看。边吃东西边警惕，反映了丛林规则中争夺食物的剧烈和残酷。照这样说，吃东西都不能放心吃，真不容易。

　　◎ 看下巴动以观察吉凶，现在听起来，似是奇谈怪论。但仔细琢磨，自有其理。我们乡下，一个生人例如一个相亲者，应邀到你家里来用餐，就会看他夹菜的样子，是挑挑拣拣，还是随手夹来，是夹一大箸，还是斯文地夹那么一小点，是吃得多，还是吃得少，有礼，还是没礼，是狼吞虎咽，还是细嚼慢咽。把这类的事放大，从中看出一点兆头来，就可以说与吉凶有关了。所以爻辞就说了：放下你的神秘的卜筮工具，来观察我的下巴动。观察什么？如果吃东西下巴上下剧烈地动，那就凶险。左右摇动，也不好。最好不要有所施设作为，硬要作为，也会无功而返。可是话又说回来，如果下巴剧动，像老虎食前急欲扑食那个样子，却是好事。至少不会有灾祸。如果吃食时下巴动作小有异常，也没有什么大不了，安居无事，只是不宜外出冒险。究竟哪样吃食最好呢？总是警惕，不作出放心大嚼的样子，就好。如此可克服巨大的困难。

第二十八卦　大过卦

<u>大过卦主要说夫妻老少配不吉祥。</u>

* **大过卦，栋梁弯了，无论去何处，都有利，事情进展顺利。**

大过，意思是大祸。栋梁弯曲变形，屋就要垮，自是大祸。屋倾将塌，赶快外出，躲过此难。大难不死，必有后福，所以说办事顺利。

* **第一阴爻，祭祀用白茅垫上，无过错。**

祭祀用白茅垫上，以示圣洁虔诚。即使面临大祸，祭祀仍须诚心，以祈福佑。这样就不会出错。

* **第二阳爻，干枯的杨树发了嫩芽，老男人娶了一个嫩老婆。挺好的。**

如同枯杨发芽，老夫娶得少妻，虽说挺好，可埋伏着祸根。这后一句没有明说，而暗含在整个卦爻辞中。又说栋梁变形，后面还说过河灭顶。老少配能是什么好事？

* **第三阳爻，大梁弯了，凶险。**

都说大梁弯了，卦辞说"无论去何处，都有利"，这里却说"凶险"。所谓讲话听声，锣鼓听音，其实那里也是说凶险，只是躲出去了，才有利。说有利，实际上是说躲脱了一场灾难。

　＊第四阳爻，大梁由下陷恢复了原状，吉利，可是会有别的不祥发生。

　经过整治，大梁由变形恢复了原状。吉利是吉利，可是，经过修整，可能会出现其他的问题，不可不防。

　＊第五阳爻，枯杨开花，老女人嫁给一个强壮的丈夫。不好不坏。

　爻辞作者肯定是重男轻女的，老男娶少女，他说挺好。老女得少男，他却不置词褒贬。他的意思可知。总的来说，无论哪种老少配，都暗含着危机，隐伏着忧患。

　＊第六阴爻，涉水过河，水漫过头顶，凶险，终无灾祸。

　河水没顶，乍看起来，已没救了。但又给人以希望，终于没死，活了下来。从爻辞的观点看来，老少配虽有忧患，还不至于闹出命案。乃是祸中之福。

　◎ 大过，是大祸。大祸是什么？大梁承受不起，变了形，是大祸。躲出去，才会免灾。还有，要祭祀虔诚，求祖宗保佑。如同枯杨树发出嫩芽，老人娶了一个年少的妻子，老牛吃嫩草，似乎不错。打个比方说，就如大梁弯了，房屋随时可能倒塌。你说是保命要紧，还是吃嫩草要紧？又如同大梁弯了经过整修恢复了原貌，危险不危险？就算是无事，可总是提心吊胆的，怕出别的什么事。老女人嫁给一个年少的丈夫，也如此，难说是好是坏。又比如涉水过河，水淹没了头顶，他家人吓了一大跳，只怕会葬身鱼腹，幸好没事，保住了一条性命。栋梁弯了也好，弯了又修复了也好，水盖过了头顶也好，都是比方，是陪衬，都在说夫妻老少配不好，纵然保得不死，也不会有好的结果。

第二十九卦　坎　卦

坎卦设想文王囚羑里的情形，或者是叙写现实中的地牢。

＊**坑坑坎坎，心有诚信，顺利，行事本于信仰。**

习坎，是说坑坎重重。尽管坑坎多，但心有诚信，就能一个一个地过去。心中有信仰，有了主心骨，办事就会顺利。古经多处讲诚信的主导作用，有点像现在所说的思想是统帅的意味。

＊**第一阴爻，经历了坑坑坎坎，最终陷入了地牢，凶险。**

普通坑坎也就罢了，如果陷入坎中之坎，进了地牢，那就凶险异常了。

＊**第二阳爻，陷入地牢危险加大。但在牢中有所求，会得到小小的满足。**

是说虽进了危险的地牢，当权者还没有立即叫他死。他有些小的要求，还是能够得到满足。有点像文王处羑里的情形。或者如厉王被逐的困境，当权者只是要了他的权，还没有立即要他的命，生活上的需求还能正常供应。

＊**第三阴爻，来到地牢，地牢凶险而幽深。不用到这里来就好了。**

这时的文王或厉王，已身不由己，哪里能由得他自作主张？"不用到这里来"，只是他无法实现的希望。

　　*第四阴爻，一杯酒，两碗饭，用瓦钵装起，缠束好从窗口中送进去，（牢中人）终无性命之忧。

　　这是写送牢饭。有酒有饭，大概也有菜，对牢中人的待遇不薄。只是没有自由，一时半会儿，也不会取其性命。

　　*第五阳爻，坑没有填平，但地牢处已整出一小块平地，无害。

　　"坑没有填平"，坑还是坑。整出一小块平地，可能供放风之用。所谓"无害"，意思是稍稍松动了一点。牢中人看到了一线希望。

　　*第六阴爻，用绳子捆起来，丢在荆棘丛中，多年不得自由，凶险。

　　这是个比喻，是说困在地牢里，犹如捆起来丢入刺蓬中。自由的目的不能达到，随时有性命之虞。

　　◎ 坎，就是坑，深陷的洞，这里似指地牢。卦是不是说的文王囚羑里的一些情形，没有把握。可能是吧。不管是怎样的情形，反正要胸有诚信，有了诚信，就无往而不利，不利也将转化为利。经过坑坑坎坎，最终打入了地牢。危险着啦。在那里关一天，危险加大一天，但如果小有要求，还能够得到满足。地牢甚深而阴冷，难过至极，牢中人想，不打入地牢就好了。那当然只是幻想。吃饭问题如何解决？从窗口中把饭食送进来，两碗饭，还有酒。待遇还算不错，暂时没有性命之忧。地牢前整出一小块平地，或是供放风之用，牢中人看到了一线希望。可事实非常残酷，多年不得自由，就像把人捆起来，丢在刺蓬中一样，死不得死，活不得活。如果说的是周文王，经过他的大臣散宜生等人的营救，最终脱险，回到西岐做他的"潜龙"去了。

第三十卦　离　卦

离卦叙写一个上层人士欲得安乐而遭外敌破坏的暮年生活。

＊筮得离卦，吉祥，顺利。养母牛好。

离，通"罹"，遭遇，经历。一生经历，有喜有悲，然而遭遇过了，生活过了，经历过了，走过来了，就算不错。一生经验，唯有养母牛好，取其驯顺，且能繁殖生财。用现时的话来说，他主张发展畜牧业。

＊第一阳爻，对步履错乱的有权势者，敬而远之。无过。

认为有权势者步履错乱，那就是自视甚高。对这类人不要得罪他，也不要亲近他。这是正确的态度。

＊第二阴爻，遇上黄色，大吉。

黄色为尊贵之色，爻辞作者尚黄，也就是说他属于尊贵一族，属于君子一类。

＊第三阳爻，到了暮年，如果不敲盆子唱歌，那就只能徒然嗟叹暮年的到来。凶险。

敲盆子唱歌，是说自娱自乐，不待他人伴奏。暮年已至，不自寻快乐，只落得徒然嗟叹，不值。

＊第四阳爻，突然他们来了，烧呀，杀呀，抛尸呀。

有一天，突然之间，入侵者来了，烧杀抛尸，无所不至。这是

199

说，主人公经历过外敌侵入，有过土地失守之痛。就如我们现在，永远不会忘记日寇蹂躏我国土，杀戮我同胞，那伤心惨目的情景一样。

　　＊第五阴爻，泪下如雨，忧愁嗟叹。吉利。

　　为同胞之死而伤心，为保卫国家而忧虑，为国防之不足捍卫吾民而嗟叹，上层若能如此，真是好事。

　　＊第六阳爻，王于是出师讨伐入侵者，歼灭敌军，可喜可贺。俘获他们的部众。有功无过。

　　这是设想对于入侵者的反击，取得了胜利。这里蕴含着一个未当权的贵族晚年的爱国情结。如南宋诗人陆游所写："僵卧孤村不自哀，尚思为国戍轮台。"

　　◎ 这里写一个退休的上层人士的晚年生活。他畜养以母牛为主的牛群。对为所欲为的权势者保持距离。色尚黄，有着尊贵者的传统。不时敲着盆子唱歌，自娱自乐。正乐着呢，突然外敌入侵，杀人放火，侮辱尸体。其人泪下如雨，伤悲嗟叹。在他的想象中，王师出征，讨伐入侵者，俘获甚众。总之是欲安逸而不可得，以悲剧收场。

第三十一卦　咸　卦

咸卦讲小青年新婚恩爱。

＊**筮得咸卦，吉祥，顺利。娶妻，大喜事。**

咸，通作"感"，谓轻触之。咸卦就是讲抚摩对方，爱抚对方，新婚之喜。

＊**第一阴爻，轻触她的大脚趾。**

轻触女子大脚趾。谓爱抚之，从脚趾和脚起。

＊**第二阴爻，轻触女子小腿肚，不好。以安静为宜。**

轻触女子小腿肚，不好。这个部位触非其宜。不动为好。

＊**第三阳爻，轻触她的大腿，把捉与之相连部分（当是臀部），再往前就不好了。**

"再往前"，如果是现在，给出的画面当是马赛克。"就不好了"，那是隐语，是反话。读者能懂得是什么意思。

＊**第四阳爻，筮问如何？吉利，无怨无悔。人们往来不绝，那是朋友们在跟踪你。**

这分明是一幅青年朋友们闹腾新房的画图。他们在门边，窗户边，一切可能的地方往来攒动。于最关紧要的时机偷窥，窃听，监视，叽叽喳喳地议论，评头品足，为所欲为。

＊第五阳爻，轻触她背脊部分。虽有人跟踪而无悔。

在最关紧要的时机之后，虽多少受了朋友们一点惊吓，仍无顾忌地继续抚摩她的背部以示爱。

＊第六阴爻，亲其脸颊，接其唇舌。

到了最能表示亲热的时候，作出最亲热的动作。从抚摩脚趾起，而至于接其唇舌，达到了高潮。

◎ 小青年娶妻，新婚大喜。他抚摸她的脚，快感不可言。抚摸她的小腿，不舒适，这部位不宜于抚摸。抚摸她的大腿，把捉其臀部，再往前以不说为宜。人们往来不绝，那是小伙伴们在跟踪，在偷窥，在闹新房恶作剧。在洞房里，抚摸在继续，他抚摸她的背脊。继而亲脸，吻唇，接舌，于是达到了高潮。

历代注家对此卦爻辞作了种种不实的说解，何如直截了当说成男女恩爱？实话实说，没有什么可忌讳的。

第三十二卦 恒 卦

恒卦主张恒久持续，但不绝对，看情况而定。

＊筮得恒卦，顺利，无过。吉利。有所往，无不利。

恒，常。谓做事有恒心，有恒就无往而不利。

＊第一阴爻，使恒常之德更深更广。筮问如何？凶险，无利可言。

恒就是恒，不宜使之深广，就是不可绝对，以为越恒越好。

＊第二阳爻，无怨无悔。

是说恒得其宜，该恒就恒，不是事事都恒，也不是越恒越好，那就无怨无悔。

＊第三阳爻，不保持其品德恒常持久，恐怕会蒙受羞辱。筮问如何？不好。

话又说回来，那样，我就经常改变德行，朝三暮四，如何？肯定地说，不好。

＊第四阳爻，打猎得不到猎物。

是说无恒心的人打猎得不到猎物。猎物不会马上出现，不耐心等待一下，如何能获得猎物？

＊第五阴爻，保持德性长久不变，筮问对于妇人如何，吉利。

筮问对于男人如何，不吉利。

恒或不恒，看具体情况而定。对于女人，她对丈夫的忠诚是不可改变的。对于男人，他们志在四方，有所改革，有所创新，不可以守旧因循。

＊**第六阴爻，但若动摇恒的地位，以为可以无恒，那就凶险。**

总而言之，持之以恒是不可动摇的原则，否则就会落入凶险的境地。

◎ 恒常持久、稳定不变是好的品格，无往而不利。但如果绝对化，以为越恒越好，那也坏事。倘得其所宜，恒得恰到好处，就将无怨无悔。如果朝三暮四，就有蒙受耻辱的时候。如同打猎，不耐着性子等候，哪里会有收获？话又说回来了，妇人长久不变心，那是优秀；男人如果专注于一，就不吉利。所以这个恒因性别不同而有异。但恒作为一种美德，不可动摇，应当坚信不疑。

第三十三卦　遯　卦

遯卦分析对逃跑者的各种处置方法。

＊遯卦，顺利，筮问如何？小有利。

遯，"遁"的异体字，谓逃遁，逃跑。爻辞中的"遯"，指逃跑者。谁会逃跑？当然是说奴隶从他的主人那里逃跑。失去奴隶，对于奴隶主，那是损失。虽有办法追回，但追回来一个，不等于增加了一个，如果增加了，可以说有利或大有利。现在只是未失去，只能算小有利。

＊第一阴爻，对逃跑在最后的，奴隶主要警惕出危险，不要再追了。

逃跑在最后的奴隶，你抓住了他，他就没有活路了。这时候，他可能铤而走险，不可不防。以不再追为好。

＊第二阴爻，用黄牛皮做的绳子捆住他们，无人能逃脱。

一旦抓住了逃跑的奴隶，就用结实的绳子捆住他们，让他们一个都不能逃脱。这是一般奴隶主用的办法，爻辞作者对此不置可否。由于列出了下面几种较好的吉利的方法，可知对于此法是不肯定、不赞同的。

＊第三阳爻，与逃跑者联系沟通。其时宜迅速警惕，恐有不测。

如果收留他们做家奴，吉利。

爻辞作者主张和逃跑者联系沟通，亦即谈判。但这作者也是讲实际的，提醒奴隶主们不要在谈判时放松警惕，警惕奴隶们趁谈判之机，作出暴烈的行动。谈判收留逃走的奴隶做家奴，对方会满意，事件就会向吉利方面转化。可知比起工奴来，家奴还算是有条活路。

＊第四阳爻，向逃跑者示好，其人有君子之德就吉利，如果是小人，那就不吉利。

前文已说这位爻辞作者讲究实际，这里又显示了他不是纸上谈兵的人。你向他示好，有愿意接受的，有不愿意接受的，他以为奴隶主示好是在耍花招。

＊第五阳爻，称赞想逃跑的人，筮问如何？吉利。

这是最佳方案，称赞奴隶的技能，称赞他劳动不偷懒，称赞他体型不错等，并表示将减轻劳动强度，给饱饭吃，这样就吉利。

＊第六阳爻，让想逃跑者宽松一点，不限得太紧，没有不利之处。

这是爻辞作者对奴隶主的又一条好的建议。放宽一点，让奴隶们可以活下去，可以活得好一点。作者是同情奴隶，当然远没有达到解放奴隶的高度。但比置奴隶于死地要好。

◎ 奴隶逃跑，不碍大事。减少了一张吃饭的口，小有利益。如果奴隶集体逃亡，追上最后一个，可要小心，警惕他会铤而走险。抓住了逃跑的奴隶，用绳子结结实实捆好，让他们一个都逃不脱。与逃跑者联系沟通，要警惕，以防不测。如果收留他们为家奴，干家务劳动，他们会乐意，吉利。如果向逃跑者示好，其人如有君子之德，那就好，如是小人，那就糟糕。称赞逃跑者，比如说他们劳动不偷懒，称赞他们体力强，允诺给饱饭吃，减轻劳动强度等，这样就吉利。最好让奴隶们宽松一点，让他们活得好一点。总之筮人主张对奴隶不要过分，不要逼得他们无路可走。

第三十四卦　大壮卦

<u>大壮卦说不要靠蛮力硬闯，闯出祸来，可要接受教训。</u>

＊筮得大壮卦，吉利。

大壮，很强壮。乾卦讲健强，那是说力量。这里说强壮，主要讲体力。

＊第一阳爻，腿脚强健，以此征行，凶险。还有诚信更重要。

单靠体力强不行。因为讲究诚信才是根本。不讲诚信，而信用征伐，必败。

＊第二阳爻，筮问得此如何？吉利。

一般来说，身体强壮，总是好事。

＊第三阳爻，小民靠身体强健。统治阶层靠头脑忧思。筮问如何？警惕有危险。公羊头触篱笆，缠住了它的角。

靠强健，好比是公羊要钻进篱笆里去，用头角去撞击它。结果头角陷进篱笆里，进不能进，退不能退。如果无人帮它解脱，那就死定了。所以要警惕有危险。

＊第四阳爻，筮问如何？吉利，做得对。要冲破篱笆使它丧失缠缚的作用，其力量要强于大车向前滚动的车轮。

筮问不靠身体，而靠心思如何？吉利。正确。要是像公羊那样头角陷进篱笆里，要解脱就很不容易。非有强大的力量不可。

＊第五阴爻，不经意间丢失了羊，应无悔恨。

大意了，让公羊头角栽进篱笆缠络里，无法自拔。怪不得别人。

＊第六阴爻，公羊头触藩篱，不能退，不能进，实无好处。但艰苦的处境会产生克服它的力量，吉利。

话又说回来，公羊头角陷入篱笆的缠络，固然不好，但由此而加意于不让羊栽进去，或者由此而知道了如何让羊得以解脱，那就坏事变好事了。

◎ 体格健壮，特好。但凭借体力，长途跋涉，凶险。心思诚信，多动脑筋，比健壮更为重要。然而康强总是好事。小民别无本钱，靠身体好；君子不然，他们靠用心忧思，常有所警惕。公羊无所畏惧，敢于以头冲撞篱笆，结果不但没有撞得出去，反而陷了进来，动弹不得。这就是凭力气硬碰反而遭殃的例子。所以，得用心思才能吉利。羊头被篱笆缠络住了，不是轻易能解脱的，冲破藩篱，需有大车巨轮碾压之力。由于大意，这羊就这样报销了。公羊头陷进去了，退不得，进不能，实在很不好办。但吃一堑，长一智，以后就再也不让公羊有触藩的机会了。保护了更多的羊，坏事变成了好事。

第三十五卦　晋　卦

晋卦说虽获晋升，仍当反省。

＊晋卦，康侯用王所赐良种马繁殖，一天接种多次。

晋，晋升。康侯，有历史学家考证，即卫康叔。一天接种多次。此言养马之勤，繁殖之速。想当时已进入农耕社会，这位康叔同时对畜牧业感兴趣。实际情形可能是一个农业、畜牧业并举的时代。这样做，含有上升、进步的意义。

＊第一阴爻，晋升了，却感到是受了摧挫而不悦。筮问如何？吉利。无悔，因为诚信满满，正确。

虽获晋升，然而想到官场的竞争激烈，晋升后的麻烦，心情就摧挫不安。好在筮问的结果吉利。因为心有诚信，无怨无悔。做得正确。

＊第二阴爻，虽然晋升了，却有点发愁。筮问如何？吉利。得到这样的大福，要归功于祖母。

晋升却发愁，好在筮问的结果吉利。这与上爻所说相似。而之所以发愁的缘故与上爻不同，晋升并非自己有什么功劳，而是靠祖母的福荫。愁就愁在自己如何才能立功，以与自己的职位相称。

＊第三阴爻，家人信实，可以无过。

升了官，如果家人作恶，就大不好了。好在家人个个信实，不

209

会生事惹祸。

*第四阳爻，升了官，但本事平平。筮问如何？有危险，要警惕。

这个官头脑清醒，知道自己没有多少能耐，遇事警惕，别犯什么错误。

*第五阴爻，不患得患失，正确。无往而不利。

反正尽力而为，不计较得失，这样做正确，做什么都会有好结果。

*第六阳爻，用较量竞争之法决定晋升与否，只是用来惩罚叛邑之法。不足取。有风险。这样做下来，会吉利无过。筮问如何？不好。

惩罚不听话的城镇，叫他们互相竞争，看谁表现好，谁能立功，对谁就既往不咎了。而官员晋升，必须全方位（例如他的出身，他的品德，他的文化修养，他的人缘，他的民望等），不可以只看谁能在竞争中取胜。前文已说"会吉利无过"，后面又说"不好"，那是说按之卜筮原则，从根本上来说，仍然是不好。

◎ 晋卦说晋升，何以先说卫国开国之君繁殖良种马的事？这位康叔不但会理政，也善于理财，把卫地治理得繁荣兴旺。是康叔之功，也是他部下的功。论功行赏，这个人在他手下当差，获得了奖赏的机会。晋升了，当喜悦才是，可他不高兴。这叫做有修养，有忧思，看得远，想得深。这样做就是富有诚信，值得夸奖。接着上面的话说，晋升了却发愁。发愁有发愁的理由，他分析起来，晋升并不是自己功大，主要靠祖母大人的福荫。这样有涵养的官儿，把家人管束得紧，不让胡作非为，是应份的事。此后他还在反思，我本事平平，却被升了一级，恐怕不祥，不要犯什么错误才好。这般无尽头地反思也不是个事儿，结论是，不患得患失，就无往不利。就这样解开了一个结。最后还是悟出了一个根本性的道理：大家竞争，赢了的就晋升，这办法从根本上说就不正。这是所以晋升了而仍不安的根本原因。

第三十六卦　明夷卦

明夷卦论明察的重要性，论失察之害。

*明夷卦，筮问处境艰难如何？有利。

明夷，明察力受损伤。明察力受损，处境艰难。对于君子来说，艰难处境会产生战胜艰难的力量，是好事。

*第一阳爻，明察力受损，大臣如同飞鸟，在飞的时候翅膀没能展开。此大臣在路途上三天没吃饭，前往办事。他的主管对此啧有烦言。

失于明察，大臣有本事也展不开。尽管奔波于途，忍饥挨饿。仍然得不到谅察，还受责备。

*第二阴爻，明察力受损，伤到左腿。用强壮的战马去救，得以生还。

前文说大臣，这里当是说将军。将军战场失察，受伤不轻，赖有好马相救，侥幸得以保住性命。

*第三阳爻，于南征中不明战局，而望俘获敌酋。筮问如何？不可求快。

南征当是讨伐楚人。西周对楚国无胜战。故知俘虏敌酋，只是一种奢望。"昭王南征而不复"，据史书的记载，反而是周王中的一位被

211

楚人消灭了。爻辞作者把南征不胜归结为明夷，对整个战局不明。

＊第四阴爻，楚人的利刃插进了周将的左腹。获得了这位不明战局的周将的心服。出门而去。

这位将军很可能就是前面曾伤左股的那位，他一伤再伤，一败再败，于是"出门而去"，不再效忠于朝。不明战局是在军中指挥的将军，而首先当是周王这个最高统帅。他缺乏对双方军事力量对比的正确分析。

＊第五阴爻，箕子失察，筮问如何？吉利。

箕子为纣之兄，或说是其叔父，谏纣不听，佯狂为奴。箕子明察受损，当指此事。箕子失察，对于他自己，对于周来说，并不是坏事，而是吉利。

＊第六阴爻，全然不明，一片黑暗，首先登上了天，而后进入地底。

这当是指亡国昏君。如果不是说纣，那就是指周厉王了。说他昏糊，对形势估计完全错误，指挥作战，部署力量，全无明智可言，自然从天上跌到地底。

◎ 卦爻辞不止一次讲处境艰难，每一次都必讲可以转化为顺利。这里也没有跳出这个框框。不过这一次的独特之处，是艰难由失察造成。由于失察，大臣如同飞鸟没能展开翅膀，很是窝囊。一路奔波，饿了三天，主事者不但没有劳勉他，还有所责备。一位将军失察，不明战局，不明双方力量对比，冒冒失失开打，伤到左腿，派了得力的人马去救，他才幸免于难。南征战事失察，而望打胜仗，俘虏敌人的头目，求胜心切，必将不济。于是整兵再战，将军伤到左腹。这位败军之将不能总结经验教训，不检讨判断形势有误，反以为是敌人强大，比自己一方高明，心里先就降服了，继而不辞而别，想必是投降去了。这是当今抹煞不了的现实。历史上纣臣箕子谏纣，纣饰非拒谏，箕子于是佯狂为奴，这也是判断失准，造成悲剧，尽管他自己终究逃过一死。这还事小，还有更大的失察。他们眼前是一片黑暗，全然不明时势，不明战局，不懂得双方力量消长的实况，从天上跌到地下，再也爬不起来了。

第三十七卦　家人卦

家人卦讲从严治家，让小家先富起来。

* **家人卦，筮问妇女如何？吉利。**

家人，家长，或家里人。筮得此卦，于妇人有利。一个家治得好，女主人必有其贡献。妇女必是吉祥之人。

* **第一阳爻，约束家里人，没错。**

如果是普通人，要教育全家遵法守礼。如果是做官的，防止家里人恃势作恶。照现今某些事例看来，有些官员的妻子儿女，竟是受贿与借势敛财的直接出面的前台人物。不可不慎。

* **第二阴爻，妇人别无所成，只在家中供应饭食。筮问如何？吉利。**

照爻辞的观点，女人只可在家做家务事。在那时，也许是一种不错的安排。

* **第三阳爻，家长严肃，要求苛刻。家里人不以为然，家长恐怕出事，而终归吉利。老婆孩子整天嘻嘻哈哈没正经，总是不好。**

儒家讲究齐家，也就是治家。治家甚难。老婆卿卿我我，亲亲热热；孩子是未来，是宝贝，舐犊情深，宠着，捧着，哪里能严加管束？哲人深为忧虑，因而有此爻辞产生，警醒世人。

* 第四阴爻，让家里富裕起来，大吉大利。

衣食足然后知礼义，贫穷为圣人所恶，以穷为荣，乃是历史的颠倒。富强是千秋万代人所谋求的目标。而富，首先是家富。作为家长，不能富家，不能改善家庭的经济状况，便是失职。

* 第五阳爻，王来视察家庭。不再忧虑，吉利。

王所视察，当是富有之家，因而就不再忧虑。如见百姓家里穷得揭不开锅盖，那就当忧心如焚了。

* 第六阳爻，诚信在胸，威严在外，终得吉利之果。

这是爻辞作者对一个合格的家长的要求。中国人的父亲，历来称为严父，意义便在这里。在现代人看来，光一个"严"还不够，还要"慈"，严慈结合，方为最佳。

◎ 家治不好，女主人难辞其咎。家治得好，女主人必有大功。首先是男主人，他必须从严约束家人。就责任而言，男主外，女主内，她的责任是主厨，供应饭食。不能让她管得太宽。一个家的家长，神情严肃，要求苛刻，要家里人服从，会有难度。虽有难度，要求不变。不能让家里人整天嘻嘻哈哈，无休止地戏闹。穷日子不好过，要让家里富起来。这样，就不担心王来视察了。这些都是些细节，是一些表现，最重要的是要胸有诚信，有一个主心骨，一个家才是模范之家。

第三十八卦　睽　卦

睽卦讲一些异常的事，后世称为"志异"。

*　**筮得睽卦，小事吉利。**

睽，违背，谓违背常情正理。记一些怪事，无关大体，小有吉利。

*　**第一阳爻，无害。马走失了，没有去追寻，它自己回来了。碰到恶人，却未作恶。平安无事。**

这里说了两件怪事。马丢了却自己回来了，岂非怪事？恶人必作恶而竟未作，实属侥幸。

*　**第二阳爻，在巷子里碰见主君，不是坏事。**

见主君应当在大堂上，在大殿里，堂而皇之，有事吩咐。可在小巷子里碰见了，莫不有什么异事发生，而竟无。主君不可能老是一副主君的样子，他也有他的私人生活，有他的秘密，有他的行事方式，他也是人，有人的正当要求，在巷子里见到了下属，不是不可理解。我们出门，说不定在什么地方突然遇到了一个大人物，也不是不可思议。笔者有一年在韶山参观，遇到许世友大将，他穿一双草鞋，也没有把我赶走，也允许我同他一样参观。有人以为在巷子里遇见主君，那巷子定是永巷，恐有牵强附会之嫌。

＊第三阴爻，看到拉车的，他的牛却反方向拖。那个拉车人额头上烙了黑字，鼻子被削。所见异常，而终无祸害。

拉车的牛和拉车的人不配合，也许是在上坡吧，一个向上拉，一个往下拖，岂不滑稽？更令人诧异的是，拉车人头上刻着字，没有鼻子！那模样怪吓人的。可知当时额头上烙字、削去鼻子还不是常刑，所以所见者多怪。好在见了这样的怪事，也无不祥之事降临。

＊第四阳爻，宅男遇上了社交上的大老，互为诚信，互相交流，虽须警省，但无过错。

宅男，宅在家里，不交任何人；社交上的大老，他们是广交朋友。这两个极端竟然交往起来，互通诚信，十分出人意料。由此事可得出一些经验教训，值得肯定。

＊第五阴爻，正确。到宗庙里吃祭肉，吃了又何妨？

到他的宗庙里去吃祭肉，无疑是越轨的事。但在吃者看来，做得正确，吃了又何妨？常人实在也说不出这人犯了哪条法，哪个规。

＊第六阳爻，宅男见猪在路上拉车，车上载一车鬼，那些鬼先拉开弓，后又松开弓。他们不是去抢财，而是去抢亲。去抢亲遇雨就吉利。

这一爻所说，全以宅男的视点为视点，宅男少见多怪。他看见猪拉车，可能是一头肥牛吧。车上乘的是鬼，应当不是鬼，是一群化了妆的抢亲人。他们拉弓又脱弓，都是宅男所见幻象。为何遇雨就吉利呢？真还说不清楚。遇雨一个个落汤鸡似的，原形尽显，回归正常，所以说吉利了。

◎ 碰到一些异常的事，吉利不吉利？见怪不怪，其怪自败。算是小有吉利。马走失了，不去追寻，它自己又跑回来了，其怪一。见到恶人，恶人不作恶，也是稀罕事儿。主管当在办公室里见，却在巷子遇到他，少见多怪。一个人赶着牛拉车，他往前拖，而牛向后拉，世界上竟有这等事！尤其令人惊异的，是那个拉车的额上凿着黑字，并且没有鼻子。这已是第五件怪事了。第六，性情怪异孤僻的人，与社交界的著名人物热络起来，相约以诚相交。第七，祭祀神圣，祭肉当按礼节分发，一个怪人径去庙里自吃，还说吃了又何妨？第八，拉车的当是牛或马，可路见猪在拉车。第九，车上载一车鬼，拉弓欲射的样子。第十，这一伙打手不是去抢钱，而是去抢亲。还有，这伙人途遇暴雨，一个个淋得落汤似的，怪可笑的，却以之为吉。六朝有志怪小说，清代有《聊斋志异》，两三千年前的睽卦，是其先导。

第三十九卦 蹇 卦

蹇卦言王事艰难，迎难而进，颇见成效。

﹡蹇卦，西南方向吉利，东北方向不吉利。筮问见上司如何？吉利。

蹇，跛脚，比喻艰难。利西南，或者因为西南土地肥沃，物产丰富，气候温和，人民友好。东北反是。不是都好，也不是都坏，将此情形如实汇报上去，会得嘉奖。

﹡第一阴爻，去时艰险，回来愉快。

王事艰难，大臣迎难而进，或者也解决了一些问题，回来就轻松愉快了。

﹡第二阴爻，周王的大臣为王办事难上加难，不是因为大臣们本身的缘故。

不是大臣缺乏办事能力，不是他们怠工轻忽，而是事情本身难度大，是因为国力衰微，形势严峻。周王朝无可挽回地走下坡路了。

﹡第三阳爻，去时艰难，回时容易。

第一爻就心情说，本爻就行程说。去的时候人为险阻多，回来时险阻已经消除，得以一路顺风。也是说，经过大臣的努力，工作有了进展，道路得以畅通。

＊**第四阴爻，奔着艰难而去，取得支持而归。**

得民心者得天下，这次大臣下去是为了收拾民心。去时孤立无援，回时得到了一定程度的拥护。

＊**第五阳爻，困难大，来帮的人多。**

有困难，经过大臣的工作，有一帮人来做克服困难的助力。如果说的是事实，不是幻想，那么，周王朝还没有到山穷水尽的地步。它还会延续下去。

＊**第六阴爻，以艰难往，以大吉利回，利于晋见上司，有政绩可以交差。**

卦辞说见上司是汇报情况，这里说见上司是汇报成绩。大臣之功不可没，周王朝的国运尚未到绝灭之时。

◎ 为王事奔走，西南方通行，东北方受阻。见上司，上司支持。这是概言之。细说每次不同。有一次，去时艰难，回时愉快。问题或者并没有解决，但听了一些好话回来，心情不错。一般地说，办事难上加难，不是大臣无能。言下之意，是因为王室式微，客观上困难。有时候，去时艰难，回来时容易。是说化解了险阻，事有可为。有一次，事虽艰难，但还是取得了一些支持，没有白费劲。另一次，困难大，帮的人也多。虽未克服困难，但有多人出手相助，王室并未孤立。并不是没有好消息，有时奔着艰难而去，获得巨大成果而归。向上司汇报好交差。王事艰难，硬着头皮去办，从大臣汇报来看，好像还不错，实际上完成任务的时候不多，就那么一两次吧。

第四十卦　解　卦

解卦说不受束缚，不给自己施压，自能得利。

　　＊解卦，西南方向有利好。哪里都不去，按照天道往复的规律，也有好事到来。如果到哪里去，早已预知，吉利。

　　解，这里指不受束缚。大西南已呈有利局面，而今后无论行、止，都会吉祥如意。总之若要放松自己，不费力气就能得到好处，就到西南部去。

　　＊第一阴爻，正确。

　　没有说什么正确，实是指放开手脚，不受束缚，是一件做得正确的事。

　　＊第二阳爻，打猎获得多只狐狸。收回了射狐的铜箭头。筮问如何？吉利。

　　打猎有所获，而且没有损失，连射猎用的贵重箭头都收回来了。事事顺心。这是说不为公事所缠，而享受游猎之乐。

　　＊第三阴爻，背着包袱乘车，招致强人来抢。筮问如何？不好。

　　乘车还背着包袱，那包袱里的东西一定贵重，难怪强人要来抢夺了。咎由自取，这样做不好。是说要放得开，谨小慎微不可取。

＊第四阳爻，放开你的手脚。友朋就信服你了。

缩手缩脚得不到众人的跟随，而放开手脚却能得到朋友们的信服。

＊第五阴爻，统治者只有放开手脚，才吉利。才会为群众所信服，所拥护。

只有不受拘束，抛弃清规戒律，事情才好办，才可取信于民。这位高层人士也要朋友，也要民众，也讲诚信。就是反对卡得太死，绷得太紧。

＊第六阴爻，放开了手脚的公侯们于是站在高高的城墙上远远地射猛禽，猛禽应手而毙，落入射者手中。干事都如此，没有失手的时候。

是说放开手脚，打破条条框框，自身也可过得快活。这次游猎，比起射狐就更洒脱，心胸更加开阔，兴致也就更高。真所谓万事如意。

◎ 这个人，放到今天来说，是个盲目自信，从不努力的家伙。他相信，哪里都不去，自会有利好送上门来，这是天道。要去，到西南方向去，早就知道，会吉祥如意。他确信，他的见解没错。他去打猎，获得了多只狐狸，连射狐的铜箭头都没有丢失一根。这愈发增加了他的自信。你看看别人，乘车还背着包袱，包袱里显然有贵重物品，不是招惹强人来抢吗？谨小慎微的人是自取其咎。只有豪爽，不受陈规陋习的束缚，才会得到友朋的信服，才能得到群众的拥护。最后，他以一个英雄形象，一个生动的比喻来结束他的自我狂想：站在高高的城墙上远远地弋射猛禽，猛禽应手而毙，落入射者手中。看来，这是个纨绔子弟，少不更事，而又放荡不羁。

第四十一卦　损　卦

损卦论节减之道，但当增则增。

＊损卦，有诚信在胸，大吉。正确。筮问可否？可以。有所行事，顺利。用什么来证明？两碗饭可用来祭祀。

为什么说减损好？诚信在胸就好。办事就顺利。祭祀礼仪繁多，祭品丰厚，其实，祭在诚心，可以大加减损，有两碗饭祭祀祖宗就可以了。

＊第一阳爻，祭祀的事快点去，正确。祭品可以酌减。

祭祀的事快点去，是说态度要好，心里没有忘记祖宗。这样就没有害处了。祖先并不在乎你祭品的数量。你再准备得多，也就是祭祀而已。

＊第二阳爻，不减也不加，筮问如何？吉利。如果征战，不增加财力、人力，就凶险。

是说减损也要看情况而定。有时不增不减也过得去。但战事就只能增加而不能减损兵力和物资供应。不增不减也是取胜之道。

＊第三阴爻，三人办事，可以裁减一个。如果只派一个去做，那他就会得到一个帮手。

三减一，两个人当三个人用。发挥积极性嘛。能派一个人就只派一个，他有朋友帮助。此言用人要以少胜多。

　　＊第四阴爻，病情减轻，让高兴早来。无害有喜。

　　还是说减损的必要性，比如患病，只望减轻，以至病愈。没有人希望病情加重的。

　　＊第五阴爻，有人送他一个值百钱的神龟，拒绝不得，大吉。

　　送礼的人诚心诚意，怎能拒绝他的好心呢？只好收下。收下好。这是说也不是一律减损，当增则增。增加了财富是不可不要的。

　　＊第六阳爻，不增不减，正确。筮问如何？吉利。有所行动，就会得到好处。这一回，他将得到一个无家室拖累的奴隶。

　　第二爻肯定了不增不减的做法，这里觉得还未尽意，又再次说起。爻辞作者认为不增不减保持原状实在是上策。获得奴隶，向奴隶付出少，从奴隶那里得到的多。只是要避免发生保持原状会带来损害的那类事情。

　　◎ 只要诚信在胸，做事可以节减。用什么来证明？两碗饭可用来祭祀，不必杀牛宰羊，耗费财力。就是说，祭祀快点去，态度要虔诚，但祭品可酌量减省。不增不减如何？也可以。但如果是说战争，那就要增强，如不增强，就有失败的危险。但根本原则还是减省。三人办事，可以精简一个。派一个人去怎么样？那就会有人帮助他，也可试试。又比如得了病，只望减轻，不愿加重。对不？有人送一个价值百钱的神龟，是收还是不收？当然收，不可拒绝。当增就增，当减就减。不增不减，是一条底线。照此而行，有利可得。这一回他将得到一个无家室拖累的奴隶，是上上签。

第四十二卦　益　卦

益卦说当为王增益财物，当增益对王的忠诚，显示周王处境凶险。

* 益卦，所往皆利。利于过大江大河。

益，增益。筮得此卦，小利随处有。能克服巨大的困难。

* 第一阳爻，有利于以所增益大兴土木。大吉利，正确。

大兴土木，是说建造楼观宫殿，增益大型建筑。

* 第二阴爻，有人送他一个价值百钱的神龟，拒绝不得。筮问长久性如何？吉利。周王用此神龟祭祀天帝，吉利。

损卦也说到有人送值百钱的神龟，没有说送给谁，也没有说神龟有何用途。这里才明白，送是送给王，王用来祭天帝祈福。由此得知，所说的损益之道，是为周王献策。

* 第三阴爻，将所增益用于处理凶事。以诚信、中道二者执圭告于大臣。

凶事，或指战事，兵凶战危。则所增益为军费、兵员、武器等。谓以军事战事郑重地告于大臣，秉持诚信、中道的精神，商议命帅遣将、调动兵员、战争指导原则等。第一爻增益于建筑，第二爻增益于祭祀，第三爻增益于军事。都是说国之大事。

＊**第四阴爻，以中道告于大臣的部属，有利于以所增益为依据而迁徙国都。**

这是说要诸侯国迁都。想来是比较困难，说服大臣不够，还要说服大臣的部属，说迁都有好处，能有所增益。诸侯国迁都是大事，可比军事和祭祀。

＊**第五阳爻，诚信施恩惠于心。其为大吉无疑。诚信让我有所得。**

这一爻讲增益诚信，增益指导思想。增益诚信，是施恩惠于心，给心灵以润泽。有了诚信，才是真有所获。不容怀疑，这是无与伦比的大吉大利。

＊**第六阳爻，不仅无人让他有所增益，而且有人打击他。其为人安了一颗无常的乱心，凶险。**

上面五爻讲"我"王增益如彼。而现实是有逆臣不增益于我，且打击我如此。有点像是为周厉王设言。他已感到他的逆臣用心险恶。

◎ 对周王来说，有所增益是好事。有财力作后盾，干什么都行，也能克服困难。以所增益之财力、物力，可大兴土木。如果有人送给王一个价值不菲的灵龟，不要拒绝，这是一件长久吉利的事，可用来祭祀天帝。以所增益的兵员、武器、财力等来应对战事；秉持所加强的诚信和中道郑重告于大臣，使敬于所事，必得吉利之果。以所加强的中道告于大臣的部属，利于以此迁徙国都。大臣的部属要王亲来郑重告诫，知当时政令难于下达，指挥失灵。筮人据此分析，认为关键在于缺乏诚信，思想出了问题，所以一再强调，诚信要加惠于心，诚信使人有所得。时值乱世，没人听什么诚信的话，不仅无人对王有所增益，而且还打击他，安一颗无常的乱心，人心险恶。

第四十三卦　夬　卦

<u>夬卦讲统治者仓皇出逃，权力易主。</u>

﹡夬卦，在朝廷上如实地大声宣告从下面城镇来的报告：有危险。不利于用兵作战，有利于逃跑。

夬，分决，分离。这里很可能也是说周厉王被迫退位。在朝廷上大声宣告，如果不是王自己，就当是王的贴己亲信。宣告危险之后，又立即表明对策：逃跑。

﹡第一阳爻，伤了向前跨进的脚，再往前逃已不可能，这就是灾祸降临了。

这是说，脚受了伤，逃不脱，只能认命，栽了。

﹡第二阳爻，警惕地宣告：晚上有兵变。不要担心。

这是谁在宣告？好像是兵变的一方。他们在贴"安民告示"：这是夺取王权，与群众无关，你们不要担心。

﹡第三阳爻，伤了颧骨，统治者与部下分开单独行动。碰上下雨，身上淋得透湿。苦恼万分，幸好无性命之忧。

这是非常狼狈的情形。这位统治者可能就是周厉王。他跌了一跤，脸受了伤。形势迫使他与最亲近的几个人分开了，不得不单独行动。一个人孤零零的，又碰上下雨，淋得落汤鸡似的。身为帝王，哪里受得住这样的煎熬？自然极其苦恼。虽则不好受，却有幸保住了老命。

*第四阳爻，臀部没了肌肉，行进艰难。投降就没事了。听到传言不要相信。

周王蒙难，逃跑途中，有餐没餐，瘦得屁股上掉了肉，走都走不动。出路只有一条，投降。听到一些传言，例如有人来勤王之类，不要相信为真。

*第五阳爻，山里的羊到平陆来无伴独行。如果在大道上行走，可平安无事。

山里的羊平常在山里走动，跑到平原上来踽踽独行，该不会出什么事吧。只要路途宽广，走在中间，就不会出事。比喻人换了一个环境，环境如果宽松，还是可以活下去的。

*第六阴爻，上面没有宣告什么了，就是彻底垮台投降了。

那时通讯条件极差，没有报纸，没有广播，只听王家和官府发布消息。既无消息可发布，上面的人，也就是王室或官府的人没有宣告什么，他们大概是兵败认输，权力易主了。

◎ 先是朝廷方面如实地大声宣告：得到消息，将有危险，武力对抗不可，逃往别处为上策。宣告之后就逃，逃时脚受了伤，不可能再跑，只好承认失败。于是兵变方面出安民告示，宣告：晚上是兵变，夺取王权，平民不用担心。周王接着往前走，跌了一跤，伤了颧骨，狼狈至极。这时部下亲信离开了他，周王只能单独行动。碰上下雨，一身淋湿，苦不堪言。幸好这条命还在。这样拖了几天，周王骨瘦如柴，行进艰难。这时唯一可行的办法是投降，投降了就没事了。那些将有勤王之师到来一类的传言不可信，还是真心实意投降了吧。交权服输，好比山里的羊到平陆来无伴独行，难以适应，但如果在大道中行走，应该平安无事。比喻周王放弃权力，走"光明大道"，可保无性命之忧。从平民的视点看，上面既无可宣告，那就证实，周王完蛋了！

第四十四卦　姤　卦

姤卦讲被拘禁者的境遇，讲他的困境。

＊姤卦，女子强壮，不要娶她。

姤，通"遘"，遭遇。这里似指周厉王被赶下台后的遭遇。女子强壮，不要娶她。此女或是"女汉子"，派来监护周厉王，故厉王不娶。

＊第一阴爻，捆绑在金属止车器上，筮问如何？吉利。凡有所往，预见其必凶。一只病瘦的猪难以前行。

固定在止车器上，没有了自由，该说是凶才对。为什么说吉利呢？因为虽然失去了自由，但生命是安全的。但不可到处乱走，乱走一定凶险。这恰如一头病瘦的猪，想走也走不动。这是不是在说厉王胡被放逐后遭拘禁的情况呢？很可能是的。

＊第二阳爻，厨房里有鱼，挺好。客来不利。

有鱼吃，当然好，但就那么一点，不足以分食。被拘禁而有鱼吃，算是不错了，但分量不多。

＊第三阳爻，臀部没有肌肉，行动艰难。危险，但无大害。

前面十个字，与夬卦第四爻辞同。那是逃跑路上饿的。这里是说伙食供应差。之所以说没有大害，是说无性命之忧。

＊**第四阳爻，厨房里没有鱼，凶险的事开了头。**

原先有鱼，现在没了，说明伙食标准下降了。可能还有更不好的事在后头。

＊**第五阳爻，柳条箱里装有瓜果，包含着美味，有陨石自天而降。**

储有瓜果的容器，被从天而降的陨石砸坏了，水果没得吃了。陨石恰恰砸烂了水果箱，可能性不大，可能是停止供应水果的一个借口。对一个失去自由的人，随你怎么说都可以。

＊**第六阳爻，以横木缚于兽角，使无伤人。不好，但无灾害。**

这是说姬胡虽似有角可以触人，但已有木横其角，再无战力。对于被放逐的君王来说，没有什么好事，但还不想取他性命。就这一点而言，可以讲是无害，无大害。

◎ 姤卦讲被拘禁者的遭遇。这被拘禁者或是周厉王。他离开王宫，流放到了外地，让他娶一个强壮的女人，他不娶，他怕这女人或是一个被派来监视他的细作。他被严加拘禁，如同捆绑在金属止车器上。这反而没有性命之忧了。是好事。如果想有所动作，必无好下场。打个比方说，这时他周厉王像一只病瘦的猪，艰于行走。说到伙食，厨房里有鱼，只是不多，不足以分食。鱼是有，如何能比得上王家的伙食？加上忧愁，瘦得皮包骨，行动艰难。直到有一天，厨房里没有鱼，伙食标准降低了，预示着坏事开了头。原先还有水果吃，可天降陨石，砸烂了水果箱，从此绝了水果供应。总之如同兽角上加了横木，从此再无战力，任人摆布了。

第四十五卦　萃　卦

萃卦叙写逆群众运动而行，只落得叹惜和悲伤。

*萃卦，通畅。王到太庙里来主祭。能顺利地见到王和大人物。
筮问见到王和大人物吉利否，吉利。用牛祭祀，吉利。行事都顺畅
无碍。

萃，群聚，群众聚集。萃卦是一个行事顺利的卦。周王用牛这
样丰厚的祭品祭祖，这是力量的源泉，是与群众见面沟通的好时机。

*第一阴爻，有诚信而不能坚持到底，就会混乱，就会人群聚
集，表示不满。这里如果大声宣告什么，全体都会讪笑，不屑听受。
但不要忧虑，有所施行，还可照样施行，不会造成祸害。

诚信和群众意见，哪样重要？爻辞认为，诚信重要。诚信不果，
会有麻烦。群众有意见了，你讲什么都不会接受。还是可以按既定
想法去做，诚信与群情有矛盾，矛盾了如何办？无视群情为占筮者
所首选。

*第二阴爻，永远吉利无过。只有诚信，方有利于进行祭祀。

这一爻仍然是强调诚信的重要。但所说诚信，似乎只限于对祖
宗、对祭祀的诚信。以为凭这可与群情相对抗。不只是对抗，还可
以克服和压制群众。这就走上歪路。

＊第三阴爻，群众聚集力量大呀，可嗟叹呀。然而于事无补。只管前往，所行正确。或有小的龃龉，不碍大事。

可知这是往错误的道上迈进了。你群众越闹得凶，他就越刚愎自用，无可挽回地滑向败亡的终点。

＊第四阳爻，大吉，无过。

大概他们取得了小小的胜利，以为就是最终的胜利了。

＊第五阳爻，因群众聚会而得官，甚至是得王位。没错。筮问那诚信如何？伟大而长久。这结论正确无误。

群众运动过后，有人因此而得势。爻辞肯定这一事实。有人怀疑，你那个诚信哪里去了？爻辞作者回答：诚信是伟大而不朽的。意思是以群众运动而上位无损于诚信思想的长存。

＊第六阴爻，叹惜不绝，泪眼婆娑。没有过错。

群众运动造成了天翻地覆的局面，有人哀叹，有人痛哭，也很正常，无足为怪。

◎ 晋见王，有王的保护，用大牲祭祖，得祖宗的庇荫，事情就好办了。但如果诚信不能坚持到底，就会乱套，群众就会聚集闹事。这时假设出来宣告什么，会遭到讪笑，不屑理会。不要担心，还是按计划去做好了。但如此进行，风波不得平息，于是筮者再次强调诚信，检讨祭祀祖宗虔诚与否。不顾群情，只在王权、诚信和尊祖上面兜圈子，那就只有嗟叹的份了。这时候当取何种态度呢？筮人的意思是如所筹划，照旧前行，没有过错。那就一条路走到黑了。走到黑了，还在说："大吉，无过。"事情的结局可想而知。局面已经改观，有人因群聚而得位，（有人因群聚而失势，）于是强颜置词："没错。"那么，你说的那个诚信何在？那个诚信嘛，伟大而长久。这显然是强词夺理了。这一回逆群众而动，只剩下叹惜不绝，泪眼婆娑。所谓没错，就是如此。

第四十六卦　升　卦

升卦欲加强己方力量以取得南征首胜。

* 升卦，顶级顺利。筮得此卦去见王，让他不要担心，南征会吉利。

升，登，更上层楼。周南征与楚人战，常败无胜。此卦希望登上一个台阶，南征会取得首胜。

* 第一阴爻，一定会上升一个层次，大吉。

这是祝愿的话，不是写实。

* 第二阳爻，诚信才有利于祭祀，无过失。

按爻辞作者的观点，南征要取胜，就要加强诚信，以诚信之心祭祀祖宗。

* 第三阳爻，登上建于山丘上的城邑。

登城远眺，以量度军事形势，为南征作思想准备。

* 第四阴爻，周王于是到其发祥地岐山祭祖，吉利无灾。

一般祭祀还不够，还要隆重地到老祖宗发祥地去祭祀，以感动神明，达到预期的显效。

* 第五阴爻，筮问登上台阶吉利否？吉利。

除祭祀外，又勤用卜筮。筮问吉利否？如愿得到吉利的断辞。

＊第六阴爻，黑夜提升，筮问如此不懈努力吉利否？吉利。

日日祝愿上升，黑夜也祝愿，如此殷勤地祝愿，应该会有好的结果。

◎ 周王朝上下，包括筮者在内，都盼望南征取得一个首胜，上一个台阶。他们不知道，要战胜楚人或南方其他民族，要兵强马壮，要粮草供应充分，要将帅知兵，要知己知彼，要精准地把捉战机，要懂得天时地利人和，靠诚信，靠祭祀，靠登城远望，靠祝愿是不可能取胜的。大概周王上层的想法与爻辞作者的想法差不多，所以始终未能取得南征首胜。

第四十七卦　困　卦

困卦举例言各色人等的困窘。

＊困卦，顺利。筮问上层统治者如何？吉利。不信传言，没错。

困，困难，困顿。这卦辞是说，上层人士无困顿可言。传说他们也有不如意的事，不可相信。

＊第一阴爻，困坐在树桩上，进入深幽的山谷，多年不见天日。

进入深山，不见天日，寂寂无人。只能一个人独坐在树桩上，此或是隐士之困。

＊第二阳爻，高官来时，其人方为酒食所困，不能尽礼。筮问祭祀如何，吉利。筮问出征如何？凶险。其他情形，无过错。

此或是低级贵族之困。他喝得太多，吃得过量。上面来人看他，无法照常应酬。有吃有喝，进行祭祀，那条件还不错。耽于饮食，行军打仗就危险。一般地说，吃喝并不碍事。

＊第三阴爻，在石堆里被困。抓住蒺藜攀援。回到家来，不见了妻子。凶险。

怎么会被困在石头堆里或石山里？而且抓着有刺植物向上攀爬？大概是打猎或打柴跌落下去的。这已经够倒霉的了。而回家来，妻子又不见了。所谓雪上加霜。妻子是私自跑了，或是被人拐走了，

234

掠走了？总之是不见了，困顿之至。这或是说普通山民之困。

＊**第四阳爻，困在贵重的车里，只能缓慢行进。是不如意，但终会达到目的地。**

这个坐在名车里被困的人，想必是个暴发户。如果是现在，那就是堵车了。那时不会有堵车的情形，或者是道路不平，或者车子是新款，没经过测试，或者是拉车的马有毛病。坐名车而行进慢，心里窝火不消说，好在终究达到了要去的地方。

＊**第五阳爻，已受肉刑的刑徒，为下级执行官吏所折腾，老长时间才得解脱。若筮问祭祀如何？有利。**

这是说刑徒之困，他们主要是受下层执行官吏之害。这些官吏往往拖延时间，不让人轻松解脱。对刑徒可以这样拖，对祭祀可就不敢怠慢了。这里连带说到有利于祭祀。

＊**第六阴爻，如同为葛藤系累所困一样，为世上动乱不安所困。（筮问困顿之状如何？）回答说动辄得咎，再动即再得咎。如果征战，吉利。**

爻辞说如同葛藤所系一样，用这样的比喻，作者大概有过深山打柴的经历。藤蔓所带来的困扰，挥之不能去，破之又不可能，如绳系缚却未有系缚者。世间动乱有似于此，挥之不能去，破之又不可能，动辄得咎。有道是宁做太平犬，不做离乱人。其困顿之状可知。但倘若组织起来征战，以求天下太平，会取得胜利。此言一般平民百姓为乱世所困。

有体察人们困苦之心，自是社会进步的积极因素。

◎ 卦辞的意思，除了正当权的官老爷，人人都有困苦。认为官老爷也有难处，那话不可信。在不见天日的深山里，困坐在树桩上，或是避世者之困。为酒食所困，那人不愁吃喝，想必是低级贵族。吃得太饱，喝得过多，也有形成困局的可能。如果上面有人来见他，他却如此困顿，难以尽礼。如在祭祀倒无碍，如在征战，那就倒霉了。山民掉进山谷石堆里，要攀着带刺植物才能爬上来，也就够狼狈了。回家来不见了老婆，这是有室家者之困。困在贵重的车里，欲疾进不得，也是一种困顿。能有贵重的车，那乘车人当是有钱的主儿，这类人也有困顿的时候。这不过是举例罢了。受肉刑的刑徒，施刑者可对他们任意折腾，刑徒之困，是困中之尤困。世上不安，战乱叠起，所有的人都生活在困顿之中，如同被藤蔓所缠络一样。这种时候，只有去打仗，死也死个痛快。

第四十八卦　井　卦

井卦说周王英明，如井水澄澈，无人拥护，我心悲伤。

*井卦，改造城市不改变水井，水井无所失无所得。到井边打水的人来来回回。等井水干涸了，到了井边也打不上来水，反而在把汲水罐子吊下去的时候把罐子弄破了。凶险。

井挺重要，居民有井水才能存活。井里有水，大家都好。井里没水，连汲水的罐子都会打破。这自然是凶险的事。比喻当维护公共利益。

*第一阴爻，井水浑浊不能喝，旧井未疏浚，鱼也无法生存。

改造城市不改造水井，那是说水井动不得。但不是说井水可以不维护。要保持水源清洁，要时加疏浚，不使水草滋生，不让其满是泥浆等。

*第二阳爻，向井底的鲫鱼射箭，把汲水的罐子射破漏水了。

这也是说要维护水井。即使水下有游鱼，也不要去捞取，以免搅浑井水不能饮用。那射箭的动作还可能破坏汲水设施，应当禁止。

*第三阳爻，井水清理干净了而无人饮用。使我心里悲伤难过。因为井水已经可饮用了，为什么没人来打水呢？君王如果英明，大家都会享受到他的福荫，得到他的好处。

爻辞以井水的清澈，比喻周王的英明。好井水，大家来饮用；

好君王，大家来拥护。现在君王好，却无人拥护，爻辞作者感到不解，感到悲哀。

第四阴爻，砌好井壁，没有过错。

虽然群众不来打水，那也要维护好水井，把井壁砌好，使之牢固耐久。

第五阳爻，井水冰冷。清冷的泉水可供饮用。

不但水的形好，水的质也高，总会有人来取水饮用的。意思是王既英明，终将得到人民的拥护。

第六阴爻，傍晚收起井绳，但不要盖上井口。只要心有诚信，所有的事都会大吉。

不要盖上井口，就是坚信会有人来打水。就是坚信周王终究会受到人民的爱戴，为人民所抛弃只是暂时的现象。如果所说的王是周厉王，那爻辞作者的信念就如梦幻泡影，成不了现实了。

◎ 有饮用水，人们才能存活。所以城市可改，而井不可移。如果井水干涸了，无水可打，把打水的罐子都打破了，那就凶险。井第一要有水，第二要维护。井水浑浊不能喝，不疏浚的井，鱼也无法存活。倘若有鱼，也不可射箭获取，这一射，把打水的罐子都会弄破。到此为止，都在说井水需要维护。说井里要有水，井水要维护，都为了比喻周王英明，如同井水澄澈。井水清，大家来取饮，王英明，大家来拥护。可现时好井水无人饮用，好君王无人拥护，我感到悲伤难过。尽管如此，还要砌上井壁，再加工完善，存其清冽之泉。晚上收起井绳，但不要盖上井口，以备众人来汲水饮用。这卦似乎在说，周厉王已改过自新，想争取民众拥戴。但民众已体验过厉王的暴虐，再也不跟厉王走了。这就引起了筮者的一番感叹和悲伤。

第四十九卦　革　卦

革卦见证了强推改革失败，反改革势力得胜。

＊革卦，于巳日启动改革方显得有诚信。筮问如何？顶级通畅，吉利，正确。

巳日是个好日子。改革要挑一个好日子开头，才显得是真心实意要改革。查西周历史，称得上改革的，大概要算周厉王时荣夷公受命的改革了。如果这改革确是指荣夷公受命的变革，那就说明，当时的筮者是站在荣夷公一边的。因为筮问的断辞吉祥。

＊第一阳爻，用黄牛皮为绳，束得紧紧的。

似乎黄牛皮为绳相当结实，用它来捆绑什么那就无法解脱。比喻加强统治，加紧镇压。高压之下，反改革者似老实服从了。《国语·周语上》："厉王虐，国人谤王。召公告曰：'民不堪命矣。'王怒，得卫巫，使监谤者，以告，则杀之。国人莫敢言，道路以目。"似乎可与此相佐证。

＊第二阴爻，选择巳日开始改革。筮问进行下去如何？吉利，没错。

话是没错，群众已经同意才可进行改革。问题群众是并非真心同意，而是被压无语。强行实施，会与"吉利"相反。

＊第三阳爻，筮问前景吉凶如何？凶殃，危险。改革言论多次兑现，诚信无欺。

筮者看到反改革的群情激愤，知道不妙，直言前景凶险。改革言论多次兑现，诚信无欺。是改革方的反制措施。这措施并未收到显效。

＊第四阳爻，出于诚信而进行改革，正确，吉利。

改革是出于公心，道义上站得住。直至反改革的力量政变前夕，筮者还在说改革的好话，他无疑是支持改革的。

＊第五阳爻，掌握实权者翻脸变得凶狠如虎。他们未曾筮问是否合乎诚信之道。

反改革势力发动政变，从荣夷公一方夺得权力。他们才不管什么筮者的态度如何，也不管是否合乎诚信之道。也就是说，政变完全不理睬筮者赞同与否。

＊第六阴爻，执政一方，原来的改革派也翻脸凶猛如豹，一般民众一改旧日面目，不再顺从。筮问如何？进行下去凶险，安居不作为，吉利。

从筮者笔下，见证了改革的失败，民众反改革成功。要想保命，就只能安居不作为，听由反改革者处置。

◎ 改革要选个好日子开场，巳日好，合于诚信之道。大吉大利，正确无误。改革要把反对者打下去，如同用结实的绳子紧紧绑住，加紧镇压。从巳日开始的改革一定可以进行下去，不会出错。但改革出现了反抗，筮问前景如何，凶险。改革言论逐步实现，激起了更加强烈的反抗，而改革实施方却认为，本于诚信的改革没错，照旧推行。到了这地步，反改革的掌握实权的人物突然翻脸，变得凶猛如虎。他们也不征询占著的意见擅自行动。社会上层这时也跟着翻脸，变得如豹一般，凶恶无比。而一般平民也一改过去的面目，不再顺从。这时改革已不可能再推行下去，问问占著如何回应，断语说：进行下去凶险；不作为，好。这就是承认失败，从此收手不干。

第五十卦　鼎　卦

鼎卦既赞扬宝鼎，又否定它的实用性。

＊鼎卦，大吉，顺利。

鼎，大型烹饪容器，后制作成宝器。筮得此大宝之卦，自是吉祥。

＊第一阴爻，鼎从底座处颠覆。有利于倒出其中不洁之物。得到一个臣妾和她的儿子。无罪过。

前一半是说，宝物已洁。后一半是说娶进来一个妾，连同她的儿子也带回来了。总之是大有收获。

＊第二阳爻，鼎里装了食物。我的同伴因病不能来我处。吉利。

那意思是同伴病了，鼎中食物我可独吞，所以能说吉利。

＊第三阳爻，鼎耳脱落，无法移动。鼎里的野鸡肉烧焦了不好吃。刚好下雨，（熄灭了火，）减少了损失。终于吉利。

煮食过程中一个小插曲。鼎口上有两个襻形物，用来抬动鼎，现在脱落了，无法移动，而火又不可熄，就把鼎里的野鸡肉烧焦了。却碰上下雨，熄灭了火，鼎里的肉还是有可吃的。比喻事情有小的波折，而终无大碍。

*第四阳爻，鼎的支撑断坏，把主公的美味佳肴倒了出来。那是死罪。凶险。

虽是宝物，也有坏事的时候。这一次把主公好吃的东西泼到地上，就闯了大祸。这里反映了爻辞作者一贯的观点，好的不一定始终都好，好中包含着不好。

*第五阴爻，鼎耳黄金所制，用来抬鼎的杠也是金属制成。筮问如何，吉利。

宝器还是宝器，鼎耳和抬鼎的杠都用当时最贵重的金属制成，光彩夺目。鼎耳脱落，鼎足损坏，只是暂时的偶发的现象，无损于它整体的华贵。

*第六阳爻，以玉装饰抬鼎的杠，大吉大利。

加以玉饰当比纯金属更为贵重。不只是华贵，而且温润典雅，处于更高的档次。爻辞对鼎给予了高度的赞美。

◎ 筮得鼎卦，大吉大利。这是统说，下面再分说。六条爻辞，有四条是否定的。这四条中有三条，被化解了，似乎是吉利。第一条说鼎作为大型容器，易于颠覆。可颠覆也好，便于倒出其中的污秽。而同时发生的吉利事，也有化解作用，就是得了一名女奴和她的儿子（小奴隶）。第二条说鼎里装了食物，不是很好吗？可我的朋友病了不能来同吃。也不好。但可从好的方面分析，朋友不来，我可独吞，也就吉利了。第三条，鼎里的野鸡肉烧焦了，幸好碰上下雨，灭了火，还是剩下一些可吃的。也就有所化解。而第四条，实实无法化解，倒了大老爷的饭食，犯了死罪，无可饶恕。总之鼎的实用性要大打折扣。后两条讲鼎的珍贵，鼎为铜制，不消说很贵重，而且鼎耳由黄金铸就，抬杠以金为质，以玉为饰，可谓珍上加珍，筮人对鼎的宝重，是再明显不过的了。

第五十一卦　震　卦

震卦讲地震，人们从无知到有知。

＊震卦，顺利。地震时发出巨响，人们谈笑自若。响声震惊百里，调羹拿在手里没掉，酒杯里的酒也还在。

震，地震。这是说初历地震，胆大的人还照样谈笑，照样饮酒喝汤。人们对地震的认识有一个过程。

＊第一阳爻，地震来时发出巨响，而后人们谈笑自若。吉利。

这是重复卦辞的前一部分。爻辞作者肯定这种镇定的态度。不知道这种灾害是不可抗拒的巨大的自然灾害。

＊第二阴爻，发生地震是一件严酷的事实，损失了大量钱财。人们以为是把这些钱财带到高高的山岭上去了，相告不要去追寻，七天一个周期会自动归还。

这时认识到了地震的巨大破坏力量。可还是不知道这是一种自然灾害，以为是一种什么神秘力量把钱财移走了。移到高山上去了。还以为这些钱财会自动回来。

＊第三阴爻，地震苏苏作响，余震持续，还没有见到灾害。

没有造成灾害的余震显然是比较轻微的了。

＊第四阳爻，地震使山石成了泥土。

地震改变自然面貌，人们开始有所认识。

＊**第五阴爻，地震过去了又来了，危险。没有大量丧失财物，但出现了不平常的事故。**

这是说余震来了一波又一波，出现了险情。虽然破坏力不及第一次那样巨大，可也改变了地形地貌，出现了平常未见过的事。

＊**第六阴爻，地震索索作响，人们惊惧地四顾，如此进行，凶险。这次地震灾祸没有落到其人自身，落到了他的邻居身上。他本人无恙。而亲戚那边有了一些传言。**

这是说人们对地震余震的恐惧，再说到地震灾害的受灾人。爻辞作者以叙述人的笔调说到幸免于难的人，可他的邻居就没有同样的幸运了。此人虽免于难，但亲朋方面也兴起了关于他的流言。什么流言，我们不得而知，无非是钱财被移到高山上去了那一类的无稽之谈。

◎ 人们还从没有经历过地震，地震来了，一些胆大的人完全无所谓。他们或者相信"有命在天"，或者以为，只要诚信在胸，谁也不能把他们怎么样。地震虽然山摇地动，响声震天，他们却可以谈笑自若，不动声色，喝酒的盅，舀汤的匙，照样握在手中，纹丝不动。筮者以为，如此不为地震所动的表现，吉利。他们漠然不知地震是不可抗拒的巨大自然灾害。他们的无知还表现在下面：地震带来巨大的财物损失，他们以为是一种神秘的力量把这些带到高高的山岭上去了，不要去找，七天后会自动回来。所谓七天一个来回，所谓的天道往复，大抵如此，是不可信的象数说法。事实上，损失就损失了，回不来的。主震过去，还有余震，哗哗哗地响，没有主震那么厉害。但人们惊异地发现，地震使山石变成泥土。地震去了又来，就是说余震在继续。虽然没有丧失大量财物，却出现了许多异于寻常的自然现象。再来一次余震，这一回，再也不能谈笑自若了，他们惊惧地四顾，看有什么异象发生。还这么地震下去，必然凶险难抗。接下来，人们环顾四周，看有没有人员伤亡。结果是，他本人无恙，他的邻居却身受其祸。其人的远方亲戚不知就里，却在传说他有什么什么不幸。

第五十二卦　艮　卦

艮卦要求自我约束，严以律己。

　　*约束他的背，不能控制他全身。如同在他庭院里走，见不到他本人。没有过错。

　　艮，通"限"，限制，约束。卦辞是说，如同人在他的院子里走，没见到他本人，他本人或者正在室内。约束背部，必然约束不了全身。尽管得不到理想的收效，但约束总比不约束好。所以说无过。

　　*第一阴爻，约束他的脚，可以无过。筮问如何，长期有利。

　　"约束他的脚"，是说不乱走，履行于礼。

　　*第二阴爻，约束他的小腿，如果不承接与之相连的大腿，心里当然不会爽快。

　　意思是大腿小腿相连，大小腿不可能有反方向的动作。约束了小腿，也就是约束了大腿。第一爻说约束脚，这一爻说约束腿。腿脚都在约束之列，都为的是要走正道。

　　*第三阳爻，约束腰部使之挺直，防止背脊扭曲，危机感烧灼他的心。

　　这里说了身体三个部位，腰、背、心。三个部位都应加以约束，腰要让它直，背不让它弯，心不让它闲。不弯腰驼背，保持仪表堂堂。心不让闲，当常有危机感。

　　＊第四阴爻，约束其身，使无过错。

约束其身，谓其行为，当使之正直，不谄不傲。

　　＊第五阴爻，管束他的腮帮，说话有条不紊。这样做正确。

普通说法是管住自己的嘴巴。所谓敏于事而慎于言。防止祸从口出。

　　＊第六阳爻，加强约束，吉利。

这是本卦的总结，总之要加强各方面的约束，方能符合艮卦的要求。

　　◎ 约束了背，虽不能约束全身，但总比不约束要好。因为这卦是主张要有所约束的。接下来说要约束他的脚和腿，说的是身体各部位，指的是人的行为。约束腿脚是要他走正道，行合于礼。约束腰与背，保持仪表堂堂。约束其心，谓当忧虑国事。约束其身，使之无谄无傲。约束腮帮，言而有序。总之是不可放肆，严以律己。

第五十三卦　渐　卦

渐卦写女子嫁人，始则和乐，继因未育而生遗憾，终成公而忘私的典范。

　　＊渐卦，女子出嫁，好。筮问如何？吉利。

　　渐，缓进，一步一步行进。男婚女嫁，同声庆贺，吉祥如意。

　　＊第一阴爻，大雁从容地飞到岸上。嫁给那小伙有风险。虽有闲言，而无过错。

　　第一句是比兴。以下各爻都如此。对于小青年来说，前途未卜，担着一份风险，说好说坏的都有。但他们本身并无过失。

　　＊第二阴爻，大雁从容地飞到山坡上。享受美食，娱乐和谐。吉利。

　　比兴之外，是说一家人和乐相处，享受着生活。

　　＊第三阳爻，大雁从容地飞到平原上。男人出征未归。妻子怀孕流产。凶险。有利于抵御外寇入侵。

　　丈夫不在家，女人流产，自是凶险。但男人出征抵御外寇，自是吉利。于公为利，于私为凶。爻辞作者显然赞成先公后私。

　　＊第四阴爻，大雁从容地飞到树林里。有碰到寇盗的情形，幸而未造成灾害。

男人抗御外敌入侵，家里却有内寇为害，幸好平安无事。这是说为人妇不易。

* **第五阳爻，大雁从容地飞上小土山。女人多年怀不上小孩，虽经努力，终于无法。吉利。**

夫妻未育，而爻辞作者仍以为吉利，反映了他近于文明的看法。抗住了外敌，得保平安，夫妻生活和谐，便是吉利。

* **第六阳爻，大雁从容地飞上丘陵。大雁的羽毛可用作仪仗的装饰。吉利。**

比喻此女一生高尚幸福，可以作为妇人的仪范。

◎ 小青年嫁娶，大喜庆祝。大雁飞飞到河岸，从女子的视点看，嫁给那小伙有风险，听到过关于他的杂语闲言，但还是决心嫁他，无悔无怨。大雁飞飞到山坡，雌雄相与饮食，恩爱和乐。享受着甜蜜的生活。大雁飞飞到平原，男人卫国上前线，妇人流产冒风险，支持丈夫保家园。大雁飞飞到树林，意想不到遇强人，幸好无害得脱身。大雁飞飞到土阶，男人远征回不来。女人怀不上小孩，夫妻关系仍和谐。大雁飞飞到丘陵上，大雁的羽毛可用来作装饰，成为瞻仰的对象。卦爻辞以大雁双栖双飞作比，叙写夫妻恩爱，女支持男保家卫国，虽不能生育，却仍然和谐美满。这女的堪称是妇女的典范。爻辞以比兴开头，是一首健康的、手法类似于《诗经》的情诗。

第五十四卦　归妹卦

归妹卦主要以嫁女为例，说明做事要注重实效。

＊**归妹卦，筮得此卦，如问出征，凶险。其他也无所利。**

归妹，嫁女。把女儿嫁给人家了，是亏本生意。类比起来，如果是打仗，就会失败。一般来说，也无利可图。

＊**第一阳爻，嫁女把妹妹先嫁出去。瘸子能走路。筮问出征吉利否？吉利。**

嫁女当嫁姐姐而把她的妹妹先嫁出去。虽是瘸子，却也能走路，虽是妹妹，一样可以嫁人。没有什么不可以。

＊**第二阳爻，一目失明还能见物。筮问囚徒如何，吉利。**

如果只看实效，一只眼睛也能看得见，囚徒也有劳力能做事，所以说吉利。

＊**第三阴爻，嫁女当以姐姐为正，反而嫁了妹妹以为正。**

照爻辞的观点，做事总看实效，不看名分。如果妹妹贤良美貌，为什么她就不能为正呢？

＊**第四阳爻，嫁女过了约定的时间，迟一点嫁也有嫁的时候。**

还是那个观点，推迟婚期有什么关系？反正是要嫁的。又不会赖婚。

＊第五阴爻，帝乙嫁女（于周文王），姐的风度不如妹的风度好。快到月半，吉利。

帝乙把女儿嫁给西伯昌，亦即后来的周文王，是历史事实。至于所嫁，妹比姐优秀，未见史册。也许只是一种传说。是说姬昌把姐妹的位置颠倒过来了。以此证明重在实际，不计较名义。"快到月半"，是说月朗风清，他们三个过着幸福生活。这是大好事。

＊第六阴爻，妇女提着竹筐，里面空无一物；男人以刀刺羊，羊病瘦无血，无所利。

是说提篮里边要有东西；杀羊要宰活羊健康的羊，以便祭祀。现在篮子空空，杀羊无血，那还有什么用？还是在说没有实际不行，做事要注重实效。

◎ 讲究实际，嫁女是亏本生意。筮得此卦，战场上相见，你死我活，稍弱一点，就会输。不是真刀真枪的事，输赢不大，也无利可图。嫁女先嫁妹妹，正如瘸子能走路、一眼失明看得见一样，妹嫁在前亦无不可。实际上男女之事是一样的。囚徒体力不亚于常人，一样能干活，干得一样好。就名分上说，嫁人姐当为正，妹妹为正又如何？就其实际说，没有什么不可以。姐能做的事，妹一样能做。又比如嫁女误期，那又有什么要紧，反正要嫁，迟一点也是嫁。按之历史，帝乙嫁女，妹陪嫁，可姐的风采不如妹，便以妹为正，月朗风清之时，他们照样过着幸福生活。又比如篮子里要放着东西才有意义，挎着个空篮子，有名无实。要健康的羊的鲜血才可用来祭祀，如果那羊病瘦无血，刺死了也作用全无。

第五十五卦 丰 卦

丰卦讲述一宗后世所无于日中极暗处进行的祭祀。

＊丰卦，顺利。王来到现场。祭祀应该在正中午举行，不要担忧。

丰，大，使大。筮得丰卦，办事顺利。王来到祭祀现场。其时正午，或疑不当于此时祭祀，王说：不要担忧，这正是祭时。

＊第一阳爻，以礼相见此祭的配主。即使时间长一些也无过错。进行祭祀必有所尊崇。

祭有尸主，有配主，二人代表所祭接受祭祀。配主为辅，为副，王这时只见配主，王见尸主之礼在后。尸主、配主一经确定，在一定时间内有效。前提条件是内心要尊崇所祭，不可有轻忽之意。

＊第二阴爻，正午时搭一个大草棚。进去如见星斗。迅即怀疑是昼是夜。诚信得以发扬。吉利。

进那个棚子去，如见星斗，言甚暗，疑是黑夜。或者竟有星斗的装饰。设此情境，以见诚信之心充沛，方得吉利。

＊第三阳爻，正午搭一个大布棚。进去如只能见到暗淡小星星一般黑。把右臂折断了。无过。

这还是说棚子里极暗，暗到看不见地面高低，以至于跌了一跤，

251

折断了右臂。爻辞认为这样就好，没有过错。

＊**第四阳爻，正午时搭一个大草棚。进去看见了北斗星。与尸主相见，吉利。**

待到有人折了右臂，棚里似乎显出了明亮的北斗星，这时王才与尸主相见。

＊**第五阴爻，（祭祀过程）呈现出华贵的性质，获得了美好的称誉。吉利。**

此祭究竟如何祭法，没有详述，只说华贵，可以称道。

＊**第六阴爻，搭一个大的帐篷，以草编物覆盖他的住家，从窗户里看进去，里面空无一人，多年不见人烟。这是凶险的迹象。**

由此可知前文所说搭建的棚子，及其相应的设施，都当完好地保存着。可能还曾不断修缮，而臻于齐备。可后来这地方荒凉了，其中空无一人，多年不见有人的踪迹，这种祭祀不再举行，反映了王室的衰颓，兴旺不再。所以说凶。

◎ 王来到祭祀现场，亲自敲定举行祭祀的时刻，给与祭者吃了一颗定心丸。王接见配主，对他说：只要有信仰，你担任这角色再长一些也可以。接着叙写祭祀的场面。或搭一个草棚，里面黑得如见星斗，正午时与祭者进去，立即怀疑是昼是夜，这样的布置显得有充足的诚信。或搭一个布棚，正午时与祭者进去，里面如只能见小星星一般黑，看不清楚，跌了一跤，折断了右臂，不是有什么错，正好说明诚信所在。或搭一个厚实的大草棚，正午时与祭者进去，似乎见到了北斗星。这时，在这一类黑暗的棚子里接见尸主，祭祀尽礼。就这样，祭祀过程雍容华贵，而主祭者得到了美好的称誉。然而好景不长，棚子搭在那里，也有草编物覆盖着，透过窗户一看，里面空无一人，多年不见人烟，一片萧条败落的景象。这或许反映了西周王朝的衰落以至于败亡。

第五十六卦　旅　卦

旅卦或是讲周厉王被流放后的狼狈处境。

　　＊旅卦，不大顺利。筮问旅居外地如何，吉利。

　　旅，寄居外地，寄居外地的人。这里或是指被流放的居于外地的周厉王。厉王起初以为到外地住比囚禁在京好些。

　　＊第一阴爻，旅人琐屑不识大体。这是他所以遭到灾祸的原因。

　　这话像是当局派来侍候厉王的人的口吻。说他不识大局，还以为自己在做天下共主呢。

　　＊第二阴爻，旅人到了他住的地方。带着他的钱财，身边有使唤的人。筮问如何？

　　或者真是厉王，说他到了流放地巂，带了钱，有用人，看起来还不错。筮问如何，爻辞没有回应，或者是因为前途未卜，吉凶难言的缘故。

　　＊第三阳爻，旅人的住处被焚，身边使唤的人也没了。筮问如何，危险。

　　烧毁了他的住处，遣散了他的用人。厉王处境险恶。

　　＊第四阳爻，旅人又有了一个安身的地方。得到了他已失的财货器用。他心情抑郁不爽。

　　虽然有地方住，保住了财用。心情总是好不起来。因为打击一次接着一次，可能还会有更大的打击。

* **第五阴爻，射野鸡，虽丢了一支箭，但终于得以保住名誉地位。**

名义上是说，打猎虽有所失，但总还猎到了野鸡，保住了能猎的好名声。实际上这里所要表达的是，这个周厉王，到了这步田地还在计较他的名誉地位。就是说他的王号还是没有被取消，他勉强感到欣慰。

* **第六阳爻，看到鸟巢被焚，旅人先大笑后大哭。由于轻易疏忽，遭到重大损失。凶险。**

住处被焚，如同鸟巢被烧，鸟还是要活，你不能把它怎么样，所以大笑。及至想到自己的命运也与鸟相似，自己的"巢"不是也被烧了吗？于是就号啕大哭起来。回顾走过来的历程，后悔自己轻率，以致造成目前这样悲哀的结局，损失不可估量。

◎ 筮得此卦，不大顺利。周厉王从镐京流放到彘，勉强可以称为旅。说起来好听一些。筮问到彘如何，吉利。不吉利也要说吉利，去是非去不可的。从侍者或监管者看来，下了台的厉王姬胡，琐屑不识大体。婆婆妈妈的，不像一个有气度的人，落到这样一个下场，活该。到了彘地，厉王安排到了位，带着他的钱财，身边有使唤的人，只是吉凶未卜。旅客，亦即厉王，住处被烧，使唤的用人都跑了。筮问如何，有风险。所谓屋漏又遭连夜雨，哪里还有什么好事在等着他？给厉王新安排了一个地方，钱财原封未动还给了他。即便如此，厉王还是不得快活。幸好，还允许他打猎，射中一只野鸡，那野鸡带箭飞走了，终于得了一个好名声。厉王心里好过些，一则他有打猎的自由，再则，射的本事还在。可回来一想，住处被烧，像鸟儿的窝被焚，不由得笑起来，比起王权被夺，住处被焚只是小事一桩，鸟巢被毁，它还不是要继续活。再思前想后，不由得伤心大哭。一座好好的江山，就这样丢了，弄得无家可归，外地颠簸，随时有性命之忧，焉得不伤心流泪？于是总结教训，之所以落到这步田地，是由于自己轻率，疏于防范，以至于被赶下台，就像农家不经心丢失了牛一样。前途凶险。

第五十七卦　巽　卦

<u>巽卦论在特定条件下的随顺之道。</u>

＊巽卦，较为顺利。外出有利，见居上位的大人物有利。

巽，顺从。筮得此卦，较为顺利。因其随顺，人缘不错，利于外出与人打交道；也利于见有权的上司，他们喜欢随顺。

＊第一阴爻，知进退，筮问如何？有利于手有军权的人。

进退，谓知进知退，当进则进，当退则退，审时度势。有利于掌军权的人，那审时度势，或在军人控制之下的审时度势。

＊第二阳爻，坐在座位之下顺从。纷纷然使用巫史卜筮一类的人员，吉利，无过。

"坐在座位之下顺从"，是说其人自谦自卑，不敢与人平起平坐。而又频繁向写史行巫的人征询。总之是随顺他人，不敢自作主张。爻辞作者对此予以肯定。

＊第三阳爻，频频顺从，不好。

频频顺从，事事顺从，毫无主见，也不好。

＊第四阴爻，打猎获得各种猎物，正确。

此言顺从当以能否有所获得为准绳。譬如打猎，能获得猎物，就正确。

255

＊第五阳爻，筮问如何，吉利，正确，处处有利。无初有终。七日一个来回。吉利。

"无初有终"，初始如何不必问，重要的是要有结果。意思是说，随顺无所谓，只要最后能得利就行。这是往复来回的天道，遵循天道，吉祥，正确，无不利。

＊第六阳爻，处于座位之下随顺，却已丧失他的财货器用。筮问如何？凶险。

已丧其财货器用，而仍处于座位之下随顺。筮问如此怎么样，凶险不利。也就是说，这一类的随顺，必不可行。

◎ 筮得此卦，较为顺利。外出随缘，有利于交往。见上司恭谨随顺，会得好处。进退有节，不忤逆人意，有利于与军人打交道。谦卑恭顺，常常咨询巫史卜筮一类人员，吉利无过。但如事事随顺，毫无主见，也不是好事。如同打猎，以能获得猎物为衡量的尺度，随顺也如此，以能否获利为准。总之，随顺会万事如意。初始如何不必问，只要结果好，这符合天道，往复来回。谦恭卑顺，却损财失利，那就不好。

第五十八卦　兑　卦

<u>兑卦论相互怡悦之道，谓当以诚信为体，以和为基。</u>

　　＊**兑卦，筮问如何？顺利，吉祥。**

　　兑，读为"说"，即"悦"，怡悦。主要说取悦于人，圆通，吉利。

　　＊**第一阳爻，基于和顺、和睦的怡悦，吉利。**

　　自我怡悦，或者取悦于人，要有一个正确的思想。首先就是要以和为基础。和顺，和睦，和平等。

　　＊**第二阳爻，基于诚信的怡悦。吉利，正确。**

　　在卦爻辞中，诚信是一个总的指导思想，对于怡悦同样适用。

　　＊**第三阴爻，来即相悦，凶险。**

　　不管是谁，不管有无思想基础，来即相悦，谓无诚信亦无和顺的良好愿望、无原则地相互怡悦。这种怡悦，自然凶险。不可取。

　　＊**第四阳爻，商量着谋求怡悦，虽未商量好，也大有益，正如大病将愈一样。**

　　本着良好的愿望，会谈磋商，互谅互让，谋求相互怡悦。即使尚未取得一致，也是大好事。正如大病有了痊愈的希望一样。

　　＊**第五阳爻，诚信受到损害，有危险。**

　　在谋求怡悦的过程中，第一位的事情是诚信不能受损。如果受损，那就危险了。再一次强调诚信的指导意义。

＊第六阴爻，长相悦。

是一种要求，一种祝愿。愿普天下人在诚信思想指导下，以和为基础，永远相互怡悦。长相悦的思想是《易经》的精华之一。

◎ 兑卦讲和悦之道。和谐相处，互为愉悦，自是吉祥如意。互为愉悦，本质是和谐，和睦。而其基础是诚信。如果没有此基础，见面就相悦相乐，可能会有凶险到来。商量着谋求和悦共处，即算没商量好，也如大病初愈，后面可享受健康之乐。保有一条底线，就是诚信不能受到损害。如果受损，那就大不好。末尾祝愿世人：长相和悦。

第五十九卦　涣　卦

<u>涣卦言清洗污浊，重整朝纲。</u>

＊涣卦，顺利。王到太庙。有利于过大江大河。筮问如何，吉利。

涣，借为"浣"，洗涤。周王来到太庙，禀告祖宗，有所决策。从以下爻辞知所决定为湔洗污秽。此事大吉利。

＊第一阴爻，用强壮的马拯救。必能取胜。

用强壮的马拯救，这样的话在别的卦爻辞中也出现过。同一用语在不同场合有不同的意义。这里是说，拯救危亡要用得力的措施。

＊第二阳爻，洗去案上的尘垢，正确。

所说清洗污秽是个比方，意思是清除积弊，改革不合理的规章制度。既是荡涤污浊，常用的几案的尘垢自在荡涤之列。

＊第三阴爻，洗涤他自身的污浊，正确。

所谓"自身"，可能是说其人，他是决定者，执行者，领导者。也要能是说其机构，这机构是组织者，执行者。

＊第四阴爻，洗涤人群的污垢。大吉。冲洗山丘，那就不是我们所能想象的了。

先领导人、领导机构，洗涤其污浊，然后就是人群，也洗涤其污浊。可山丘如何洗涤，真是不可想象。这"山丘"可能代指比人群更广的一个概念，后人难以凭空猜测。

＊第五阳爻，大声号呼：洗涤王室的污垢！没有过错。

小声细语说洗涤王室，就已经是造反，是革命。现在公然大声号呼，而且大声号呼并无过错，显然是王权已经崩塌。其时当是周厉王被放逐之时。

＊第六阳爻，荡涤污浊，以达到排除忧患，产生警觉的目的。无过。

这里点明一系列洗涤动作的根本目的，在于排除忧患，产生警觉，以使统治能够延续，免致灭亡。

◎ 王到太庙进行决策，禀告祖宗，求得保佑。可以想见，他的决策就是誓言冲洗一切污浊。这好，有利于克服巨大困难。用强壮的马拯救战伤人员，比喻大力挽救危局，定能取胜。下文实施他的决策。冲洗几案上的灰尘；冲洗自身的污秽；冲洗人群的尘垢；乃至冲洗山丘的浊物。山丘也可冲洗，这是人们所不可想象的，说明冲洗者决心之大。他还大声呼号：冲洗王室的污浊！不会有错。总之是荡涤一切污秽，重整朝纲。这里写出了王室中一位力求改革者的高大形象。可惜历史上我们找不出一个这样的人物。或者这个人就是把周厉王赶下台去的那个英雄吧。

第六十卦　节　卦

节卦倡导节制，主张内敛。

节卦，顺利。以节制为苦，筮问如何，不可。

节，节制。就是克制自己的欲望，战胜自我。要节制自我，必然备受痛苦。然而卦辞说，苦要当作不苦。不可以苦为苦。

第一阳爻，不走出内户和厅堂。没错。

比喻内敛，正如足不出户，不迈出堂屋。

第二阳爻，不走出大门和院子。凶险。

与第一阳爻比，只向外在世界迈出那么一点点，为什么就凶了？爻辞作者主张严格内敛，稍向外扬就以为不节，所以说凶。

第三阴爻，如果不节，就会嗟叹。没错。

"如果不节，就会嗟叹"，也就是说如果节制，就不会嗟叹了，所以说没错。

第四阴爻，安心于节制，顺利。

认为节制是应当的，另无别念，这是自我节制较高的境界。

第五阳爻，以节制为甘甜，吉利。如此以往，必有所崇尚。

以节制为甘甜，乐于自我节制。这是自我节制的更高的境界。心有所崇尚，那是胸中有信仰。

* **第六阴爻，以节制为苦，筮问如何，凶险。做得正确。**

与卦辞"以节制为苦，筮问如何，不可"相呼应，只是把"不可"换成了"凶险"。所说"做得正确"，整个来讲，能节制就是对的。即算是"以节制为苦"，也还是已经节制了。只是没有达到高境界而已。

◎ 节制自己的欲望，畅通无阻。也不可以节制为苦。节制讲究分寸。不出内户和厅堂，没错。再出来一点，不出大门和院子，就有灾祸。如果不节制，过后就会叹惜，后悔莫及。节制而心安理得，吉利。以节制为快乐，心中有信仰，是一个高尚的人。前面已说不可以节制为苦，这里强调再说，以节制为苦，可能还会凶险。只有节制欲望，战胜自己，才是可行的正确途径。

第六十一卦　中孚卦

<u>中孚卦阐述诚信是什么。</u>

﹡中孚卦，江上出现河豚，吉利。利于过大江大河。筮问如何，顺利。

中孚，心有诚信。本卦以为河豚象征吉祥，说明心有诚信，能克服巨大的困难。例如过大江大河，不成问题。古经多处说到诚信，如"有孚维心"（坎卦卦辞），"有孚惠心"（益卦第五爻辞），这里再以专门的中孚卦来总加讨论。

﹡第一阳爻，基于诚信的安，吉利。否则不安。

此说诚信与安的关系。安，谓安乐，安康，安宁，平安。诚信之安，才是真安。没有安，诚信也无从谈起。

﹡第二阳爻，鹤在树荫里叫，小鹤应和着，也在叫。我有好酒，愿与你共享它。

爻辞前半，人之诚信，感动着吉禽母子相和而鸣，怡然自得。后半言君臣诚信相感，共享美酒佳肴。

﹡第三阴爻，打了胜仗，有人击鼓，有人疲累休息，有人哭泣，有人歌唱。

这一爻阐释诚信是什么。诚信就是真情，是真情流露。比如打了胜仗，有的人有余勇而击鼓，有的人因力竭而休息，有的因战友之死而悲伤哭泣，有的因胜利的到来而欢乐歌唱。

＊第四阴爻，将近月半，马匹走失。没有过错。

将近每月十五，其时月亮最圆，光明皎洁，宁静而美好。马匹由其自性，脱离人的控制，自由奔跑。不必去追寻，它自己会回归故居。在美好的时刻，由其自性而行，这便是诚信。这是对诚信的进一步的阐释。

＊第五阳爻，诚信络绎不绝。挺好的。

诚信与平安同在，诚信表现在佳禽母子和鸣，表现在君臣同乐，诚信在于真情，在于自性，在于美好而安详。这样的诚信源源不断，还有更美好的吗？

＊第六阳爻，鸡飞上了天，筮问如何，凶险。

鸡能上天，违于常理，有背诚信，所以为凶。此言诚信，不反常，不异常。换句话说，诚信乃是事理之必至，人情之常态。

◎ 诚信是什么？社会上诚信，必有瑞应，例如江豚出现，定能克服巨大困难。诚信和平安相应，平安显示有诚，有诚促进平安。诚信在禽类母子和鸣，诚信在人间君臣同乐。诚信在表露真情，诚信在物由自性。诚信方方面面和谐，自得其趣。诚信在于不发生异常违理之事，如鸡飞上天。

第六十二卦　小过卦

小过卦主张适度，谦退，并详论过度之害。

＊小过卦，顺利。筮问如何？吉利。做事可小做，不可大做。飞过去的鸟儿留下来的声音似乎是说，不当往上飞，应当朝下。照着做就大吉大利。

小过，稍稍过一点，意即适可而止。做事"不可大做"，不大张旗鼓地做，不大规模地做，不兴师动众去做。飞鸟当然不可能留下有意义的声音，只是爻辞作者的揣度，鸟儿似乎在说，宜于往下飞。鸟飞高度本有限制，越上面空气越稀薄，飞行越是艰难，往下飞较为轻松省力。比喻宜于谦退。

＊第一阴爻，鸟因飞翔而凶险。

鸟因会飞而得到好处，但也因为会飞，其飞迅疾，无暇审慎，容易闯入罗网。意思是冒失躁进不得，还是谦退为好。

＊第二阴爻，错过了祖父，幸好碰上了祖母；没赶上君主，赶上了大臣也不坏。

言不必非求其最好不可，求其次亦可，犹胜于无。

＊第三阳爻，做事适度，防止过火。如果过度，可能有人会被伤害。凶险。

不要做过火了，不然会伤害人的。这个问题，以引权威的话来说明为最好，免得引起误会和争论。列宁说："任何真理如果把它说得过火……加以夸大，把它运用到实际所能应用的范围以外去，便可以弄到荒谬绝伦的地步，而且在这种情形下，甚至必然会变成荒谬绝伦的东西。"（《唯物主义和经验批判主义》，《列宁选集》第二卷，第288页）

　　＊第四阳爻，处事适度没错。往前有风险，必须戒慎，不要过度。筮问似此如何？可得长远。

重申适度，不要过度。对此必须戒慎，谨防风险。如此可得长保自己的利益不受损害。

　　＊第五阴爻，从我西郊飘来乌云，将雨未雨。贵人射得藏身洞中的野物。

将雨未雨，是说已经酝酿成熟，快要发生大事，快要下雨了。在时势允许时，采取果断措施，射取潜藏的野物。也就是说，无论适度，有度，不过度，都是为了在最佳时机有所获得。

　　＊第六阴爻，不要以过度的手段处理事务。否则会像飞鸟一样自投罗网。凶险。这就叫灾祸。

这是说如果过度，会有灾祸降临。这里重申第三爻已说过的意思，而着重在过度之害。那里说过度可能会有人被伤害，这里说过度就如自投罗网，说得更加严厉了。

◎ 适可而止，吉利。事可小做，不可大做，不可张扬，不可兴师动众。鸟飞过去了，留下的声音似乎在说：当向下飞，不要向上。比喻宜于谦退。鸟的优势在飞，但也因飞得快，难于审慎，闯到罗网里去了。说明过度之害。不必求其最好，求其次亦可。错过了祖父，还有祖母；错过了君主，还赶得上大臣。为什么不能过度，过度会伤害到人，伤害人就凶险。爻辞一再告诫，处事适度，跨前一步就有风险，必须戒慎。适度和戒慎可得长远的利益。重要的是在合适的时机采取合适的措施而有所得。这是适度的最终目的。最后总结道：遇事不过，不如飞鸟那样，自投罗网。否则就凶险。什么叫灾祸，这就是灾祸。

第六十三卦　既济卦

既济卦说为了事业成功要经得起折腾，受得了挫折。

＊**既济卦，顺畅。筮问如何？小有利。开头好，结果不好。**

既济，河已渡过，事业已成。事业已成，当说大利，而说小利。因为相对于今后更大的事业来说，只是小成。此事的终结，便是他事的开始，事已小成，就算是吉利了，可以叫做开头好。结果如何呢？根据天道往复的规律，始好，终就会不好。这是提醒人们，当倍加警觉。

＊**第一阳爻，拉车渡河，河水沾湿了车尾。无罪责。**

车渡河，沾湿车尾，在所难免，不需要人担当罪责。此在未济，而未济之后，便是既济。打湿车尾，乃是既济的前奏。

＊**第二阴爻，妇女丢失了她的首饰。不必去追寻。七天会再得。**

好比是首饰可失而复得，由于七天一个来回的天道，由未济到既济也是这样。

＊**第三阳爻，殷高宗讨伐鬼方，三年才拿下。不要用小人掌握军事大权。**

伐鬼方屡攻不克，是未济，拿下来了是既济。由未济到既济，长达三年。中间有教训，就是别让小人掌了军权，贻误大事。

＊第四阴爻，河水沾湿了穿絮衣者。整天戒慎，不敢松懈。

此人涉水渡河，水浸湿了他所着絮衣，有淹没的危险。此为未济，未济之时，不可松懈，直到既济之时。

＊第五阳爻，东邻殷商杀牛以祭，费用巨，不如西邻岐周以饭菜为祭的薄祭，享受到实际的好处。

谓成就在于诚心，不在于耗费的巨细。此言如同祭祀，由未济而济，全在诚心一片。

＊第六阴爻，过河而水淹没了头顶，危险。

此谓未济宜有艰危的思想准备。有备无患，以求既济。

◎ 筮得既济卦，不是大吉利。因为成功之后，必有不成。这是因为天道往复的缘故。古人的认识不免局限。否定之否定，每一否定将达到更高一级的程度，不是说机械循环。拉车渡河，河水浸湿了车尾，在所难免，不需人担责。成功之后有不成，正如妇人首饰可失而复得，都是天道往复一个道理。按之历史，殷高宗攻伐鬼方，打了三年才打赢，表面上说，是用人不当，实际上还是天道，成功之前会有挫折。又如穿絮衣渡河，随时有陷没的可能，不可有丝毫的懈怠。关键是要有诚信，例如商人杀牛以祭，不如周人的薄祭得到实惠，因为周人心诚。总之，如同过河水漫过头顶，危险系数极高，要正视危险，为度过危机而付出，才有可能达到既济的目的。

第六十四卦　未济卦

未济卦讲事未成时，当努力不懈，心怀诚信。

＊未济卦，顺畅。如小狐过河，接近到岸，淹没了尾巴。无
所利。

未济，如渡河未到岸。小狐狸过河，将到岸而未到，淹没了尾
巴，功败垂成。无利可言。

＊第一阴爻，淹没了尾巴，不好。

这一爻是对前一爻淹没了尾巴的重复和强调。意思是说，无论何
物，它的尾部在过河时沉入水里，都不是好事。过河的目的未能达到。

＊第二阳爻，拽着车轮向前，筮问如何，吉利。

如车过河，拖着轮子前进。这是奋力前行，会达到既济的目的。
自是吉利。

＊第三阴爻，筮得未济卦如何？远行凶。过大河吉利。

于未济时做好准备，能渡到对岸去。而走远路，光靠做好渡河
准备是不够的。前路凶险。

＊第四阳爻，筮问如何，吉利，正确。以雷霆之怒讨伐鬼方，
经过三年苦战，方从天朝那里领到赏赐。

伐鬼方三年那些话，是说从未济到济，需有长时间的艰苦卓绝

的努力。总的说来吉利，因为事已办成，如过河已渡到对岸。

　　＊第五阴爻，筮问如何，吉利，正确。君子的光荣在诚信。吉利。

　　前面的筮问与断辞与第四爻同。那里说长时间的努力以至于既济，这里说当权的统治者所具有的基于诚信的光荣而至于既济。

　　＊第六阳爻，在饮酒时有诚信，无过错。淹没了头顶，那是失去了诚信才会产生的。

　　饮酒往往误事，但如有诚信在，就不会有过失。失去了诚信，过河会遭灭顶之灾。再一次强调诚信在成功渡河中的决定性的作用。

　　◎ 譬如小狐过河，接近到岸，要作最后的冲刺，才能既济，否则功亏一篑。这是说要坚持努力。曳车过河，要始终努力。作好过河的准备，只能渡河，不能陆路远行，是说努力要有针对性。昔日高宗攻伐鬼方，声势浩大，三年才攻下来，那是说要长时间努力。不懈努力是一方面，还必须有诚信。诚信是君子的光荣，是君子的专利。饮酒过了，本不是好事，但有诚信，也可掩盖过去。过河遭灭顶之灾，那是因为失去了诚信。

下编
周易古经今论

绪 论

吾师宋祚胤先生（1918—1994）作《周易新论》（湖南教育出版社，1982），接着又作《周易译注与考辨》（湖南人民出版社，1987），其后又作《周易经传异同》（湖南师范大学出版社，1990）。先生精于训诂，于语言文字之学深有造诣。曾著《论古代汉语主语谓语之间的"之"字》（中国语文，1964，4），补充和纠正吕叔湘先生关于"之"字的论述。我辈曾以为先生会往语言学方面发展。出乎所料，先生终在易学领域有所建树。这叫做形势移人，非主观意愿所能左右。先生正当好著书之年而逢那学术荒疏的穷时，学术人唯一能做的是读原著。一本《反杜林论》，一本《唯物主义与经验批判主义》，日夕披览以至于烂熟于胸。由是在拨乱反正之后，先生所著易学书，以训诂见长而又受益于马列。于象数之学，基本摒弃。又以为"易"之产生，当有政治与史实为其基础，而主张周厉王时代为其背景。维琦忝为宋师的众多学生之一，虽非其嫡传，然受其熏陶日久，不可能不服膺于先师之易学思维。今之所作，皆宋先生之所赐，不敢忘其所本。

然吾师亦曾言，好学生不当局限于先生，宜有所超越。琦不肖，言超越岂敢。而师引我登堂，及于门而弗止，是其所愿。先生重训诂，学生承教，于训诂不敢怠忽。然又以为所言当以古经为限，卦爻辞所不及，不可造次，而一依训诂为说。说卦谓乾为天，坤为地，震为雷，艮为山，离为火，坎为水，兑为泽，巽为风。此古经之所未言，不可遽信。说卦又说："乾为马，坤为牛，震为龙，巽为鸡，坎为豕，离为雉，艮为狗，兑为羊。"此言八卦代表八种动物，你信不信？说卦还说："乾为首，坤为腹，震为足，巽为股，坎为耳，离为目，艮为手，兑为口。"那就是说八卦代表身体的八个部位，可信度有多少？还不止此，"乾为父，坤为母，震为长男，巽为长女，坎为中男，离为中女，艮为少男，兑为少女"。八卦代表一家八口人，父母与其三男三女。这样代来代去，只能说以意为之，哪里能说是古经的原意？如果真的如是疑古，触犯可就大啦。八卦以代天地山川，雷霆风雨，火原泽国，大师们据以判断《周易》属唯物主义阵营，你想推翻么？我的回答是，我只知道依其文字训诂而行，其他所不便知。

乾，谓健强，不强则将为弱肉。坤言山川河流，水路交通。震说地震，大地剧变。艮实为限，限制自身，谨言慎行。离是遭遇，总结人生。坎者陷阱，或是地牢。兑卦说怡悦，论取悦于人之道。巽就是顺，随顺他人或不随顺。在古经中，八卦卦名，与天、地、雷、山、火、水、泽、风等所谓卦象并无关系。这些都是后人所加，不能据以解释古经。

宋师三部易学著作都写于 20 世纪 80 年代，在那个时候谈论哲学，少有不两分的，即使以哲学为职业的人也多如此。有青年人在谈及宋师哲学观的时候，很是不屑。殊不知他本人如在那时有所著述，也是难免于两分的。时至今日来谈哲学，大概无人不说天人之际。所谓与时俱进，我们在讨论《周易》古经的时候，也不可能离开天人关系。合一不合一，还难说。讨论到什么地方就到什么地方吧。好在时下谈古《易》的虽多，而及于此的则罕见，就不妨试着说说，以开先河。

《周易》古经写作时代，吾师判断写定于西周厉王末年。他提出的难以驳倒的证据是，履卦六三爻辞说的"武人为于大君"。西周只有到了厉王的时候，才有"召公、周公二相行政，号曰共和"（《史记·周本纪》），直截了当的说法是"伯和篡位立"（范祥雍《古本竹书纪年辑校订补》)。只有这个时候,才说得上"武人为于大君"。古经成书,当有一个过程。它本是筮人占筮的记录本,而后成为占筮的参考材料,而后超出占筮,成为普世经典。这种过程延续时间应当很长,要定一个下限的确不易。古经"武人为于大君",那该是公元前841—前828年。可是明夷九三爻辞有"于南狩",升卦卦辞有"南征吉"的记载。所谓"南狩"或"南征",都是讲西周王朝向南方用兵。《诗经·小雅·采芑》有"蠢尔荆蛮,大邦为仇。方叔元老,克壮其犹"。方叔是这次用兵的统帅,他是周宣王(前827—前782在位)的卿士。《国语·周语上》说:"宣王既丧南国之师,乃料民于太原。"也是说的南征的事。可不可以说古经的写作下限是周宣王在位时呢?似乎也能说得过去。说《周易》卦爻辞产生的过程下限在西周末年,或许是较为稳妥的说法。即使没有更突出的事件可以记载,可以说明古经下限的延伸,揆情度理,既有卜筮制度的存在,就有卦爻辞更新的可能。没有什么数据可以说明,王室乃至贵族平民,宣王南征之后,从此就弃用占筮以问吉凶了。

如果讨论历史,认为古经也反映了宣王时候的事,那么,吾师所说《周易》是为了帮助周厉王而作,"其目的在于向他提供种种办法以摆脱困境"(《〈周易译注与考辨〉自序》),这些话就显得有些偏颇了。宋师以为把周厉王的史实充填进去,古经才显得丰满,才有实话可说。其实古经之所涉及甚广,也不是一个周厉王的史实所能贯穿到底的。我们将在下面的叙述中,较详细地说到事情的各个方面。同时我们还将试着说说周宣王以后的事。

天人之际

乾卦九五："飞龙在天。"明夷上六："初登于天，后入于地。"
姤卦九五："有陨自天。"天，说物质的天。睽卦六三："其人天且
劓。"此"天"说黥额的刑罚。此外古经说到天的：

大有九三："公用享于天子。"上九："自天祐之。"

大畜上九："何天之衢。"

益卦六二："王用享于帝。"

天子、天祐、天衢、天帝，这些"天"都是主宰的天，有人格
的天。这些关于天的观念来自殷商。《尚书·商书·西伯戡黎》：

> 西伯既戡黎，祖伊恐，奔告于王。曰："天子，天既讫我殷
> 命。格人元龟，罔敢知吉。非先王不相我后人，惟王淫戏，用
> 自绝。故天弃我，不有康食。……"王曰："呜呼！我生不有命
> 在天？"祖伊反曰："呜呼！乃罪多，参在上，乃能责命于天？"

《诗·商颂·长发》：

> 帝命不违，至于汤齐……受小球大球，为下国缀旒，何天
> 之休……受小共大共，为下国骏厖，何天之龙。

"何天之休"，"何天之龙（宠）"，内容与大畜卦上九"何天之衢（道）"，相关联，相类似。

照这样说，天子、天祐、天道、天帝，那就是一切都决定于天了。还有没有人活动的余地？有的。那就是人的思想，在古经中说来，就是"孚"，或"有孚"。凡孚或有孚，无不吉利。以之战必胜，以之祭祀，得神接纳；孚可和于众，可以交于友，利于生产，利于富给，利于改革，利于修身，以为君子之光等，可以说是无所不能。天只是一个大框框，大的原则。在这个大框框、大原则之下，切实解决问题，还是要靠人，靠孚或有孚，这便是古经中所反映出来的天人观。通俗地说，天老爷作主，事在人为。这与殷时代占统治地位的"我生不有命在天"不同，不可全依靠天来维持，而与西周敬天保民的思想相通。

那么什么是孚呢？《易》的注家多释为信。释孚为信，又见于其他典籍。《诗·大雅·下武》："永言配命，成王之孚。"郑笺："孚，信也。"《左传·庄公十年》："小信未孚，神弗福也。"杜注："孚，大信也。"《说文·爪部》徐锴系传："孚，信也。鸟之乳卵，皆如其期，不失信也。""孚"之为信，当是确诂。"孚"字，帛书作"復"。其义与信相通。《论语·学而》："信近于义，言可復也。"可证。"孚"义为信，而在古经中，多可释为诚信。《后汉书·鲁恭传》："《易》曰：'有孚盈缶，终来有它吉。'"贤注："孚，诚信也。"

古经中有 42 个"孚"字。

泰卦九三："勿恤其孚。"六四："不戒以孚。"这两个"孚"，通"覆"，谓覆败。

姤卦初六："羸豕孚蹢躅。""孚"通"復"，今简化为"复"。

此外 39 个"孚"字，都可释为诚信。

1 需卦："有孚，光亨。"

2 比卦初六："有孚盈缶，终来有它吉。"

3 大有六五："厥孚交如威如，吉。"

4 坎卦："习坎，有孚维心，亨，行有尚。"

5 晋卦初六："孚裕，无咎。"

6 家人卦上九："有孚威如，终吉。"

7、8 益卦九五："有孚惠心，勿问元吉，有孚惠我德。"

9 萃卦九五："匪孚，元永贞，悔亡。"

10 井卦上六："井收勿幕，有孚元吉。"

11 丰卦六二："得疑疾，有孚发若。"

12 中孚卦："中孚，豚鱼吉，利涉大川。"

13 中孚九五："有孚挛如，无咎。"

14 讼卦："有孚窒，惕，中吉，终凶。"

15 兑卦九五："孚于剥，有厉。"

16 萃卦初六："有孚不终，乃乱乃萃。"

17 革卦九五："大人虎变，未占有孚。"

18 未济上九："濡其首，有孚失是。"

以上各条告诉我们，凡孚就吉利，亨通，无咎，悔亡。无孚则相反。

"国之大事，在祀与戎"（《左传·成公十二年》）。这句相传下来的古话，与古史大致相合。这古经中，这二事非孚莫办。

19 观卦："盥而不荐，有孚颙若。"

20 损卦："有孚，元吉。无咎，可贞，利有攸往。曷之用？二簋可用享。"

21 萃卦六二："孚乃利用禴。"

22 升卦九二："孚乃利用禴。"

23 大壮初九："壮于趾，征凶，有孚。"

古人有"朋友信之"的话，这意思在古经中就已经有了：

24 比卦初六："有孚比之，无咎。"

25 解卦九四："解而拇，朋至斯孚。"

"召公谏厉王弭谤"前后，特别是"流王于彘"之后（这两事均见于《国语·周语上》），统治者中的开明人士，已认识到群众中（包括小人在内）蕴藏着力量，对他们不可忽视怠慢。如何和于众，以取得他们的支持，就成了一个问题。在筮人看来，最根本是要有诚信。

26 睽卦九四："睽孤，遇元夫，交孚，厉，无咎。"

27 解卦六五："君子维有解，吉。有孚于小人。"

28 兑卦九二："孚兑，吉，悔亡。"

西周自成康之后，逐渐衰微。自昭王南征不复，到厉王流放外地，其弊政亟待改革。按筮者的观点，改革需要诚信。

29 革卦："巳日乃孚。元亨，利贞，悔亡。"

30 革卦九三："革言三就，有孚。"

31 革卦九四："有孚改命，吉。"

从古经所反映的情况看，发展农业生产，发家致富是当时一项迫切任务。这也离不开诚信，甚至饮食也与诚信有关。

32 小畜六四："有孚，血去惕出。"

33 小畜九五："有孚挛如，富以其邻。"

34 未济上九："有孚于饮酒，无咎。"

正因为孚的作用如此之大，如此之多，所以它是君子必备的品质，也是君子侍君御下的手段。

35 未济六五："君子之光有孚，吉。"

36 随卦九五："孚于嘉，吉。"

37 益卦六三："有孚、中行，告公用圭。"

最后两条，一条说以诚信处理紧急事务，不隐瞒实情：

38 夬卦："扬于王庭，孚号：有厉，告自邑。"

一条说孚与道的关系：

39 随卦九四："有孚在，道以明，何咎？"

这实际上是说，诚信体现了道，此道或指天道。如果确指天道，那就是说，诚信与天道合而为一了，天人合一了。

除了从训诂上解释"孚"，从词例上理解"孚"，从作用上分析"孚"，还要正视古经本身对它的阐释。这阐释主要在中孚卦里。根据那里的意思，孚为何物？孚和平安相应，平安显示有孚，有孚促进平安。孚在禽类母子和鸣，孚在人间君臣同乐。孚在表露真情，孚在物由自性。孚于方方面面和谐，自得其趣。孚是事之必至，理所固然。

到现在为止，我们说了天和孚，天和诚信。诚信为我之诚信，我统治阶层的诚信。或者说，这里只讲了天和我，天、我之外，还有他。这他，指人民群众，多半就是小人一类，是被统治阶层。在古经中，出现得最多的，是同人卦中的"人"。

"同人"的意思是会集人众。会集人众干什么？《诗·豳风·七月》："二之日其同，载缵武功。"那是集合人去打猎。古经中的同人，那是给当权者施加压力，以实现自己的政治主张。设想这是周厉王时候的事。周厉王要改革，派荣夷公主持，群众以为主事者好利，起而反对。统治阶层的一部分从而附和，以图夺取政权。（参见《国语·周语上》"厉王说荣夷公……"）

卦爻辞说："同人于野。""同人于门。""同人于宗。"反复选择集合众人的地点，结论是"同人于野"最好。城外曰郊，郊外曰野，离城市愈远，愈能脱离厉王当局的监视，愈能言所欲言。

爻辞说："伏戎于莽，升其高陵，三岁不兴。""乘其墉，弗克攻，吉。"伏兵于草丛之中，登上山峰眺望，但长期按兵不动。登上了城墙，却也不进攻，这样吉利。这兵，当是手持兵器的人众，是那些会集起来的人群。他们组织起来却迟迟不发起攻击，显然只是造势施压，目的并不是要立即动武。那结果是厉王退位，伯和自立，流王于彘。

这是历史上第一次显示了群众的力量。所以从中得益者"先号咷而后笑"，举事之前，以为事情难以挽回，故而悲观，及至群众聚会，显示出了不可阻挡的力量，因而开怀大笑。那笑，是人众有力量的明证。

由是知古经说了天、我、人三者，天是决定者，我是成事者，而人众，有扭转乾坤的威力。古经中所反映的天人关系，大致如此。

对立统一

现在人们谈论《周易》的辩证法思想，多要说到爻分阴阳，八卦两两相重相交为六十四卦，蕴含着一分为二、合二而一的辩证思维。这种分析是可以接受的。但古经的对立统一远不止此。

天道循环往复，古经专门设了一个复卦。卦辞明确提出："反复其道，七日来复。利有攸往。"提倡根据天道，不远就复（不远复），半路可复（中行复），频频回复（频复），快乐地复（休复），热情地复（敦复）。复，就是回到原来的样子。后来孔子说的："吾其为东周乎！"（《论语·阳货》）"甚矣，吾衰也，久矣，吾不复梦见周公！"（《论语·述而》）都是说想要回复到老样子。可知这种循环往复的思想有它的合理性。人们处于乱世，想念恢复曾经有过的治世，处于分裂，想念曾经的统一，本是一种正面力量。然而过去的样子不可能完全恢复，事物总在螺旋式上升，但这类上升是在过去样子的基础上形成的。

古经又专设了一个否卦，讨论否塞，实质是讨论否定。否定也就是批判。说否定和批判，同时又说包容（包承）和忍辱（包羞）。含有对立统一的意味。而比较集中讨论对立统一的是泰卦。泰，通泰，旷达，处之泰然。卦辞说："泰，小往大来。吉，亨。""小往大来"，当解读为：有来就有往，有大才有小，往来与大小互相转化。对立统一物，一方以另一方的存在才有质的规定性。说同样一个意思，还有：没有平地就没有坡地（无平不陂），无所往便没有回归（无往不复）。匏瓜大而无当，似乎没用，把它挖空，缠于腰上，凭借其浮力可以过河。（包荒，用冯河。）商纣王的父亲帝乙把女儿嫁给西伯昌，姬昌疑似叛臣，似乎嫁错了人，但西伯后来成了周文王，因祸得福。（帝乙归妹，以祉，元吉。）这两条同样是对立统一规律的内容。无用成有用，不好变好。对立统一，相互转化。

无妄卦很值得玩味。无妄，无虚妄，即诚正。诚正好不好？无疑是好。卦辞说：诚正，顶级顺利。筮得此卦如何？吉利。那些不正的行为，有过错。照此有所行，必不吉利。（无妄，元亨，利贞。其匪正，有眚。不利有攸往。）

这显然是肯定的回答，而同时又加否定：

不耕而获，不积蓄而有余，这样行事有利。（不耕获，不菑畲，则利有攸往。）

常识告诉人们，不耕而收获，不积蓄而有余，显系掠夺所得，是非诚正的行为，怎么会说行事有利？在有剥削者存在的社会里，这是事实，事实不可否定。

爻辞还说：诚信厚道的人的灾难：有人拴一头牛，过路人偷了去，却成了附近城里人的祸事。（无妄之灾，或系之牛，行人之得，邑人之灾。）

这就是我们现在还在说"无妄之灾"这话的来源。这种事虽不常有，但不能说没有。爻辞进一步说，诚正并没有好处：

诚正的人生了病，不吃药也会好吗？（无妄之疾，勿药有喜？）

这是说诚正的人得不到什么好处。

恒卦主张恒，恒就是常，做事要有恒心：

爻辞说：不保持其德性恒常持久，恐怕会受到羞辱，有蒙羞的可能。不好。（不恒其德，或承之羞。贞吝。）

但不绝对化。有时老是做同一件事，反而不好。比如打猎，天天打，常常打，那就会无可打了。（田无禽。）要使恒常之德更深更广，就凶险。（浚恒，贞凶，无攸利。）

话又说回来，如果动摇恒的地位，以为可以无恒，那就凶险了。

（振恒，凶。）

无妄和恒卦都是说不可绝对化，也不流入相对论，这是符合辩证法原则的。

在古经中，损和益构成一对矛盾。

损卦提倡减损，但不排斥增加或不增不减。

损卦卦辞说：筮得损卦，只要有诚信在胸，大吉，筮问皆可，有所往都吉利。（损，有孚，元吉无咎，可贞，利有攸往。）

爻辞说：祭祀的事快点去，这样就没有害处了，而祭品，则可酌量减损。（已事遄往，无咎，酌损之。）

三个人，可以减一个。如是一个人，可得朋友帮助。（三人行，则损一人，一人行，则得其友。）为什么可以三减一呢？因为两个人可当三个人用。一个人也行，他可以得到朋友的帮助。这还是说减损有利。

爻辞又说：不减损也不增加，筮问，得利占。若出征，凶险。（利贞，征凶，弗损益之。）是减少还是增加，要看具体情况。例如征战的事，人力物力都要增益，才能取胜。如果一味减损，或不增不减，战争就可能失败，所以说凶险。

说完减损说增益。益卦接着说增益之道。其所增益有财物、宝贝、战备等物质，以及诚信、中道等精神。爻辞作者支持兴建土木，一项工程竣工，可能是万众瞩目的建筑物，是一种有形的增加。（利用为大作，元吉，无咎。）他也不反对祭祀中献上贵重的祭品。（或益之十朋之龟，弗克违，永贞吉。王用享于帝，吉。）爻辞所反对的是对于朋友或者君王，不帮助他，反而去打击他。（莫益之，或击之，立心勿恒，凶。）"益之"，帮助他。"击之"，打击他，也就是损之。

认识论

观卦论观察，当深入观察，当全面观察，观察国家，观察个人，观察我，也观察他。

像小孩似的看事物，对于庶民无害，对于统治者是过错。（童观，小人无咎，君子吝。）小孩看事物看表面，没问题。大人，统治者就不能只看表面了。

从门缝里看事物，筮问这样行吗？著答：女人有利。（阒观，利女贞。）这就是说，对男子汉不利。那时处理大事，处理与生命财产有关的大事，是男人的专利。

观察我一生的升沉荣辱等。（观我生进退。）

瞻仰国家的光辉业绩，利于以此做王的客人。（观国之光，利用宾于王。）承认并尊重国家过去和现在的光荣，热爱自己的国家，也会获得国家的尊重。

君子审察自己一生的功过，可得无害的结局。（观我生，君子无咎。）

君子观察他们一生的功过是非，得无过错。（观其生，君子无咎。）这是说，要全面地历史地考察自己和他人，以期得出一个正确的结论。说的是怎样观察，观察谁，属于认识范畴。

观察要有观察力，要明察秋毫。如果失察，那会带来危害。明夷卦就是说明察的重要性，论失察之害的。

明察受损的大臣，如同飞鸟，在飞的时候翅膀没能展开。君子在路途上，许多天没吃饭。办了事，他的主君对此有责备的话。（明夷，于飞垂其翼，君子于行，三日不食。有攸往，主人有言。）废寝忘食，尽职尽责不是很好吗？为何还要受责备呢？因为失察，处事不当，没有成功。

一位失察的将军，作战左腿受伤。用一匹强壮的战马救他，得以生还。（明夷，夷于左股。用拯马壮，吉。）前一条说文官失察办事不成，这一条说武将失察，危及生命。当然是不好，但因保住了一条性命，所以可说是"吉"。

失察的将军在南方征战。俘获敌人的大头目。筮问如何？不可求快。（明夷于南狩，得其大首。不可疾贞。）失察的将军能作战获胜，俘虏敌方的大头头？这是设想，所以说"不可求快"。由此知并非实情。西周南征，从无胜利纪录。将军失察之害，下面还会说到更厉害的：

（南征将军再战，这次）伤到左腹，获得失察将军心服。出门而去。（入于左腹，获明夷之心。于出门庭。）这里当是指南征之明夷者已经变心。这是更大的损失。

箕子失察。筮问如何？吉利。（箕子之明夷，利贞。）箕子为纣之兄，或说是其叔父，谏纣不听，佯狂为奴。箕子明察受损，当指此事。此事对于商纣来说是不利，而对于西周来说，是利。这是引史实来说明失察之害。

全然不明，一片黑暗者，首先上了天，而后坠入地底。（不明，晦，初登于天，后入于地。）这里或是指商纣失察而至于亡国。

既然观察重要，就想方设法去观察，所以古人对于观察不乏真知灼见。但也有误入歧途的地方。比如他们以为看人下巴的动态，便可知未来的吉凶，就是一例。颐卦言观颐以占吉凶。

筮得颐卦，吉利。观察吃东西下巴动的样子，以求吉凶。（颐，贞吉。观颐，自求口实。）

放下你神龟这个占卜工具。看我的下巴动。凶险。（舍尔灵龟，观我朵颐，凶。）筮者本人就不相信这种测吉凶的办法，但还是把这办法记载了下来。

下巴剧烈地动，以其大动作而异常。这样去行事，凶险。（颠颐，拂经于丘颐，征凶。）

摇动下巴。筮问如何？凶险。长时间不用实行，因为无所利。（拂颐，贞凶，十年勿用，无攸利。）

但如果在虎视眈眈，兽欲没完没了的情况下，吃食时摇动下巴，吉利，没有过错。（颠颐，吉。虎视眈眈，其欲逐逐，无咎。）

吃食下巴动作异于常时，筮问能安居否？安居吉利。但不能克服大的困难。（拂经，居贞吉，不可涉大川。）

正常情况下动下巴吃食。可能有危险，但终于吉利。有利于克服大的困难。（由颐，厉，吉，利涉大川。）

观察下巴动的情形以占吉凶，不见于任何典籍。唯见于古经此一家。先人多方尝试，无可厚非，但因其不科学，后世自然没有传人。这就是所谓的糟粕了。而就其总体说，精彩多多。比如古经认为一切要看实际效果，类似于我们现在说的实践是检验真理的标准。

归妹卦言当着眼于实际，只要能走路，跛也行，只要能看得见，少了一只眼睛也无妨。只要贤良美貌，妾媵也可居正位。

嫁女当嫁姐姐而把她的妹妹先嫁出去。瘸腿，只要能走路就行。（归妹以娣，跛能履。）古时诸侯嫁女，同姓媵之（以同姓的女孩为妾媵，做女儿丈夫的妾媵），诸侯嫁的那个女叫做姐，同姓女孩叫做妹（娣）。本当以姐为妻，而反以妹（娣）为妻。是说妹（娣）美貌贤良，故以之为妻。这是违背规矩的做法。爻辞肯定这种做法，是因为看重实际。

一目失明还能见物，筮问因徒如何，吉利。（眇能视，利幽人之贞。）如果只看实效，因徒也能做事，所以说利。

嫁女过了约定的时间，迟一点嫁也有嫁的时候（不会赖婚）。（归妹愆期，迟归有时。）嫁还是要嫁的，只是时间晚一点，没有关系。

帝乙嫁女（于西伯姬昌），姐的风采不如妹的风采好。（帝乙归妹，其君之袂，不如其娣之袂良。）说这桩婚事妹的风采强于姐，为其他史书所不见。

妇女提着竹筐，里面空无一物；男人以刀刺羊，羊病瘦无血，无所利。（女承筐无实，士刲羊无血，无攸利。）这是说有名无实不好。

史 实

1. 高宗伐鬼方

既济卦九三："高宗伐鬼方，三年克之。"

未济卦九四："震用伐鬼方，三年有赏于大国。"

我们断定古经产生的时代是西周，但也不排除记有殷商时代的事。殷高宗武丁伐鬼方，三年才拿下来，史籍无载。古经记此，或是沿袭商人的历史叙述，原来那个记占筮的书，本就是在前代占筮记载的基础上添写并修订而成的。或者武丁对外用兵三年，是一个重大历史事件，即使到了两百多年以后的西周，仍然在人们记忆中留有强烈的印象，写筮辞时便流露到了笔端。

2. 帝乙嫁女给西伯姬昌，就是后来的周文王

泰卦六五："帝乙归妹，以祉，元吉。"

归妹卦六五："帝乙归妹，其君之袂，不如其娣之袂良。"

帝乙是商纣的父王。这是有《史记·殷本纪》可证的。《史记》只说："帝太丁崩，子帝乙立，帝乙立，殷益衰。""帝乙崩，子辛立，是谓帝辛，天下谓之纣。"但没说帝乙把女儿嫁给了周文王，史无明证。揆情度理，帝乙那时"益衰"，从下面找个强梁的女婿以巩固自己的统治是可能的。但你怎么知道正是找的姬昌呢？我们的训诂根柢深厚的前辈多这么说。帝乙嫁女，正是嫁的这个周文王。高亨先生《周易大传今注》（151 页，齐鲁书社，1979）、《周易古经今

注》（194—195 页，中华书局，1984），李镜池先生《周易通义》（27
页，中华书局，1981）都肯定帝乙嫁女，嫁给周文王了。根据是
《诗·大雅·大明》。本师宋祚胤先生也持此解。《大明》诗说：

> 文王初载，天作之合。在洽之阳，在渭之涘。文王嘉止，
> 大邦有子。
>
> 大邦有子，俔天之妹。文定厥祥，亲迎于渭。造舟为梁，
> 不显其光。
>
> 有命自天，命此文王，于周于京。缵女维莘，长子维行，
> 笃生武王。

按照高亨先生他们的观点，"大邦"是属国周对宗主国殷的称
谓。"文定厥祥，亲迎于渭"的对象是"大邦"之子，即帝乙的女
儿。而"缵女维莘"，是说文王的继室是莘国人，即太姒，武王的母
亲。"缵"是继的意思。

上古的事情记载疏略，不得不借助于一些推论，这是可以理
解的。

3. 文王囚羑里的细节

《史记·周本纪》说：

> 崇侯虎谮西伯于殷纣曰："西伯积善累德，诸侯皆向之，将
> 不利于帝。"帝纣乃囚西伯于羑里……

没有囚禁西伯的细节，历史书只是大笔一挥，恐怕也没有必要
讲述囚禁的具体情况。古经坎卦对此有所描述。

囚禁不要紧，首先要有诚信，有信仰。（习坎，有孚维心，亨，
行有尚。）囚禁在羑里什么地方呢？在大穴的小穴之中，或即地牢
里。（入于坎窞。）这当然凶险，但有所求，还是能得到一些小物品。
（坎有险，求小得。）一盅酒，两碗饭，用瓦钵装起，缠束好从窗口
中送进去，（窞中人）终无性命之忧。（樽酒、簋贰，用缶，纳约自

牖，终无咎。）虽然坑没有填满，坑还是坑，但（地牢处）已整出一小块平地来，供放风之用。（坎不盈，祗既平，无咎。）

由此可知，西伯囚在羑里，待遇还不是很差。但在一国之君看来，在西方一霸看来，这非常不好，犹如用绳子捆起来，丢在荆棘丛中，多年不得自由，凶险。（系用徽纆，寘于丛棘，三岁不得，凶。）

或以为坎卦所说，是周厉王流放于彘而被幽禁的情形。

4. 辅佐幼主的补充材料

《史记·周本纪》说："成王少，周初定天下，周公恐诸侯畔周，公乃摄行政当国。""周公行政七年，成王长，周公反政成王，北面就群臣之位。"这是著名的辅幼主的事例。

《史记·卫世家》说："以武庚殷余民封康叔为卫君……周公旦惧康叔齿少，乃申告康叔曰：'必求殷之贤人君子长者，问其先殷所以兴所以亡，而务爱民。'"这与辅幼主事例相类。年少当政，需有教诲与辅佐。

《周本纪》又记："成王将崩，惧太子钊之不任，乃命召公、毕公率诸侯以相太子而立之。成王既崩，二公率诸侯以太子钊见于先王庙，申告以文王、武王之所以为王业之不易，务在节俭，毋多欲，以笃信临之。"这是辅新主，与辅幼主事例亦相类。

此类史实，西周当不在少数。不只政界如是，事在卜筮，当亦如是。蒙卦便是辅佐教育居高位的年轻人的一个卦。卦中"童蒙"或"蒙"都是对居高位的年青人的不是很尊敬的称呼。

不是我求蒙昧的孩童，而是他求我。第一次筮问告其结果。一而再，再而三就是对占筮的亵渎，便不用筮不用告了。（匪我求童蒙，童蒙求我。初筮告，再三渎，渎则不告。）这当是幼主或新主遇事没把握，频繁要求筮问，筮者不耐烦地如此应对。

除其蒙昧。用受刑者做事，有利。用解脱其脚镣手铐之法以使刑人方便做事。除此以外的做法，会有麻烦。（发蒙。利用刑人，用说桎梏。以往吝。）这可能是回答可不可以用囚犯服劳役。按筮人的意见，这类问题不必问，问这类问题是童蒙无知。以刑徒服劳役是理所当然，还要解脱其枷锁，以方便劳动。

包容蒙昧的孩童。吉利。为之娶妻，吉利。娶妻生子，成家立业。（包蒙，吉。纳妇，吉，子克家。）

不要娶幼女为妾。其愿为妾者为见利动心。其娶者会丢掉性命。无利可图。（勿用取女，见金，夫不有躬。无攸利。）

困蒙，为童蒙所困而不辅助教育之，是为失误。（困蒙，吝。）

少智的孩童有可塑性，本不是坏事。（童蒙，吉。）

敲打蒙昧少智的孩童，不宜向外掠取，只可防御外敌。（击蒙，不利为寇，利御寇。）所谓"敲打"，谓批评教育之。因为其人尚不成熟，向外掠夺尚无能为力，而抵御侵略还行。

5. 周厉王狼狈逃窜

《国语·周语上》："厉王虐，国人谤王。邵公告曰：'民不堪命矣。'王怒，得卫巫，使监谤者，以告，则杀之。国人莫敢言，道路以目……三年，乃流王于彘。""三年，乃流王于彘"，《周本纪》作："三年，乃相与畔，袭厉王，厉王出奔于彘。"

厉王出奔的情形，夬卦有所反映：

（王的近臣）在朝廷上如实地大声宣告：从下面城镇来的报告：有危险。不利于用兵作战，利于逃跑。（扬于王庭，孚号：有厉，告自邑。不利即戎，利有攸往。）所谓"有危险"，就是指国人"相与畔，袭厉王"。厉王逃跑，从此开始。

伤在居前的脚趾上。往前走走不动了，是为灾祸。（壮于前趾。往不胜，为咎。）

警惕地大声宣告：晚上有兵变，群众不要担心。（惕号：莫夜有戎，勿恤。）为什么不要担心呢？因为是驱逐暴虐的国王，不是加害于群众。那么，这宣告的就当是主持兵变一方。

（厉王）伤在颧骨上，有凶险。主君与部下分开，剩下一个人单独行动。又遇上下雨，一身湿透。苦恼之极，幸好无性命之忧。（壮于頄，有凶。君子夬夬独行，遇雨若濡，有愠无咎。）这是说，逃跑路上跌了一跤，伤到颧骨。手下的人都走散了，孤单一个前行。碰上下雨，落汤鸡似的。狼狈之状可想而知，幸好老命还在。

臀部没肉，行进艰难。投降就没事了。听到传言不要相信。（臀无肤，其行次且。牵羊悔亡，闻言不信。）臀部没肉，是说瘦得厉害。大概有好几天没吃饭了，走起路来，跟跟跄跄，这时只好投降。说是有人来勤王，或者说暴动者内部分裂，流言不可信，还是安心投降吧。

6. 厉王胡受拘禁

姤卦讲被拘禁者的情形，讲他的困境。按之史实，这个受拘禁者，就当是厉王胡。

女子强壮，不要娶她。（女壮，勿用取女。）此女或是派来监护厉王的强壮有力的女人，故厉王胡不娶。

如捆绑在金属止车器上，筮问如何，吉利。如有所往，预见其必凶。像一只病瘦的猪，艰于行走。（系于金柅。贞吉。有攸往，见凶。羸豕孚蹢躅。）捆绑在金属止车器上，何来的吉利？意思是不杀他，就算是吉利了。但如果逃就必凶。

厨房里有鱼，算是不错，但客来不利。（包有鱼，无咎，不利宾。）为什么客来不利？因为就那么一点，不足以分食。是说姬胡伙食还行，只是分量不多。

厨房里没有了鱼，凶险的事开了头。（包无鱼，起凶。）没鱼说明伙食标准下降了。起初还好，慢慢地伙食不行了。

柳条箱里装有瓜果，包含着美味。有陨石自天而降。（以杞包瓜，含章，有陨自天。）天降陨石，砸坏了果箱，果子也没有吃的了。说是天降，实属人为。姬胡拘禁中的吃食越来越糟。

在牛角上架上横木，不好，但无害。（姤其角，吝，无咎。）这是个比方。是说姬胡被拘禁，犹如牛角架上了横木，已失去战力。虽是不好，但可无性命之忧。

7. 流放中的姬胡

旅卦反映了姬胡被放到彘的一些情形。

筮得旅卦，算是顺利。占问羁旅如何，吉利。（旅，小亨，旅贞吉。）初到流放地，有了一个安身的处所，对于京城来说，可称旅居。

旅人琐屑不识大体，这是他所以遭到灾祸的原因。（旅琐琐，斯其所取灾。）由王到平民，从周围侍者的眼光来看，他是一个琐屑庸俗的人，不配享有王的尊严。

旅人就位，到了他住的地方。带着他的资财，身边有使唤的人。筮问如何？吉凶不明。（旅即次，怀其资，得童仆，贞。）

旅人的住处被焚，身边使唤的人也没了。筮问如何，危险。（旅焚其次，丧其童仆，贞厉。）住处被焚，使唤的人走了，显见是监管方面有意为之。

旅人又有了一个安身的地方，他的财货器用还在，可心里高兴不起来。（旅于处，得其资斧，我心不快。）

射野鸡，虽丢了一支箭，但终于得以保住名誉地位。（射雉，一矢亡，终以誉命。）如果旅人确指姬胡，是说他的王号还是没有被取消。

鸟巢烧了。作为羁旅之人的姬胡，先大笑，而后号啕大哭。由于轻易疏忽丢失了牛，凶险。（鸟焚其巢，旅人先笑后号啕。丧牛于易，凶。）没有联系到自己，以为可笑，直到联系自己一想，姬胡自己不也像一只焚毁了窠的鸟吗？不由得伤心痛哭起来。丢了牛只是个比方，意思是由于早没有防备，以致造成重大的损失，成了流放之人。

"鸟焚其巢"，参见下条所引"火焚其屋"。

8. 武人为于大君

履卦六三："武人为于大君。"

武人，后世说军阀。军阀做了国君，做了天下的共主。那是谁？是什么时候的事？自文、武、成、康，至昭、穆、共、懿、孝、夷、厉，中间共和，以迄于宣王、幽王，未闻有武人为共主的。唯古本《竹书纪年》：

> 厉王
>
> 淮夷入寇，王命虢仲征之，不克。
>
> 共伯和干王位。

共和十四年，大旱，火焚其屋。伯和篡位立。（范祥雍《古本竹书纪年辑校订补》，30至31页，上海人民出版社，1957）

据此，则公元前841年，共伯名和的人干夺王位，至公元前828年自称为王。这个官为共伯的人，能干夺王权，当然是以武力相胁迫，被称为"武人"，是实至名归。至此，我们可以解答上面的问题了。这个武人就是共伯名和的人。时间就在正史所说的共和年代，按公历推算，当是公元前841年至828年。这事《竹书纪年》里有，《周易》古经中也有。

9. 南征败绩

《诗经·小雅·采芑》："方叔莅止，其车三千，师干之试。方叔率止，钲人伐鼓，陈师鞠旅。显允方叔，伐鼓渊渊，振旅阗阗。蠢尔蛮荆，大邦为雠。方叔元老，克壮其犹。方叔率止，执讯获丑。……显允方叔，征伐狁，蛮荆来威。"

看起来轰轰烈烈，声势浩大，而且点名是对"蠢尔蛮荆"，其实这是说北征狁，拉南蛮来做陪衬。无独有偶，古经也说过"南征吉"的话，这话在升卦卦辞里面，那意思也只是一种升一级的愿望，并非实情。实情是南征无胜利可言。"昭王南征而不复"（《左传·僖公四年》），"王师败绩于姜氏之戎"、"宣王既丧南国之师"（《国语·周语上》）。韦昭注："南国，江汉之间也。"

与《国语》中说周师败绩相应，古经也有周人南征失败的记载：

明夷卦六二："明夷，夷于左股。用拯马壮，吉。"

这里指一名将军失察，作战左腿受伤。用一匹强壮的战马救他，得以生还。何以知道这名将军是南征受伤呢？由下一爻辞比例而知：

明夷卦九三："明夷于南狩，得其大首。不可疾贞。"

失察的将军于南方征战，幸而俘获了敌人的大头目。筮问如何，不可求快。由"不可求快"知"得其大首"只是一种愿望，并非真的俘获了敌酋。

明夷卦六四："入于左腹，获明夷之心。于出门庭。"

于是再战。再战再败，将军伤到左腹。战败获得这位失察的将军心服（确认敌人强大，该输）。出门而去。心服而去当是指南征之明夷者已变心。所谓损兵而又折将。

史实这里列 9 条，一小半有关于周厉王，难怪吾师要认为《周易》古经是说周厉王的事。只是还有 5 条并非厉王时的事，宋先生没有在意。

有名无名人物

帝乙2（数字表示该人物在《古经》中出现的次数，下同。），帝纣的父亲，《史记·殷本纪》说："帝乙立，殷益衰。"他把小女儿嫁给姬昌，希图笼络这个西方霸主。

王18，最高首领，商时叫做帝，东周以后叫做皇帝。

大君3，"天下"共主，就是王。

王侯1，统治者上层。

王臣1，大臣，为王事服务的人。

侯3，诸侯国。

蒙、童蒙7，居高位的年青人。

康侯1，论者以为此人就是卫康叔。《史记·卫康叔世家》说："卫康叔名封，周武王同母少弟也。""周公旦以成王命，兴师伐殷，杀武庚禄父、管叔，放蔡叔，以武庚殷余民封康叔为卫君，居河、淇间故商墟。"

武人2，军阀，据《竹书纪年》，当是指共伯和。有学者以为，共伯和篡位，为战国游士之说，不可信。据《史记·卫康叔世家》，周宣王十四年，亦即公元前814年，共伯和才夺得卫国的最高统治权，远后于前841年厉王失去王位。一个是中央王权，一个是侯国的君位；一个是前841，一个是前814，不容混淆。然而《周易》古经"武人为于大君"证实了《竹书纪年》，而没有什么可以证实正史中"共和"之说。因此，正史记载可能有误，是唯一合理的解释。从《史记》关于共伯和以阴谋夺位的事实看来，这个共伯确实也不是一个什么好东西。

箕子 1，帝辛的族叔，一说是他的哥哥。谏纣不听，佯狂为奴，纣觉其诈，把他囚禁起来。武王克商得释。据说他后来去了朝鲜，建国定都，传播中原文化。《尚书》中有《洪范》一篇，相传为箕子所作，篇中阐述九条治国大法。以为箕子作《洪范》，可信度不高。

朱绂 1，高级官员的服装，即指高官。

赤绂 1，较低级官员的服装，即指低级官员。

公 6，① 对人的尊称。② 大臣。

丈人 1，德高望重的年长者。

幽人 2，曾经有地位的囚徒。

刑人 1，受过肉刑的人。

宫人 1，王宫中的女人，宫女。

大人 12，统治者。对于下级来说，上级是大人。这大人的上面还有上级，那上级对于这个大人来说，他也是大人。由此，国君可称大人，大君同样可说是大人。

人（"同人"的"人"）5，西周王都里的小手工业者、商人和其他市民。

君子 20，有才有德者之称，有财者有才，故也得称为君子。大人通常就是君子；但也会有小人。小人通常就是被统治者，他们中也可以有君子。君子在个别地方又用来称呼与妻子相对的"男人"。

小人 10，被统治者，自由民。

小子 3，未成年人。

丈夫 2，成年男人。

夫 5，与妻相对的男方。另有一例，同"彼"。

夫子 1，同"夫"。

元夫 1，大老，有声望的人物。

寇 6，① 掠夺者。② 掠夺。

客 1，闯入人家的陌生人。

宾2，客人。

主2，① 买主。② 主管人员。

夷主1，祭祀中象征性地代表受祭者。

配主1，祭祀中象征性地代表受祭者的副手。

主人1，即主管人员。

邑人3，城里人。

旅、旅人8，客居外地的人。经中指流放于嵩的姬胡。

床3，借为"臧"，奴隶。另有两例为坐具。

臣2，家务奴隶。

妾2，家务女奴。

童仆2，身边使唤的用人，或为奴隶。

遯6，逃跑的奴隶。

睽孤2，罕见的异常人。

朋6，朋友。另有四例为货币。一例借为"崩"。

政　治

1.　自我收敛与及时出手的策略

乾卦爻辞说："潜龙，勿用。"像龙潜伏在水底，不要有所作为。我们这个民族是以龙为图腾的。龙比喻大有作为的人，要他们潜伏在水下，那明摆着是指有大志灭商的周人的领袖，不要显山露水，免遭嫉恨。

龙出现在田野间，那是为了晋见大人物。（见龙在田，利见大人。）

《史记·周本纪》说：

> 崇侯虎谮西伯于殷纣曰："西伯积善累德，诸侯皆向之，将不利于帝。"帝纣乃囚西伯于羑里。

周的能臣以高额名贵财物和美女，通过纣的嬖臣贿赂于纣，西伯才得脱身归周。周又献地求去酷刑。《史记》接着说：

> 西伯阴行善，诸侯皆来决平。……诸侯闻之，曰："西伯盖受命之君。"

西伯积善累德只能暗地里进行。就是所谓的"潜龙勿用"。而同时贡献财物美女和土地，这就是所谓的"见龙在田，利见大人"了。这"大人"，就是指殷帝纣。

君子一天到晚自强不息，高度警惕，生怕出什么危险，得以无过错。（君子终日乾乾，夕惕若，厉，无咎。）这"君子"自然是指西伯，也就是后来的周文王。

龙有时在深潭里腾跃游戏，没出问题。（或跃在渊，无咎。）所谓的"腾跃游戏"，大概是指伐密须，败耆国，伐邘，伐崇侯虎这些扩大疆域的行为。周敢于这样做，大概是因为这时西伯实力已相当强大，而殷商式微，已莫奈其何了。这时候周也不惧与天子相见，所谓"飞龙在天，利见大人"。

龙若处高不下，会后悔做得过分。（亢龙，有悔。）这个将要兴起的集团，时刻在反省，不要做得太过，否则会后悔当初的。

在这种情况下，西周统治集团乐于见到群龙无首。乐于见到诸侯不追随纣这个首，而为他西周为首作铺垫。

2. 治民经验

临卦梳理治民之道，提出六种方法，最推崇以智慧治民。

以和治民，筮问如何？吉利。（咸临，贞吉。）和，和同。也就是统一。全"天下"大一统，不容分裂，不容政出多门。《左传·僖公二十四年》："昔周公吊二叔之不咸。"

以天人感应刚柔相济治民，无不吉利。（咸临，吉，无不利。）这是说要顺应天意。《尚书·周书·大诰》："予造天役，遗大投艰于朕身，越予冲人，不卬自恤。"（我受天之使令，降大任于我，我不可自爱。）"天明畏，弼我丕丕基。"（天命可畏，助我成大业。）都是说要顺应天意以成我大业。

以宽缓治民，虽无所利，但能为民操心，无过。（甘临，无攸利。既忧之，无咎。）这里释"甘"为宽缓，据《庄子·天道》："斫轮，徐则甘而不固，疾则苦而不入。"成玄英疏："甘，缓也。"与"甘辞卑体"得相通。

情意恳至治民。（至临。）此意与《尚书·周书·康诰》"天畏棐忧"（天的威德辅佐至诚）相合。也合于同篇所说"服念五六日至于

旬时，丕蔽要囚"（判决囚徒时要深思熟虑五六天乃至十来天）的
精神。

以智慧治民。为"天下"共主之所宜用。（知临，大君之宜。）
爻辞作者把这一点看得很高，但其他古籍无所载。或者是说要了解
民情，通达物理，通情达理地处理政务，能创造性地解决所面临的
新问题，显出智慧之力。

以厚道治民。（敦临。）上引《康诰》"乃服惟宏王应保殷民"
（你的职责是宽宏地对待王所受保的殷民），意思略近。

3. 与武人周旋

履卦讲与武人周旋，当戒慎恐惧。

踩老虎尾巴，虎不咬人。（履虎尾，不咥人，亨。）按常情踩虎
尾，虎会毫不犹豫地反咬踩它的人，然而它不咬，是因为这时的
"人"还能镇得住它。这是说的周厉王时的事。

行走如常，前往无害。（素履，往，无咎。）这时周厉王还丝毫
没感觉到将有叛乱之事发生，似乎一切如常。

走平平坦坦的大路，筮问囚徒吉凶如何？得吉利之占。（履道坦
坦，幽人贞吉。）前一句还在说王位未曾动摇，厉王还大摇大摆地走
在平坦大道上，下一句就说已成了囚徒，筮问他要不要紧，可知他
对被囚毫无一点思想准备。也说明叛乱者组织的周密，无懈可击。
到了这个份上，厉王一方还以为没有大碍，筮得吉利之卦。

一目失明能看见。腿虽瘸了还可走路。踩虎尾，虎咬人。凶险。
军阀做了"天下"共主。（眇能视，跛能履。履虎尾，咥人，凶。武
人为于大君。）"武人为于大君"，当指共伯和篡立，公元前841至前
828年。这在前文已多次讲到。这个时候，厉王一方才晓得，老虎是
真老虎，它真的会咬人的。正如一只眼也看得见，瘸子也能走路一
样，那是本能。

踩到了虎尾巴，当戒慎恐惧，最终会脱险而得吉利。（履虎尾，
愬愬，终吉。）厉王及厉王一方严重估计不足，以为只要能戒慎恐惧
就没问题，终会化险为夷。

快步行进，筮问如何？危险。（夬履，贞厉。）站在厉王一方，

为厉王出谋划策的人认为，事已至此，不宜性急求快，想一下子解决是不可能的。他建议慢慢来。

视与行都讲究善，如此回旋于世，大吉大利。（视履考祥，其旋元吉。）这似结论，也似建议，吃筮这碗饭的人到这个时候也就只能说些这样不着边际的话了。正确倒是正确，只是已无补于事。

4. 团结人，少批评

比卦讲广为团结的道理，以诚信亲比内外，不宜亲比者亦亲比之。

我有诚信而亲比他人，亲比无过错，诚信满满，到头来还有其他吉利不求自至。（有孚比之，无咎。有孚盈缶，终来有它吉。）这几句强调团结人的思想基础。

从内部来亲比人。（比之自内。）像我们现在说的团结本单位内部的人，那时当是本部族，本宗族，本部落，本国等。

亲比外部人士。（外比之。）也就是团结本单位以外的人。

非其人而亲比之。（比之匪人。）无须团结的对象也讲团结，意思是团结一切可以团结的人。

亲比明显的例：王多次驰骋田猎，未得其追逐的猎物，而不责怪乡人，如此则为吉利。（显比，王用三驱，失前禽，邑人不诚，吉。）

所亲比之人无为首者，此事凶险。（比之无首，凶。）这话意思是团结有代表性的人物，团结一个，就是团结一群。如果所亲比只是星散无代表性的个别的人，那就没有意义，很可能还会有凶险的事发生。

否卦主张慎用否定这个批判武器，倾向于不用。声言包容并非全然有害。

不当否定的人而否定他，不利。筮问君子对否定应持何种态度？害多益少。（否之匪人，不利。君子贞：大往小来。）

拔茅草连根带叶拔出，连带把其他茅草也拔出来，筮问如此吉凶如何？吉利，亨通。（拔茅茹，以其汇，贞吉亨。）比喻否定人，批判人，株连其他人，其他事，做是能够做到。这里暗示这样做的人大有权势，被否定者无法抵御。下面爻辞作者才发表自己的看法。

包容谄谀奉承其人其事，对于小民来说，吉利。对于统治层面的人来说，不吉利。（包承，小人吉，大人否，亨。）谄谀奉承当然不好，但也要分析，有利有不利，应予包容。

涵容羞辱我者。（包羞。）对辱我的人不予否定，不施报复。

自有天命在，不会有灾祸降临。相反，我们将因而得福。（有命，无咎。畴离祉。）这是接上面的话讲的，尽管有人羞辱，我们仍然无损。

舍弃责怪他人，于在位者有利。说是羊跑了羊跑了，而结果呢，系在桑树丛中，羊还在。（休否，大人吉。其亡其亡，系于苞桑。）这是说，不要错怪了人。

毁弃否定他人的作法。先是想不通，后来就乐意接受了。（倾否，先否后喜。）

5. 处理逃跑者

遁卦分析对逃跑者各种处置方法。这逃跑者想必是奴隶。奴隶大批逃亡，成了统治者一件必须处理的要务。这事反映到卦爻中来，就是遁卦。

对逃跑在最后的，要警惕，不要再追了。（遁尾，厉，勿用有攸往。）为什么不可再追？因为他可能拼死反抗。

用黄牛皮做的绳子捆住他们，无人能逃脱。（执之用黄牛之革，莫之胜说。）这是说用野蛮的办法对付逃走的农业奴隶。

与逃跑者联系沟通，宜迅速警惕。如果收留他们做家奴，吉利。（系遁，有疾厉。畜臣妾，吉。）为什么要警惕？恐有不测，防止奴隶动粗。收作家务奴隶，大概家奴比在野地里劳动为轻，他们愿意，所以说吉利。

向逃跑者示好，其人有君子之德就吉利，如果是小人，那就不吉利。（好遁，君子吉，小人否。）硬的不行来软的，这时候可能有两种反应。有君子之德的逃跑者，会作积极的响应，也向奴隶主示好。如无，他们就可能继续反抗。

善待逃跑的人，筮问如何，吉利。（嘉遁，贞吉。）你善待他，他就不会反抗了，会有好结果。

让逃跑者宽松一些，没有不利之处。（肥遁，无不利。）主要是减轻劳动，改善伙食，让他们多少有一点自由。

6. 讼事和狱事

讼卦讲打官司的事。

争讼之时，诚信窒碍难行，当警惕危惧，中间吉利，而终于凶险。（讼，有孚窒，惕，中吉，终凶。）这是说争讼只是斗嘴巴，没有诚信可言。总的来说，不是好事。

所从事未能长期坚持，难免闲言杂语，但最后吉利。（不永所事，小有言，终吉。）这可能是小领主的口气。较大的领主对他虽有不满也莫奈其何。

争讼不胜，回来让其同邑人三百户逃窜，没有过失。（不克讼，归而逋其邑人三百户，无眚。）争讼双方可能都是小领主，这个小领主打输了官司，回来消极应对。他让邑人逃离，或是为了避免赔偿损失。人已逃亡，其上司也拿他没办法，故无过可言。

享用昔时所积功德，筮问修身以处世，吉凶如何？有风险。如或为王办事，无功而返。（食旧德，贞厉，终吉。或从王事，无成。）"食旧德"，犹今言吃老本，吃老本也靠不住，所以说有风险。即使是为王办事，也不见得就能成功。原因有一个新兴的事物在，那就是兴讼。动不动就打官司，事情真还没有把握。

官司打输了，回来接受判决，改正得平安。筮问如此当否？答：吉利。（不克讼，复即命，渝安。贞吉。）都是讲官司打输了，上一条事主不接受判决。这里接受。接受保平安。

争讼大吉大利。（讼，元吉。）这是就胜的一方而言。

运气好的时候，赏赐给他佩玉用的大腰带，时赏时夺，一个早上可以夺去三次，宠辱无常。（或锡之鞶带，终朝三褫之。）这意思似乎是说，争讼胜负无常，胜不足为喜，负也不要太上心。

噬嗑卦叙说对犯人实施的多种肉刑，以及咬食痍毙者死尸的情形。传统的解释，以为"灭趾"、"灭鼻"、"灭耳"不是砍脚、削鼻、割耳，而曲为之说，把整个卦爻辞说成是宽仁治狱，殊不可信。《易经》所记为三四千年前的事，焉知其非实？

撕咬通行，利于处理狱中犯人或囚禁的俘虏。（噬嗑，亨，利用狱。）

戴上脚镣，砍断脚趾头，没有过错。（屦校灭趾，无咎。）这是说对治狱的人来说没有过错。这样残酷的做法在那时是合法的。

撕咬囚徒的肉，削去囚徒的鼻子，没有过错。（噬肤灭鼻，无咎。）咬人肉，但不知是人咬，还是用豸一类的兽去咬。总之不要以为那时的人对待囚徒会很仁慈。

咬囚徒的干肉，碰到肉中苦恶之物，有点不舒服，但没有过错。（噬腊肉，遇毒。小吝，无咎。）

咬食带骨的肉脯，碰到肉中有铜箭头。筮问碰到困难当如何，得吉利之占。（噬干胏，得金矢，利艰贞，吉。）此所食当是战俘。肉中犹有箭头未取出。

咬食干肉，肉中有金。筮问如何？有风险，但没有做错。（噬干肉，得黄金，贞厉，无咎。）此所食该是富者之尸，或是敌对部落里贵族尸体。杀死他们，吃食他们，他们的家族或同伙具有报复力，所以说有风险。但这样处置没有错。

肩上套着木枷，耳朵被截去，凶险。（何校灭耳，凶。）这是说戴枷削耳者凶，下一步可能是要取他性命了。

像上面说的那样处理狱事，说明我们那时的祖先还残存着兽性的一面。我也曾像后来人那样，想帮他们掩饰，希望把他们说成仁慈恩惠的。但这里明明是说着暴行，说着残酷，怎么可以闭起眼睛瞎说？明说出来是为了铲除那兽性，全其人道。昭示我们后人永远都不能那样做。

7. 革新

革卦反映荣夷公受命变革的失败。

选择巳日（以干支记日），昭明诚信。非常顺利。筮问如何？吉利，正确。（革，巳日乃孚。元亨，利贞。悔亡。）《国语·周语上》说：

厉王说荣夷公，芮良夫曰："王室其将卑乎？夫荣公好专利而不知大难……匹夫专利，犹谓之盗，王而行之，其归鲜矣。荣公若用，周必败。"既，荣公为卿士，诸侯不享，王流于彘。

革卦所说"革"，大概就是指荣夷公受命改革，实行专利，也就是某项货物的专卖制度。这一下捅了马蜂窝，市民起来反抗，把周厉王赶到彘那个地方去了。但此项改革之初，筮人是支持者，说是"元亨，利贞。悔亡"。

用黄牛皮为绳，束得紧紧的。（巩用黄牛之革。）比喻加强统治，加紧镇压。推行垄断，受到反抗，周王就用上了"巩用黄牛之革"这样的强制手段。

选择巳日开始改革，推行改革吉利无灾。（巳日乃革之，征吉，无咎。）这是说加大力度，继续推行变革。筮人仍取支持态度不渝。

推行改革引起强烈不安。筮问如何？有风险。改革言论多次兑现，诚信无欺。（征凶，贞厉。革言三就，有孚。）这是说，改革引起强烈反弹，已感到危险在前，但仍然顶着市民的不满，推行再推行，不稍动摇。

没有翻悔，改革的政令诚实无欺，必须实行，吉利。（悔亡，有孚改命，吉。）改革者连同筮人铁了心一撸到底。

操实权者翻脸变得凶狠如虎。他们未曾筮问是否合于诚信之道。（大人虎变，未占有孚。）这个"大人"，当是指共伯和，他顺应民心，以武力把厉王赶下台。这一震撼性动作，爻辞用"虎变"来形容。所谓"未占有孚"，意思是他们也没有征求筮者的看法如何。

统治者也翻脸凶猛如豹。一般民众一改旧日面目，不再顺从。筮问如何？进行下去凶险，安居不作为，吉利。（君子豹变，小人革面。征凶，居贞吉。）这是说，周厉王、荣夷公一方也不让步。但在变节武人与不再驯服的群众面前，硬挺下去是不行的，硬挺就有性命之忧，故而以安居不动为好。

我们没有确凿的证据证明革卦是反映荣夷公他们实行专利的失败。指别的什么改革也有可能。而在没有别的假设以前，暂时就拟为厉王他们实行专利之事未能得逞。这样拟设，与卦爻辞的叙说不相抵触。

真正有革新思想还在涣卦。涣卦主要说清洗公私污浊，重整朝纲。

王至太庙，筮问如何，有利于克服重大困难，吉利。（王假有庙。利涉大川，利贞。）这王，可能是说周宣王，他到太庙来想必是向祖先禀告，他将进行革新。他的革新会克服险阻，带来吉利。

用强壮的马拯救，必能取胜。（用拯马壮，吉。）用的是战争术语，实际意思是下大气力补救缺陷。

洗去案上的尘垢，没错。（涣奔其机，悔亡。）比喻去除案牍上的积弊。

洗涤自身的污垢，正确。（涣其躬，无悔。）比喻正人先正己。

洗涤群臣的污垢，大吉。洗涤山丘，那不是我们所能想象的。（涣其群，元吉。涣有丘，匪夷所思。）清洗群臣，虽是大好，但实不易，正像洗山那样，不可思议。言下之意，即使如此，也要冲洗。

以尽可能大的声音宣告：洗涤王室的污垢，没错。（涣汗其大号，涣王居，无咎。）一路冲洗过来，直至冲洗到最后的堡垒。

彻底冲刷掉弊政，涌现出高度警惕，不会有错。（涣其血去逖出，无咎。）

《史记·周本纪》说："共和十四年，厉王死于彘。太子静长于召公家，二相乃共立之为王，是为宣王。宣王即位，二相辅之，修政，法文、武、成、康之遗风，诸侯复宗周。"

经　济

那时商业发达，已出现了经商之道。坤卦就是讲经商的卦。讲经商之道，后人推崇春秋时代的范蠡、计然，其实在西周就已有商业理论了。

筮得坤卦，顶级畅通。筮问贩卖母马如何？有利可得。大商人去经商，先不知主顾在哪，而后有了主顾。这是赚钱生意。西南方向赚钱，东北方向亏本。平安保险。筮问如何？吉利。（坤，元亨，利牝马之贞。君子有攸往，先迷，后得主。利。西南得朋，东北丧朋。安。贞吉。）经商嘛，首先要商路畅通。商路是畅通的。第二，是做什么生意好？这一次，商家以为贩母马赚钱。第三，生意能否成交？说不定，但只要有货，总会有主顾的。第四，做生意要码头好，据当时形势，西南方向生意好做，东北方向蚀本。还有第五，做生意求其平安保险。这是一个总的原则。

脚踏秋霜，寒冬将至。（履霜，坚冰至。）经商就只是买卖？不对，还要注意时令。还在秋天，你就要购备冬天之所需。到冬天才进冬天的货，那就迟了。

品质端直、方正，心胸阔大，虽未经常练习商业行为，亦无不吉利。（直、方、大，不习，无不利。）这是讲商人要有商德。后世有诚信生财的话，那时对商人的品德要求更高，要"直、方、大"。有了好的品德，虽是刚刚入行，也不要紧，生意也会做得开的。

具备美质，筮问可否？可。如或为王做事，虽无耀眼的成绩，却有良好的收效。（含章，可贞。或从王事，无成有终。）"含章"这话，可以讲商人，也可以讲货物，也可能是兼而有之，主要恐怕是说货真价实。后一句是说政商关系。政府托你办事，要办，如果办得不好，也是能力所限，终究会得到政权方面的善待。

扎紧袋口，无过失也无称誉。（括囊，无咎无誉。）在钱财方面，要抠得紧。不要图虚名随意撒钱，也不要该花钱而不花，造成损失。

黄色的衣裳，吉祥的服装。（黄裳，元吉。）这是说商人穿衣也要讲究，走出来有脸面，得好评。

龙在旷野里惨烈地厮杀，流血耀眼刺目。（龙战于野，其血玄黄。）讲经商，突然又讲残酷的战斗。这是商人的语言。他反战，战事一起，就无商可经了。但不可干政，不便明说，只说其惨，令人醒悟。

古籍中说商务的，有本《计然子》。而《计然子》或是伪作，今所传亦过于宽泛。《史记》有《货殖列传》，叙说古人发家个案。正儿八经说经商之道，坤卦卦爻辞算是比较完备的了。卦辞已说5条，爻辞又有好几条。第一，注意物候变换对商品的需求；第二，讲究商德；第三，货必须是好货；第四，处理好政商关系；第五，钱不乱花；第六，看重穿着外貌；第七，反战。

西周农业在卦爻辞中有较为具体的呈现。涉及的不只一卦两卦。下引小畜卦，以见当时农业或已是以个体为主的小农经营。

小畜卦盼及时雨，男人回归主业，夫妻同心，邻居互助，迎取丰收。

积小富为大富，顺畅可行。乌云从我们城外西郊飘来，却未见下雨。（小畜，亨。密云不雨，自我西郊。）前一句说耕种致富是可行的。后一句说农家盼及时雨，以便播种。

自道路归来，那还有什么过错呢？吉利。（复自道，何其咎，吉。）此为归家男人设言。我已自商旅回归，从事主业，就没有过错了。

强制回到主业，是好事。（牵复，吉。）这是从"政府"方面说话。

夫妻不和，犹如车箱和车轮脱节。（舆说辐，夫妻反目。）从正面说，夫妻应同心合力搞好农业生产。

有诚心于耕作，方可排除荒废农事的忧虑，产生敬业之心，这才正确。（有孚，血去惕出，无咎。）由此看来，当时有人沉溺于商旅，轻视农耕，爻辞才有劝农的意思。

诚心绵绵不断。邻帮邻，得以共富。（有孚挛如，富以其邻。）我以邻富，邻以我富，我亦邻之邻也。那时有没有某种互助合作形式的生产，未知其详。

已下及时雨免旱，雨已停，免涝。丰收有望啦。妇女筮问如何？要再接再厉。男人看到快月半了，又想离家上路，不好。（既雨既处，尚德载。妇贞厉，月几望，君子征，凶。）这个"小畜"之家，或是殷的遗民，享有较多的自由。这家的男人只想经商，钱来得快。而周以农业立国，有强制耕作的机制，这机制有约束力，但约束力有限。

在西周当局大力提倡农耕的氛围中，出现了歌颂农业的文学作品，这就是贲的卦爻辞。贲的卦爻辞，犹如一首小诗，吟唱着白繁之歌。

下车徒步去采繁，繁的根儿惹人怜。繁菜柔嫩长鲜妍。

白马白繁一片白，新人如玉在其间。白繁长在小丘园，

朵朵鲜花小白绢。我与白繁长相伴，八灾九难永无缘。

（贲其趾，舍车而徒。

贲其须。

贲如濡如，永贞吉。

贲如皤如，白马翰如，匪寇，婚媾。

贲于丘园，束帛戋戋。吝，终吉。

白贲，无咎。）

前面我们说小畜卦那男人农忙时才回来种田，农忙完了还想去经商。解卦里的主人公既经商，又打猎。

解卦卦辞说：西南方向得利。在那里坐着不动，也有好事到来。

如果做买卖，必定吉利。（利西南。无所往，其来复，吉。有攸往，夙吉。）这是说经商。

解卦爻辞说：打猎获得三只狐狸。收回了射狐的铜箭头。（田获三狐，得黄矢。）这是说狩猎。铜箭头是金属利矢，当时是贵重物品，所以要收回，收回就值得一书。

背着包袱乘车，那包袱里的东西一定贵重，招致强人来抢。筮问如何？不好。（负且乘，致寇至，贞吝。）这又是说经商，谨防强人抢夺。

君子站在高高的城墙上远远地射隼，射中了，有收获。（公用射隼于高墉之上，获之，无不利。）这里再说狩猎。

看来这人经商为主，打猎是兼差，或者是业余爱好。

畜牧业在卦爻辞中有所反映。例如晋卦卦辞说："用康侯所赐良种马繁殖，一天接种多次。"（康侯用锡马蕃庶，昼日三接。）这明明是一个良马蕃殖场，可能为贵族所经营。在古经中，"牛"字8见，多出现在役使的场合，也有"畜牝牛吉"（离卦卦辞）的记载。"羊"字5见，还没有包括"其亡其亡，系于苞桑"实指羊而没有出现"羊"字者。

社会生活

1. 铜鼎

鼎，三足两耳烹煮食物的器具。先是陶制，后是金属器物，再往后，越制越大，成了宝器。铜鼎商时已有，至周而盛。和鼎有关，不是没有凶险，但在一般情况下，缺失可得补救，坏事可变好事，而金玉相配，尤其华贵可喜。

筮得鼎卦，大吉，通畅。（鼎，元吉，亨。）

鼎从底座处颠覆，利于倒出其中的脏物。得到妾和她的儿子。无损失。（鼎颠趾，利出否，得妾以其子，无咎。）宝鼎彻底倒下来，似乎不好，但有利倒出脏物，仍不失为好事。宝鼎倒下，是凶兆吉兆？吉兆，这一天得到了母子两个奴隶。

鼎里装了食物。我的同辈因病不能来。好。（鼎有实，我仇有疾，不我能即，吉。）

鼎耳脱落，无法移动。鼎里的野鸡肉烧焦不可吃了，刚好此时下雨，熄灭了火，减少了损失，终得吉利。（鼎耳革，其行塞。雉膏不食，方雨亏悔，终吉。）

鼎的支撑断坏，把主公的美味佳肴倒了出来。那是死罪。（鼎折足，覆公𬲏，其形渥，凶。）意思是要小心伺候，不出事就好。

鼎耳黄金所制，用来抬鼎的杠也是金属制成。筮问如何？吉利。（鼎黄耳金铉，利贞。）

312

鼎以玉饰铉。大吉大利。（鼎玉铉，大吉，无不利。）

2. 地震

地震是自然灾害，但它严重影响社会生活。震卦讲述遭遇地震的一些情形。起初无所谓，后来才知道地震的危害。《国语·周语上》："幽王三年，西周三川皆震。"这里讲地震，是不是周幽王时的事？如果是，那么，古经之所反映的确应当延伸到西周末年了。

地震，社会生活照样进行。地震来了虩虩地震响。人们谈笑自若。虽然百里之内都在动摇，手里拿着调羹，调羹里还盛着酒浆。（震，亨。震来虩虩，笑言哑哑。震惊百里，不丧匕鬯。）这是说初经地震，一刹那间的事，人们未改常态。

发生地震是一件严酷的事，损失了大量钱财。人们以为是把这些钱财带到高高的山岭上去了，相告不要去追寻，七天一个周期会自动归还。（震来厉，亿丧贝。跻于九陵。勿逐，七日得。）人们对地震带来的损失，起初还缺乏正确的认识，蒙昧地以为，一种不可知的力量把财富掠走了。并且相信，七天一个周期，所损失会自动回归。

地震苏苏作响，余震发生，还没有见到灾害。（震苏苏，震行，无眚。）这次余震，大概不是怎么厉害。

地震使山石成了泥土。（震遂泥。）他们持续观察，看见地形地貌有了变化，山石成了泥土。

地震去了又来，猛烈严酷。虽然钱财没有大量丧失，但出现了不平常的事态。（震往来厉，亿无丧，有事。）又一次余震，这次比上次厉害。

地震索索作响，人们惊惧地四顾。如此进行，凶险。这次地震灾祸没有落到其人自身，落到了他的邻居身上。他本人无恙。而亲戚那边有了一些传言。（震索索，视矍矍。征凶。震不于其躬，于其邻，无咎，婚媾有言。）古时消息闭塞，有大灾难，必有大量的谣传，究竟传言了什么，我们现在已无从推测了。

3. "军嫂"

这里借用"军嫂"这个词，表述渐卦中所说军人妻子的际遇。

女子出嫁，筮问如何？吉利。（女归，吉，利贞。）

大雁一步步飞到岸上。小青年有风险。有些闲言杂语，但没有过错。（鸿渐于干，小子厉，有言，无咎。）女子出嫁吉利。而男方有些闲言杂语，嫁给他有风险，可无过错，婚嫁成功。

大雁一步步飞到山坡上。雄雌相与饮食，亲爱和乐。吉利。（鸿渐于磐，饮食衎衎，吉。）这是说婚后小夫妻恩爱。

大雁一步步飞到陆地。丈夫出征未归。妻子有孕但没有生下来，流产了。凶险。但有利于抵御外寇入侵。（鸿渐于陆，夫征不复，妇孕不育。凶，利御寇。）这是说丈夫在战场上抗击敌人，有利于国家，而妻子在家流产了，大不吉利。

大雁一步步飞到树林。在林子里碰上强人，幸好强人知道她是军嫂，没有伤害她。（鸿渐于木，或得其桷，无咎。）

大雁一步步飞上大土山。自上次流产后，多年怀不上小孩，终于无法可想，总的来说还是吉利。（鸿渐于陵，妇三岁不孕，终莫之胜，吉。）因为军嫂支持了男人为国出力，这是大局。顾全了大局就好。

大雁一步步飞上大丘陵。大雁的羽毛可用来作为仪仗的装饰。（鸿渐于阿，其羽可用为仪。）本卦爻辞全用比兴手法，用"鸿渐"开头。而最后一爻更明白地是用比喻。比喻军嫂个人虽有不幸，但仍然可为妇女的典范。

4. 卫国情怀

离卦写一个贵族人士晚年处世态度，而犹有卫国情怀。

筮得离卦，吉利，通畅无阻。饲养母牛好。（离，利贞，亨。畜牝牛吉。）一个贵族以饲养母牛、繁殖牛群为乐，想必是在度余年了。

对步履错乱的有权势的人，敬而远之。这种态度不错。（履错然，敬之，无咎。）可知其时其人已退出政界，对正在掌权的人保持距离。

在夕阳西下的时候，不敲盆子唱歌，那就只能徒然嗟叹年岁之高。凶险。（日昃之离，不鼓缶而歌，则大耋之嗟，凶。）夕阳西下，比喻已到晚年。鼓盆而歌，是说自娱自乐。

入侵者突然来了。他们烧呀，杀呀，抛尸呀。（突如其来如，焚如，死如，弃如。）这突发事件，打断了这人悠游自得的生活。

泪下如雨。忧愁嗟叹。吉利。（出涕沱若，戚嗟若，吉。）是说有这种悲伤心情，利于保家卫国。

王于是出师讨伐，杀入侵之敌，俘获他们的部众。做得好。（王用出征，有嘉折首，获匪其丑，无咎。）可以想象，此人是随王出征了，他得享杀敌之快，与乎胜利之喜。至少可以说，此人在悠游之中不忘忧国。

5. 小青年新婚恩爱

咸卦讲小青年新婚恩爱。

娶妻大喜。（取女吉。）

轻触新婚妻子的大脚趾。（咸其拇。）轻触，谓爱抚之。

轻触其妻小腿肚，不好。这个部位以不动为宜。（咸其腓，凶，居吉。）

轻触她的大腿，把捉与之相连部分，再往前就不该了。（咸其股，执其随，往吝。）"相连部分"，当是臀部。

人们来往不绝。那是朋友们在跟踪你。（憧憧往来，朋从尔思。）此或是同辈闹新房之类的事。

轻触她的背沿脊部分，正确。（咸其脢，无悔。）

亲她的脸颊，吻她的唇舌。（咸其辅、颊、舌。）

6. 志异

睽卦说一些异常的事，后来就该叫做志异。

马丢失了，不去追寻，它自己回来了。碰到恶人，然而无恙。（丧马，勿逐自复。见恶人，无咎。）先说两桩怪事。

在巷子里碰见主君，无害。（遇主于巷，无咎。）自己的主管，应在办公地点相见，现在在小巷里遇到，见非其地，可也没有什么有害的事情发生。也是怪事一桩。

看到拉车的，他的牛却往反方向拖。那个拉车人额上黥字，鼻子被削。所见异常，而终无害。（见舆曳，其牛掣，其人天且劓。无初有终。）这是第四件、第五件怪事。

异常而罕见的人，遇见世事洞明的大老，两相交流，互为诚信。似有风险，而无灾害。（睽孤，遇元夫，交孚，厉，无咎。）"异常而罕见的人"（睽孤），有点像我们现在说的"宅男"，"大老"（元夫）略似于我们现在所说的"达人"。宅男与达人打交道，而且互为诚信，自是咄咄怪事。

到宗庙里去吃祭肉，做得对，吃了又何妨？（悔亡，厥宗噬肤，往何咎？）正常人不会到庙里去吃祭肉，祭肉是祭后按规矩分配的。这人不但去吃，而且理直气壮，说"吃了又何妨"，异于常情。这是怪事之七。

异常而孤独的人，看见猪在路上拉车。车上载一车鬼。先拉开弓，后又松脱。不是劫财，而是抢亲。去抢亲遇上大雨就好了。（睽孤，见豕负涂，载鬼一车，先张之弧，后说之弧。匪寇，婚媾。往，遇雨则吉。）这第八件怪事，可说是怪之最了。不是牛拉车，而是猪拉车。不是一车人，而是一车鬼。不是劫财，而是抢亲。不以风和日丽为佳，而以遇雨为好。怪之又怪。

7. 老少配是大祸

大过卦是说大祸事：屋栋有变动，夫妻年龄差距过大，过河水漫过头顶。主旨怕是说夫妻老少配不祥，"栋桡"、"灭顶"等只是用作陪衬。

屋的正梁弯曲，外出有利，通行无阻。（栋桡，利有攸往，亨。）正梁弯了，房要倒塌，待在房里有难，外出可以免祸。

祭祀用白茅垫上，没有过错。（藉用白茅，无咎。）祭祀洁白无瑕，这上面没有错。言下之意，错是错在别的方面。

如同干枯的杨树发出了嫩芽，老男人娶了一个嫩老婆，似乎两利。（枯杨生稊，老夫得其女妻，无不利。）

如大梁弯了，凶险。（栋桡，凶。）接着上面的话说，老夫少妻又如房将倒塌，祸事就在前头。

大梁升高，吉利，但有别的不安的因素。（栋隆，吉，有它吝。）大梁本已向下弯曲，经整治如常，所以说是"升高"了了。这当然好，可是也就有了其他隐患。什么时候会断裂也说不定。

干枯的杨树开了花，老女人弄到了一个壮汉做丈夫，没人说坏也没人说好。（枯杨生华，老妇得其士夫，无咎无誉。）此处爻辞未作或吉或凶的评断。但这卦是"大过"（大祸）卦，其含意可明。

涉水过河，水漫过头顶，凶险，终无灾祸。（过涉灭顶，凶，无咎。）灭顶之灾，怎么还说没有灾祸？意思是老少配虽则不祥，还不至于到死人的地步。虽则灭顶，但还有救。

8. 不见于史籍的特祭

丰卦记载了一宗古代有后世无的祭祀。这种由王主持的祭祀必于日中极暗处进行，祭有尸主和配主。

筮得丰卦，畅通无阻。王来到祭祀现场，说：不要担忧，祭祀当于日中举行。（丰，亨。王假之，勿忧，宜日中。）这是说王不但是主祭人，而且也参与了筹备，有所吩咐。

王在祭祀现场接见配主，"即使时间长一些也有效，只要行事有主见"。（遇其配主，虽旬无咎，往有尚。）王说，做配主长时间有效，只要他一心向着祭祀。

正午时搭一个大草棚，进去如见星斗，迅即怀疑（是昼还是夜）。诚信得以发扬，吉利。（丰其蔀日中，见斗往，得疑疾，有孚发若，吉。）正午搭一个棚子，里面一片黑暗。显出祭祀的诚心，这才吉利。

正午搭一个大布棚，进去如只能见到暗淡小星星一般黑。（因黑暗无光，）跌了一跤，把右臂折断了。这样才无过错。（丰其沛日中，见沫，折其右肱，无咎。）上一条和这一条都是说，搭个棚子，里面越暗越好，越暗越显得祭祀的诚心。

正午搭个草棚，进去如见星斗。在这里晋见夷主，吉利。（丰其蔀日中，见斗，遇其夷主，吉。）此时此地拜见被祭的代表人，合于礼仪，会有吉利之事相报。

（祭祀过程）呈现出华丽的性质，获得了美好的称誉。吉利。（来章，有庆誉，吉。）这是对祭祀过程的赞颂之词，肯定这祭祀合于规矩。

　　搭一个大的帐篷，以草编物覆盖他的住家，从窗户里看进去，里面空无一人，多年不见人烟。这是凶险的迹象。（丰其屋，蔀其家，阒其户，阒其无人，三岁不觌，凶。）为什么凶险？因为有祭祀的场所，而无往祭的人。有名无实，显示出朝廷的衰败。

处 世

1. 拥护周王

井卦主要说王的英明，如同井水清澄，大家都可从中得到好处。

改造城市不改造水井。没失去什么没得到什么。来井边取水，无可取便去。反而把吊下去打水的瓶子打破了。糟糕。（改邑不改井，无丧无得。往来井，井汔，至亦未繘井，羸其瓶。凶。）这是说旧井无水可打，亟待修治。

井水与泥相混不好喝，旧井未疏浚无鱼游。（井泥不食，旧井无禽。）这是说虽然井里有水，但混浊不能饮用。

井水清理干净了而无人饮用，使我心里悲伤难过。大家可放心饮用！君王英明，大家都会享受到他的福荫。（井渫不食，为我心恻，可用汲。王明，并受其福。）比喻周王实施善政而无人领情，爻辞作者感到悲哀，号召大家拥戴君王。

砌好井壁，做得对。（井甃，无咎。）群众虽不领情，王还是继续修缮水井，得到筮人的赞许。

井水清澈，寒冷的泉水可供饮用。（井洌，寒泉食。）赞美井水，亦即赞美王政，亦即赞美王。

傍晚收起井绳，但不把井盖上。心有诚信，所有的事都会变得好起来。（井收勿幕，有孚元吉。）筮人深信，只要心好，不会劳而无功，群众终会拥戴周王。这些反映了周王朝收拾民心的努力。

蹇卦言王事艰难，但若迎难而进，会有效果。

王事艰难，西南顺利，东北不顺。晋见上司，吉利。（利西南，不利东北，利见大人，贞吉。）推行王政有顺有不顺，有劳有功，上司嘉奖。

去时艰难，回时愉快。（往蹇，来誉。）那是说完成了艰难的任务。

臣为王做事，难上加难，不是因为自己的缘故。（王臣蹇蹇，匪躬之故。）不是王臣能力不够，而是王事本身困难。反映出周王朝的衰颓不振。

去时艰难，回时容易。（往蹇，来反。）这是说打开了局面。

奔着艰难而去，回来时联络了一批帮手。（往蹇，来连。）联络了一批人，是说有了克服困难的助力，并不是白跑一趟。

困难大，帮的人也多。（大蹇，朋来。）总之是还有办法，还未到束手无策的地步。

以艰难往，以大吉利回，利于晋见上司。（往蹇，来硕吉，利见大人。）有大成绩可交差，所以说"利见大人"。

由以上数条足见这位王臣在忠心耿耿地为王办事。

2. 世事艰难

屯卦言世事艰难，但得设法克服，不要束手无策。

筮得屯卦，顶级通畅，此卦吉利。不要到外面去有所活动。利于封下属或亲属为侯，建立侯国。（屯，元亨，利贞。勿用有攸往，利建侯。）屯是艰难，碰到艰难何以反而吉利呢？因为难可转为易，有困难就得想法克服，所以就吉利了。但得正视困难，不可外出妄动。而在内部巩固阵地，建立侯国，是为上策。

徘徊不进。若筮问定居之事，吉利。建立侯国也有利。（磐桓，利居贞，利建侯。）处于困难时期，不宜冒进。定居有利，巩固基层也有利。这都是教导王侯于困难时应取的做法。

虽乘大马，却兜着圈子，欲进不能。（发生了什么事？）不是劫财，而是抢亲。筮问女子嫁不嫁？十年后才嫁。（屯如邅如，乘马班如，匪寇，婚媾。女子贞不字，十年乃字。）这是难事举例，结婚结不成。

追赶野鹿，没有虞人帮助接应，只好进入茫茫林海中，猎人这时求取不如舍弃，若继续追逐会出问题。（即鹿无虞，惟入于林中。君子几不如舍，往吝。）这是难事又一例。筮人建议，求取无望，这次就算了，下次再来。

骑着高头大马兜圈子，以显摆的方式去求婚，去一次成功一次，吉利。（乘马班如，求婚媾，往吉，无不利。）这是教导人们如何去克服困难。这办法不行，换一种方式就成功了，而且屡试不爽。

艰难地积聚些油脂。小量积聚，筮问吉凶如何？吉利。大量积聚，筮问吉凶如何？凶险。（屯其膏，小贞吉，大贞凶。）这是教导人们不要想一口吃成一个胖子，得慢慢来。

乘着高头大马却只能兜圈子，哭得眼里出血，源源不断。（乘马班如，泣血涟如。）虽有骑马这样的优越的条件，但痛苦不堪仍是常态。入世的任何人都当作如是观。

困卦举例言各色人等的困窘。有体察人们困苦之心，自是社会进步的积极因素。但见困窘多有，世界并不美妙。

困坐在树桩上，进入幽深的山谷，多年不见天日。（臀困于株木，入于幽谷，三岁不觌。）此或是避世者之困。

为酒食所困，喝得太多，吃得过量，周王或权臣刚要到来。（困于酒食，朱绂方来。）此言候任官员者之困。

在石堆里被困，抓住蒺藜攀援出来。回到家里，不见了妻子。（困于石，据于蒺藜。入于其宫，不见其妻。）此言有家室者之困。至于为何掉进石头堆里去，或是有人陷害。

为贵重的坐驾所困，只能缓缓行进。（来徐徐，困于金车。）此言富有者行路之困。

受肉刑者为执行刑罚者所困，慢慢才得解脱。（劓刖，困于赤绂，乃徐有说。）此言受残酷肉刑者之困。

如同为葛藤系缚所困一样，为世上动乱不安所困扰。（筮问困顿之状如何？）回答说动不动就倒霉又倒霉。（困于葛藟，于臲卼，曰动悔有悔。）此言动乱的世界带给一般人之困。

需卦言宜以诚信耐心等候。世事艰难，随处困窘，对付之法是等候又等候，等候机会到来。虽或有意外发生，幸而吉多凶少。

在城郊等待，以有恒而得利，没错。（需于郊，利用恒，无咎。）在城郊等待，或是谋求机会进城谋生。这样的机会是有的。

在沙中等待，有些闲言杂语，终得吉利。（需于沙，小有言，终吉。）这里有 5 句开头都用"需于"，类似于《诗经》中的比兴，在有意无意之间。至于是沙，是泥，是沟渠，并非确指，只是说在等待之中。这一句是说在等待中有人讲闲话，那无关紧要，最后还是有好的结果。

在泥中等待，招惹寇盗来犯。（需于泥，致寇至。）在等待中有强人来犯，这是碰到倒霉的事了。

在沟渠中等待，有陌生人或物从穴中冒出。（需于血，出自穴。）这是说在等待中出现了意外的事。

等候宴饮，筮问如何？吉利。（需于酒食，贞吉。）这是说等到了好事。

回到家，来了三个不请自来的客人。以礼相待，终得吉利。（入于穴，有不速之客三人来，敬之，终吉。）这是说在家里等待时机，等来了三个不请自来的客人。这种不请自来的人，介于客人与强人之间。对这类人以礼相待，可得免祸。

3. 保有既得利益

大有卦论公卿大臣保持富有之道，同辈不互害，对天子或权臣输送巨大利益，不自我张扬。

富有，一切都有，顶级顺畅。（大有，元亨。）

不互相陷害，不是祸，是福。共患难时，黾勉同心，则无内忧。（无交害，匪咎，艰则无咎。）爻辞作者认识到，公卿大臣之所以倾家荡产多是彼此相害的结果，所以提出不要互相陷害。

用大车装载财货，有输送的目的地，可得无害的结局。（大车以载，有攸往，无咎。）此言以大量财货相送。当然是输送到关乎自己命运的人那里去，首先是送给天子这个世界上最有权势的人。

公卿大臣以此得受天子宴享，庶民不能得此厚遇。（公用亨于天子，小人弗克。）有所输送，必得报偿。

不那样张扬，才得免祸。（匪其彭，无咎。）是说不炫富，不显摆，不盛气凌人。

其诚心积聚迭加，吉利。（厥孚交如威如，吉。）谓公卿对天子之忠诚有加无已，可得吉祥如意。这是保持富有的另一个重要条件。

上天保佑他，没有不利的时候。（自天祐之，无不利。）不相害，以大量财货输送，不自我张扬，又得诚信相待，上天也会保佑他。

4. 持家

蛊卦言如何对待父母的错。父亲政治上的错，要纠正；母亲的错可能与政治无关，不要去管它。

管束父亲的迷误，说明有好的儿子，父亲无过无灾。虽有风险，终得吉利。（干父之蛊，有子，考无咎。厉，终吉。）周公灭管、蔡，后人称之为大义灭亲。那是兄弟，这是父子。对父亲的迷误怎么办？去掉。这和后来的"父为子隐，子为父隐"大相径庭。

管束母亲的迷误，筮问可否？不可。（干母之蛊，不可贞。）为何对父母有这样的区别？或者因为父亲的错，是政治上的错。母亲的错，是生活小事，不足为虑。

管束父亲的迷误，会有小的晦气，而无大碍。（干父之蛊，小有悔，无大咎。）这是重申"干父之蛊"的正确性。

任由父亲的迷误增大持续，如此以往，将被看成是个问题。（裕父之蛊，往见吝。）

管束父亲的迷误，会受到赞誉。（干父之蛊，用誉。）不同态度会有不同结果，希望有一个正确的抉择。

不为王侯做事，认为所为高尚。（不事王侯，高尚其事。）即使有政府方面的干预，也不在乎。我并不在为王侯服务，我在做自己认为合于道德的事。

家人卦要求从严治家，让自己的家富起来。

防止家里出事，正确。（闲有家，悔亡。）防止家里出事，也就是要管束家人，不让胡来。这个人可能是一个有地位的人，才能这样说话。

妇人别无所成，在家中做供应饭食的事，筮问如何？吉利。（无攸遂，在中馈，贞吉。）这是规定妇女的任务，只管在家做饭，不要管外面的事，不许干政。

家长严肃，要求苛刻。先是有不快，继而磨励修治，终归吉利。妇人女子嘻嘻哈哈，戏乐失常，终究不好。（家人嗃嗃，悔、厉，吉。妇子嘻嘻，终吝。）这样的家庭没有天伦之乐，但也无生事之忧。

使家里富有，大吉大利。（富家，大吉。）这人一是把家里人管死，不出漏子；一是大发其财，使子孙无衣食之忧。看清楚这个人了吧？

王来家视察，见此情景，不再忧虑，吉利。（王假有家，勿恤，吉。）这样的家为王所首肯，是王提倡的模范之家。

诚信在胸，威严在外，终得吉利之果。（有孚威如，终吉。）对于这种治家模式，筮人充满信心。

5. 取容于世

随卦说要随从，跟着来。有官命即随从，不成问题。但在用人牲这件事情上随从什么呢？随从抓小孩还是抓大人？爻辞自有其说。就其根本而言，就是当随从诚信。

随从，畅通无阻，没错。（随，元亨，利贞，无咎。）卦爻辞作者充分肯定随是一个正确的原则。

官府有明示，筮问可得随从否？随从吉利，外出活动皆有成功。（官有渝，贞吉，出门交有功。）照官说的办，这样保险。

抓住了小孩，逃走了大人。（系小子，失丈夫。）这是给随从人者出难题。一个大奴隶，一个小奴隶，是用来作人牲的。现在抓到了小奴隶，逃走了大奴隶，你怎么随从呢？

抓住了大人，小孩又逃走了。随从其所求。筮问居心如此如何？这样吉利。（系丈夫，失小子，随有求得，利居贞。）"随从其所求"，是说你想要用大奴隶，就用他；你想用小奴隶，就去把小孩抓回来。

随顺所抓获的，但这样做不好，问著通不过。有诚心在，天道得以显扬，有何过错？（随有获，贞凶。有孚在，道以明，何咎？）

随顺所抓获的，意思是抓住谁就是谁。为什么这样不好呢？因为是讲机遇，而不是讲道理。决定权在哪儿？是在问著呢，还是诚信和天道？按此处行文，有诚信，还有什么过错？那就是说诚信和天道是首要的，有了它，就不会有过错。归根结柢，随从是随从诚信，随从诚信之心，亦即随从天道。这一条，请参看前文"天人之际"。

诚信于美好，吉利。（孚于嘉，吉。）诚信要表现在美好方面，这美好是指祭祀的完备，合于礼仪，就是说必须杀人牲以祭。

抓住他，捆绑他，再加大绳捆紧些，周王用来到岐山祭祖。（拘系之，乃从维之，王用亨于西山。）这一条是对上面一条的具体化，所谓"孚于嘉"（诚信于美好）便是如此。

巽卦论随顺之道，随顺挺好的，但非一概随顺，损及自己利益时就不可无条件随顺。

筮得巽卦，较为顺利。所往皆利，特别是有利晋见上面当权者。（巽，小亨。利有攸往，利见大人）能随顺其意，上司自然喜欢。

知进知退，筮问以此对付军人如何？吉利。（进退，利武人之贞。）知进退，谓当进则进，当退则退，审时度势。这是说顺着形势来就好，足以应对以武力逞强的人。

在座位之下顺从，纷纷然使用巫史卜筮一类的人员，这样做吉利，正确。（巽在床下，用史巫纷若，吉，无咎。）"在座位之下"，是说他没有掌权，这时候他能向巫史请教，遵从他们的意见，会有好结果。

频频顺从，不好。（频巽，吝。）只知顺从他人，自己毫无主见，这也不行，不是好事。

打猎获得多种类的猎物，自无遗憾。（悔亡，田获三品。）此言顺从当以能否有所获得为准绳。

初始如何不必问，重要的是要有结果。结果好就是有利，就不悔当初。问著就会得吉利之占。（贞吉，悔亡。无不利。无初有终。）这是说随顺要看结果。这是上一条意义的延伸。

已丧其财货器用，而仍处于座位之下随顺。筮问如何？凶险不利。（巽在床下，丧其资斧，贞凶。）这是说在什么情况下不该随顺。

兑卦论与人相处之道，谓当以诚信为本，取悦于人。

筮得兑（悦）卦，畅通无阻，是一个吉利的卦。（兑，亨，利贞。）

基于和顺的愿望而取悦于人，吉利。（和兑，吉。）

基于诚信而取悦于人，吉利，正确。（孚兑，吉，悔亡。）

来即相悦，凶险。（来兑，凶。）谓无诚信亦无良好的愿望，亦即无原则地取悦于人，不会是好事。

商量谋求和好怡悦之道。即使尚未商量好，大病也会痊愈。（商兑，未宁，介疾有喜。）大病痊愈，比喻事情会决定性地往好的方面发展。

诚信受到损害，有风险。（孚于剥，有厉。）是说取悦于人，而损害了诚信，那就有风险，可能出事。

经常取悦于人！（引兑。）

自　处

1. 自我约束

谦卦提倡谦逊的美德，认为于己于国都有利，而与征伐并不矛盾。

谦逊，畅通无阻。谦逊君子会有好的结局。（谦，亨，君子有终。）

谦而又谦的君子，凭着这谦退的美德能渡过大江大河，吉利。（谦谦，君子用涉大川，吉。）"能渡过大江大河"，比喻可克服巨大的困难。

自命谦恭，筮问如何？吉利。（鸣谦，贞吉。）

为谦退而忙碌劳累，君子如此，必得好的结果，吉利。（劳谦，君子有终，吉。）"为谦退而忙碌劳累"，是说极度谦恭。

实行谦恭，卑己下人，处处有利。（无不利，撝谦。）

不以邻居而富，利于用此精神征伐，到处皆利。（不富以其邻。利用侵伐，无不利。）是说不损人利己，征伐不是为了谋利，只为伸张正义。这是把谦恭与征伐统一起来。换句话说，谦恭不等于不征伐。

自命谦恭，用谦退精神派兵征讨城邑侯国，有利。（鸣谦，利用行师征邑国。）这是对上一条意义的重申。

艮卦要求自我约束，控制全身的每一个部位。

控制其背，不能控制他全身。如同在他庭院里走，未见到他的全貌。这比喻恰当。（艮其背，不获其身。行其庭，不见其人。无咎。）这是说要限制就要严格限制，只限制一部分还不够，必须约束每一个部位。

约束他的脚，不错，长期有利。（艮其趾，无咎，利永贞。）约束他的脚，是不让乱走，履行于礼。

约束他的小腿走正道，如果不承接与之相连的大腿，心里不会爽快。（艮其腓，不拯其随，其心不快。）意思是大腿与小腿相连，不可能分开动作。约束了小腿，就是约束了大腿。

控制腰部使之挺直，防止背脊扭曲，防止衰老的忧虑烧灼他的心。（艮其限，列其夤，厉薰心。）艮卦在说了必须约束全身每一个部位之后，就从脚开始，约束到脚、小腿、大腿，以至于身体，直到脸颊。

约束其身，好。（艮其身，无咎。）好就好在使之正直，不谄不傲。

管束他的腮帮，说话有条不紊，消除遗憾。（艮其辅，言有序，悔亡。）

节卦倡导节制，主张内敛，安于节，乐于节，行有度。

筮得节卦，畅通无阻。以节制为苦，筮问如何？不可。（节，亨。苦节，不可贞。）

不走出内户和厅堂，不会出事。（不出户庭，无咎。）

不走出大门和院子，凶险。（不出门庭，凶。）与上条比，只向外在世界迈出一点点，为什么就凶了？爻辞作者主张内敛，稍向外扬就以为不节，这是说要掌握节制的分寸。

如果不节，就会嗟叹，没错。（不节若，则嗟若，无咎。）相反，如果节制，就不会嗟叹了，所以说"没错"。

安心于节制和受节制，畅通无阻。（安节，亨。）

乐于自我节制，吉利，有所行动，心怀信仰。（甘节，吉，往有尚。）

以节制和受节制为苦，筮问如何？凶险。（相反则）正确。（苦节，贞凶，悔亡。）卦辞已说"苦节，不可贞"，这里再说，以相呼应。但那里是说不可以，是就情理说；这里则说凶险，是就结果说。

2. 强而不骄，升迁不喜

大壮卦说不要恃强而骄，恃强而骄会导致困境。

很强壮，筮问得此卦如何，吉利。（大壮，利贞。）

腿脚强健，以此征行或征伐，凶险。因为有诚在。（壮于趾，征凶，有孚。）讲究诚信才是根本。不讲诚信，而恃强征伐，必败。

小人靠强壮，君子靠忧思，筮问如何？当敬惧。如同公羊头触篱笆，篱笆缠住了它的角，陷于困境。（小人用壮，君子用罔，贞厉。羝羊触藩，羸其角。）

冲决篱笆使不具缠缚之功，那力量要强于大车的轮子。（藩决不羸，壮于大舆之輹。）这是延续上一条的比喻，意思是公羊要冲破藩篱是不可能的，它没有那个能力。

由于不经心丢失了羊，无悔恨。（丧羊于易，无悔。）亡羊补牢，未为晚也。

公羊头触篱笆，退不能退，进不能进，极为艰难，但艰苦的处境会产生克服它的力量，吉利。（羝羊触藩，不能退，不能遂，无攸利，艰则吉。）就着羝羊触藩的比喻加以引申，坏事可变为好事，困境能产生力量。本条与上条都是讲变易，讲坏事中产生好事。

晋卦说阶位晋升没有什么，马匹繁殖、诚信充裕方是真喜。

用康侯所赐良种马繁殖，一天接种多次。（康侯用锡马蕃庶，昼日三接。）此言养马之乐。养马有实惠，胜过阶位的晋升。

获得晋升，心情摧挫不悦。筮问是好是坏？吉利。还是算不错。原因是诚信满满，行为正确。（晋如摧如，贞吉。罔。孚裕，无咎。）

阶位晋升了，却发愁。筮问是好事坏事？吉利。从祖母那里得到这大福。（晋如愁如，贞吉。受兹介福，于其王母。）好事是好事，但并不是自己有什么功劳，是得祖母的庇荫。

家人皆信实，可无遗憾。（众允，悔亡。）此人晋升是喜，但把诚信看得更为重要。

虽然晋升了，但如鼫鼠一般，并没有过硬的本事。筮问如何？

有风险。（晋如鼫鼠，贞厉。）晋升是晋升，但本事平平，不足为喜。

正确地行事，不计得失，所往皆吉，处处得利。（悔亡，失得勿恤，往吉，无不利。）前面各条讲晋升不喜，都有不喜的理由。这一条更升华了，只要做得对，得失都无所谓。

以较量竞争之法决定晋升与否，只是用来惩罚叛邑之法，不足取，有风险，但仍不失为一种好方法，稳当可用。但按之卜筮，从根本上来说，仍然是不好。（晋其角，维用伐邑，厉，吉，无咎，贞吝。）这是一个总结，晋升本不是万全之策，它只是一种适用于某个局部的办法。

3. 适中而可

小过卦主张适中，倾向于谦退、屈下，反感刚愎、躁进。

事能做成就好，是一个吉利的卦。做事可小做，不可大做。飞过去的鸟留下来的声音似乎是说：不当往上飞，应当朝下。这样大吉大利。（小过，亨，利贞。可小事，不可大事。飞鸟遗之音：不宜上，宜下，大吉。）

飞鸟以躁进而凶。（飞鸟以凶。）上一句说鸟向上飞吃力，喜欢往空气厚的下方飞，以鸟作比。这里仍以鸟作比，鸟飞得速度快，因而有碰上物体而丧命的危险。

错过了祖父，幸好碰上了祖母；没赶上君主，赶上了大臣也不坏。（过其祖，遇其妣。不及其君，遇其臣。）言不必非求其最好不可，求其次亦可，犹胜于无。

防止受伤害，应当适度。（如果防之过度，）可能有人会伤害到他，凶险。（弗过防之，从或戕之，凶。）这是说过犹不及。

处事要适度。（如果不适度，）就危险。一定要戒慎，不要过度。这是一个长期有利的卦。（弗过遇之，往厉，必戒，勿用，永贞。）这可说是谆谆告诫。

从我西郊飘来密云，将雨未雨。大人乘机射得那在穴中藏身的野物。（密云不雨，自我西郊，公弋取彼在穴。）将雨未雨，是说其势已成，野物跑不了啦。做事要看准机会，不在于做过头。

处事不要过度。（如过度，）就如飞鸟会被罗网逮住。（勿遇过之，飞鸟离之。）再三再四，说同一个道理。

4. 安乐无忧

豫卦论安乐之道，必须逸豫，但逸豫有度。

筮得豫卦，利于建立侯国、出动军队。（豫，利建侯行师。）建立侯国，减少基层麻烦。出动军队，以免滋扰。

以逸豫自标榜，凶险。（鸣豫，凶。）要安乐，但不以安乐自标榜，自鸣得意。

比石头还坚硬，不要一整天，其美德就能获得认可，筮问得吉利之占。（介于石，不终日，贞吉。）要坚强才能获得安乐。

过度欢乐，错。延时欢乐，又错。（盱豫，悔。迟，有悔。）

由于逸豫适度，大有所得，不用怀疑。也由于逸豫有度，朋友得以聚会。（由豫，大有得，勿疑。朋盍簪。）

筮问疾病如何？病不会好，但不会死。（贞疾，恒，不死。）这是说疾病与安乐的关系。病不会因安乐而愈，人也不会因安乐而死。

暗自欢娱之习已成，即使明说也无害。（冥豫成，有渝，无咎。）

5. 努力不懈

既济卦论成功不等于万事大吉，而成功必须诚信，必须经过艰危的努力。

河已渡过，事业已成。筮问如何？小有利。因为好可以变坏。（既济，亨，小利贞，初吉终乱。）

拉车渡河，河水沾湿了车尾，没问题。（曳其轮，濡其尾，无咎。）要过河，就要经过艰难的努力，所以说没问题。

妇女丢失了她的首饰，不必去追寻，七天会再得。（妇丧其茀，弗逐，七日得。）这是运用天道循环的道理，来说明不必刻意追求，付出必有偿报之理。

殷高宗伐鬼方，打了三年仗才把它拿下，教训是不要用小人执掌军务。（高宗伐鬼方，三年克之，小人勿用。）这是说，经过长期艰苦的努力才能取得成功。

河水沾湿了穿絮衣者，总是戒慎，不敢松懈。（繻有衣袽，终日戒。）因为一松懈就可能被淹死了。

东邻商杀牛以祭，费用巨，不如西邻周以饭菜为祭的薄祭，享受到实际的恩惠。（东邻杀牛，不如西邻之禴祭，实受其福。）谓成就在于诚心。

过河而水淹没了头，危险。（濡其首，厉。）为了渡河成功，冒险前行。

未济卦言事尚未成时，当防没顶之灾，当作艰苦努力，当有诚信于胸。

渡河未到岸，顺利。小狐过河，接近到岸，淹没了尾巴，不利。（未济，亨。小狐汔济，濡其尾，无攸利。）未到岸而说顺利，谓终将顺利到岸。实际情况是，如小狐临到岸时连尾巴都淹了，可能功败垂成。

如车过河，拽着轮子向前，筮问如何，吉利。（曳其轮，贞吉。）

以雷霆之怒讨伐鬼方，经过三年苦战，方从天朝那里领到赏赐。（震用伐鬼方，三年有赏于大国。）此言从未济到济，需有艰苦卓绝的努力。所引史例与既济卦同。

筮问得吉利之占，没有遗憾。君子的光荣在诚信，吉利。（贞吉，无悔。君子之光有孚，吉。）极言诚信之功。

在饮酒时有诚信，无过错。过河淹没了头顶，那是失去了诚信才会产生的。（有孚于饮酒，无咎。濡其首，有孚失是。）耽酒乱德，但若有诚信，饮酒也无妨。倘过河不成，终于未济，根本问题在于失去诚信。

文学因素

1. 类似于《诗经·小雅》诗句的卦爻辞

否卦九五："其亡其亡，系于苞桑。"

《四牡》："翩翩者雏，载飞载下，集于苞栩。"

中孚九二："鸣鹤在阴，其子和之。我有好爵，吾与尔靡之。"

《鹿鸣》："呦呦鹿鸣，食野之苹。我有嘉宾，鼓瑟吹笙。"

明夷初九："明夷于飞，垂其翼。君子于行，三日不食。"

《鸿雁》："鸿雁于飞，肃肃其羽。之子于征，劬劳于野。"

2. 类似于《诗经·国风》中重章迭句的卦爻辞

需卦

初九，需于郊，利用恒，无咎。

九二，需于沙，小有言，终吉。

九三，需于泥，致寇至。

六四，需于血，出自穴。

九五，需于酒食，贞吉。

复卦

初九，不远复，无祗悔，元吉。

六二，休复，吉。

六三，频复，厉，无咎。

六四，中行独复。

六五，敦复，无悔。

上六，迷复，凶，有灾眚。用行师，终有大败。

咸卦

初六，咸其拇。

六二，咸其腓。

九三，咸其股。

九五，咸其脢。

上六，咸其辅、颊、舌。

遁卦

初六，遁尾。

九三，系遁。

九四，好遁。

九五，嘉遁。

上九，肥遁。

艮卦

艮其背，不获其身。行其庭，不见其人。无咎。

初六，艮其趾，无咎，利永贞。

六二，艮其腓，不拯其随，其心不快。

九三，艮其限，列其夤，厉薰心。

六四，艮其身，无咎。

六五，艮其辅，言有序，悔亡。

渐卦

　　初六，鸿渐于干，小子厉，有言，无咎。

　　六二，鸿渐于磐，饮食衎衎，吉。

　　九三，鸿渐于陆，夫征不复，妇孕不育，凶，利御寇。

　　六四，鸿渐于木，或得其桷，无咎。

　　九五，鸿渐于陵，妇三岁不孕，终莫之胜，吉。

　　上九，鸿渐于阿，其羽可用为仪，吉。

　　渐卦爻辞比其他卦爻辞更像《诗经》一些。下引《卫风·有狐》以相印证：

　　有狐绥绥，在彼淇梁。心之忧矣，之子无裳。

　　有狐绥绥，在彼淇厉。心之忧矣，之子无带。

　　有狐绥绥，在彼淇侧。心之忧矣，之子无服。

　　爻辞像《国风》，其次要算鼎卦了：

　　初六，鼎颠趾，利出否，得妾以其子。

　　九二，鼎有实，我仇有疾，不我能即，吉。

　　九三，鼎耳革，其行塞。雉膏不食，方雨亏悔。

　　九四，鼎折足，覆公餗，其形渥。

　　六五，鼎黄耳金铉，利贞。

　　上九，鼎玉铉，大吉，无不利。

3. 卦爻辞中的韵文（括号内为其韵部）

乾卦初九："潜龙，勿用。"（东）

乾卦九二："见龙在田，利见大人。"（先）

乾卦九五："飞龙在天，利见大人。"（先）

屯卦六二："屯如邅如，乘马班如。（寒）匪寇，婚媾。（侯）女

子贞不字，十年乃字。"（哈）

屯卦上六："乘马班如，泣血涟如。"（寒）

需卦六四："需于血，出自穴。"（屑）

否卦上九："倾否，先否后喜。"（哈）

同人九三："升其高陵，三岁不兴。"（登）

同人九四："乘其墉，弗克攻。"（东）

观卦六四："观国之光，利用宾于王。"（唐）

无妄六三："无妄之灾，或系之牛，行人之得，邑人之灾。"（哈）

颐卦初九："舍尔灵龟，观我朵颐。"（哈）

大过九二："枯杨生稊，老夫得其女妻。"（灰）

大过九五："枯杨生华，老妇得其士夫，无咎无誉。"（模）

坎卦六三："来之坎，坎险且枕，入于坎窞。"（添）

坎卦六四："樽酒，簋贰，用缶，纳约自牖，终无咎。"（萧）

坎卦九五："坎不盈，祗既平。"（青）

离卦九三："日昃之离，不鼓缶而歌，则大耋之嗟。"（歌）

离卦九四："突如其来如，焚如，死如，弃如。"（模）

离卦上九："王用出征，有嘉折首，获匪其丑，无咎。"（萧）

咸卦九四："憧憧往来，朋从尔思。"（哈）

大壮九三："小人用壮，君子用罔。"（唐）

明夷九三："明夷于南狩，得其大首。"（萧）

家人六二："无攸遂，在中馈。"（灰）

睽卦六三："见舆曳，其牛掣。"（曷）

睽卦上九："睽孤，见豕负涂，载鬼一车，先张之弧，后说之弧。"（模）

益卦上九："莫益之，或击之。"（锡）

夬卦九四："臀无肤，其行次且。"（模）

困卦初六："臀困于株木，入于幽谷。"（屋）。

困卦九二："困于酒食，朱绂方来。利用享祀。"（哈）

困卦六三："困于石，据于蒺藜。入于其宫，不见其妻。"（灰）

困卦九四："来徐徐，困于金车。"（模）

困卦九五："劓刖，困于赤绂，乃徐有说。"（曷）

井卦九三："井渫不食，为我心恻，可用汲。王明，并受其福。"（德）

革卦九三："革言三就，有孚。"（萧）

革卦上六："君子豹变，小人革面。"（寒）

鼎卦初六："鼎颠趾，利出否，得妾以其子。"（咍）

鼎卦九二："鼎有实，我仇有疾，不我能即，吉。"（屑）

鼎卦九三："鼎耳革，其行塞。雉膏不食，方雨亏悔。"（德）

鼎卦九四："鼎折足，覆公𫗧，其形渥。"（屋）

震卦六二："震来厉，亿丧贝。"（曷）

震卦上六："震索索，视矍矍。"（铎）

艮卦六五："艮其辅，言有序。"（模）

渐卦六二："鸿渐于磐，饮食衎衎。"（寒）

渐卦九三："鸿渐于陆，夫征不复，妇孕不育。"（萧）

渐卦六四："鸿渐于木，或得其桷。"（屋）

渐卦九五："鸿渐于陵，妇三岁不孕，终莫之胜。"（登）

渐卦上九："鸿渐于阿，其羽可用为仪。"（歌）

归妹初九："归妹以娣，跛能履。"（灰）

归妹九四："归妹愆期，迟归有时。"（咍）

归妹上六："女承筐无实，士刲羊无血。"（屑）

旅卦九四："旅于处，得其资斧。"（模）

旅卦上九："鸟焚其巢，旅人先笑后号咷。"（豪）

巽卦上九："巽在床下，丧其资斧。"（模）

中孚六三："得敌，或鼓或罢，或泣或歌。"（歌）

中孚六四："月几望，马匹亡。"（唐）

小过九三："弗过防之，从或戕之。"（唐）

小过上六："弗遇过之，飞鸟离之。"（歌）

未济卦："未济，亨。小狐汔济，濡其尾，无攸利。"（灰）

不计重复，共 61 条。其中一些可能是行文巧合，而大部分则是有意添进的文学成分。

4. 卦爻辞中的比喻随处皆是

比喻是卦爻辞的重要组成部分，抽掉比喻，卦爻辞就不可通读。不过，有的比喻显白，有的比喻没那么明显。比喻什么，各家可有不同理解，但其为比喻，则大致上都能同意。

举例来说，乾卦以龙比喻有谋略的君子。坤卦以括囊比喻行事稳重。屯卦以泣血涟如比喻世事艰难。需卦以利涉大川比喻克服重大困难。讼卦以锡之以带而终朝三褫之比喻宠辱无常。小畜卦以舆脱辐比喻夫妻反目等。

又例如，履卦以履虎尾比喻与武人打交道。观卦以盥而不荐比喻虔诚。大过卦以枯杨生稊、枯杨生华比喻夫妻老少配。无妄卦以失牛比喻无妄之灾。晋卦以鼫鼠比喻毫无特长。大壮卦以羝羊触藩比喻躁进。井卦以井渫比喻王明。归妹卦以承筐无实比喻当注重实际。旅卦以鸟焚其巢比喻丧失根本。涣卦以洗涤比喻冲刷污秽等。

有的卦爻辞在意境上就是一首诗。我们前面举过贲卦爻辞的例，可以复看。

附　录

在周秉钧先生冥诞百周年
纪念会开幕式上的发言

领导、嘉宾、全体与会的老师们、同学们：

在周先生逝世那天晚上，他的家属、他的学生彻夜守候在他的遗体旁，我们都痛彻心扉。22 年过去了，记忆犹新。他逝世一周年的时候，为他编一个纪念集，在后记里我说，只怕到他老人家百周年冥诞的时候，我已经到了七十三八十四那个下限，能不能挨到那个时候，还很难说。而现在居然挨到了。想周先生只 77 岁，而我竟活到了这个份上，惭愧之至。

1994 年 10 月 22 日光明日报发文章《古汉语研究——高处不胜寒》。那里称我们为"古汉语研究重镇"。这当然是言重了。重镇在北大，南大，川大，杭大，在北京，在上海，在天津，在广州，在武汉。长沙是二等城市，还谈不上重镇。不过也得实事求是地承认，学术界在谈到古汉语学科的时候，往往会说到湖南，说到我们。这是因为我们这里曾是杨树达先生工作过的地方。我曾举过三个数字来说明问题。1941、1943 教育部部聘（社会科学）教授 19 人；1948 中研院（人文组）院士 28 人，1955（哲学社会科学）学部委员 64 人，在这三个名单中都有名的只有三人，那就是陈寅恪、杨树达、汤用彤。在杨遇夫这样的大学者所在的单位，他们的古汉语研究和教学不可能就悄无声息。因为他还有同事，有学生，有接班人。有受他影响而诚心向学的人。这人当以周铁铮先生、周秉钧先生为代表。前一位周先生逝去，只剩后一位周先生在。他独立地担当了承先启后的大任。周先生是正宗的章黄弟子，他在武汉大学师从刘博平先生，师生情谊甚笃。毕业即留校任教。1946年来湖大任教，与杨先生共事，即以杨先生为师。正如杨伯峻先生以杨门家学而拜季刚先生为师一样，他们是相互取长而学习。周先生在20世纪80年代不乏外出讲学机会，每到一地，都弘扬杨先生的治学精神，这是凡听过他讲学的人都能证实无误的。他是以章黄的根柢，而治杨遇夫之学，所以能自成一家。我们这些学生都是读周先生的《古汉语纲要》而粗识学问的。在他的《古汉语纲要》里，载有28部字音归部表，那表明他是章黄，同时又载有与中学教学语法相贴近的语法系统，有虚词的详解，这表明他是在践行杨说。不仅如此，他的《纲要》还载有王力先生的"新训诂学"，这表明他博采众长，而不限于家数。

简要地说，湖南师大之所以曾被媒体称为古汉语研究重镇，是因为有杨树达先生的遗泽，是因为有周秉钧先生是这里的学术带头人，是因为我们在努力继承周先生的遗志。周先生之所以能在这里树起他的旗帜，是因为他以章黄的根柢而治杨遇夫之学，他把现代语法引进到训诂之中，而闭口不提以语音相系联而结构成的语源之学。他博采众长，从不以家数为藩篱。这就是周秉钧先生。在他的教导之下，他的学生也不以一家之学为限，音韵学可以学严学窘，严是罗常培的学生，也可以不限于考古而跳到拟音派那里去。文字学不限于《说文》，而以金甲为铁的佐证，这在他指导的汤可敬教授《说文解字译注》中看得尤为明显。语言材料不限于古代经史，可以扩展到佛经、方言，以至于近代。

今人研究《尚书》，以金甲文印证，方法焕然一新。于省吾《双剑誃尚书新证》，杨树达《积微居读书记·尚书说》取得了成绩，提供了范例。而在专书研究上，民国以来，成就最大而为学界所公认的，当首推常德杨筠如（王国维学生），益阳曾星笠（自成家数）。杨序所谓"撷曾杨之善说"，"曾""杨"便是这二位。周先生《尚书易解》汲取曾杨的精华，其尚未明者，则爬梳而整比之，下以己意。可以说，《尚书易解》，不仅在于让人"易"晓，而且在于善，在于爬梳整比。《易解》在《尚书》研究中的地位是不可动摇的。现在流行于市场的有屈万里《尚书今注今译》，王世舜《尚书译注》，金景芳、吕绍纲的《尚书·虞夏书新解》，值得关注的还有李民、王健《尚书译注》（上海古籍出版社，2004）。这些书谁更有生命力，谁将为后人、为下一代人所抉择，只有让时间来证明。《尚书易解》统计到1989年，也就是出版以后的第五年，已有126种专著专论引用，有8种专书评价，重印7次，印行17万册，这样的数据似乎在预示《尚书易解》的生命力将无可限量。书不在多，段玉裁《说文注》，陈奂《诗毛氏传疏》，刘宝楠《论语正义》，焦循《孟子正义》，有一本就行。就如我们，书倒是不只一本，但没有书能传世，就是再多也没有用。

　　周先生逝世以后，我曾试问先生的遗稿情形，所得回答是已全部封存。现在已过去二十几年，希望家属同意解封，由组织上派人当家属面清点登记，组织专门班子进行整理出版。我们希望看到《五经易解》的部分稿子，《说文一日笺》的全部稿子，能陆续整理出来。周先生一两部书贡献已大，但若全部整理出来，将会有更大的贡献。

　　学科、学院、学校为周先生冥诞一百周年组织了这次纪念活动，既是对周先生所作贡献的一种铭记，也是对他的学生的一种尊重，我谨以周先生学生的名义表示诚挚的谢意。同时，也谢谢应邀前来参加纪念活动的学者和同行，谢谢你们。

2015 年 7 月 18 日

在周秉钧先生冥诞百周年纪念会
学术讨论会上的发言

周先生逝世，李运富教授挽联说：

> 五经易解刚开头，滚滚湘江悲永诀；
> 万卷藏书忍释手，涟涟梅雨哭先生。

《尚书易解》出版后，曾有一说，周先生会接着出《诗经易解》、《易经易解》等《五经易解》。此说或出自先生宿愿，或是众弟子之所希冀，何者为确，今已不可考。先生已逝，《五经易解》刚开头。维琦不揣浅薄，拟作《周易古经易解》，以承师志。所拟书稿亦秉承先生之教诲，"核之以训诂，衡之以语法，求之以史实，味之以文情"。（周先生《尚书易解》自序。）四项中无论何项都不可能达到先生的高度，但总算能遵从夫子，已尽绵薄之力了。

古经卦辞一开头，就说："乾，元亨，利贞。"那个"贞"字就很不好讲。《子夏传》说："元，始也。亨，通也。利，和也。贞，正也。"以"正"释"贞"，而与元、亨、利并列为四，可作个案解释，而不可以通释古经中所有"贞"字。《文言》说："元者，善之长也。亨者，嘉之会也。利者，义之和也。贞者，事之干也。"释"贞"为正，犹有可说，而释为"干济"（成就，孔颖达说）或主干，

344

就完全无例可援，无证可引了。"贞"字当如《说文》所言："贞，卜问也。从卜，贝以为贽。一曰鼎省声，京房所说。"京房所说是。而在古经中释为"卜问"，亦欠精确。灼龟以问吉凶，谓之卜问。而《周易》用蓍草演算以问吉凶，宜称为"筮问"，或笼统地说成"占问"。

而时人仍多不用此解。他们以为"筮问"为动词，难以解释多达 23 条的"利贞"，"贞"是宾语。同样无法解释利 n（之）贞，那 n 是名词、动词或形容词。我们的见解，"筮问"单看是动词，但在汉语里也可"名物化"而用作宾语或定语中心词。"利贞"如果前无所承，如"乾，元亨，利贞"，意思是（筮得此卦，那是）有利的筮问。换句话说，这卦是一个吉利的卦。如果前有所承，如鼎卦六五"鼎黄耳金铉，利贞"，就是利其贞，利关于鼎黄耳金铉的筮问。换句话说，筮问鼎黄耳金铉，吉利。利 n（之）贞，可释为利关于 n 的筮问。坤卦"利牝牛之贞"，巽卦初六"利武人之贞"，随卦六三"利居贞"，升卦上六"利于不息之贞"，坤卦用六"利永贞"，明夷卦"利艰贞"，当说成"利关于母牛的筮问"，"利关于武人的筮问"，"利关于安居的筮问"……

"利贞"之外，有"（含章）可贞"（坤卦六三），"（干母之蛊）不可贞"（蛊卦九二），"可贞"与"利贞"同意，"不可贞"与"不利贞"同意，只是程度较轻。

"贞"用为动词，"贞吉" 27 例。如果前无所承，意思就是：筮问（的断辞是）吉利。如果前有所承，如"需于酒食，贞吉。"意思就是筮问需于酒食（的断辞是）吉利。又有"n 贞吉"，"贞 n 吉"的格式，那 n 是名词、动词或形容词，意思同样是筮问 n（的断辞是）吉利。如：

幽人贞吉——筮问囚徒的断辞是吉利

贞丈人吉——筮问年高德劭的人断辞是吉利

安贞吉——筮问安居的断辞是吉利

永贞吉——筮问长远的断辞是吉利

至于"贞厉"、"贞吝"、"贞凶"等皆可仿"贞吉"、"n 贞吉"，"贞 n 吉"进行语法阐释。

求之以史实，我略举了 9 条史实，还有一条归在"社会生活"之内，那就是地震。如果把这一条加进来，就有 10 条。兹举一条。

旅卦有人以为是商旅专卦，有人以为反映了殷人先祖王亥的故事。我以为旅卦记述了厉王姬胡到达流放地的一些情形。看卦爻辞说了些什么：

筮得旅卦，算是顺利。占问羁旅如何？吉利。（旅，小亨，旅贞吉。）初到流放地，有了一个安身的地方。对于京城来说，处于流放可称为旅居。

旅人琐屑不识大体，这是他所以遭到灾祸的原因。（旅琐琐，斯其所取灾。）由王到平民，从周围侍者的眼光来看，他是一个琐屑庸俗的人，不配享有王的尊严。

旅人就位，到了他住的地方，带着他的资财，身边有使唤的人。筮问如何？吉凶不明。（旅即次，怀其资，得童仆，贞。）这样的处境，有钱，有用人，可吉凶不明，像不像一个被流放的人？我以为像。

旅人的住处被焚，身边使唤的人也没了。筮问如何？危险。（旅焚其次，丧其童仆，贞厉。）住处被焚，使唤的人走了，显见是有意为之。

旅人又有了一个安身的地方，他的财货器用还在，可心里高兴不起来。（旅于处，得其资斧，我心不快。）住处烧了，给他安排了另一个地方，这样如丧家之犬，虽有钱财，怎能不沮丧？

射野鸡，虽丢了一支箭，但终于得以保住好的名声。（射雉，一矢亡，终以誉命。）如果旅人确指姬胡，是说他还有打猎的自由，"保住好的名声"，实际上是说他的王号还没有被取消。

鸟巢烧了，作为羁旅之人的姬胡，先大笑，而后号咷大哭。由于轻易疏忽丢失了牛，凶险。（鸟焚其巢，旅人先笑后号咷。丧牛于易，凶。）虽有安排，仍有余痛。姬胡思前想后，自己不就像一只焚毁了窠的鸟吗？始而自嘲，继而不由得伤心痛哭起来。丢了牛只是个比方，意思是由于早没有防备，以致造成重大的损失，成了流放之人。

如此理解卦爻辞，一个流放的姬胡已经活了起来。

古本《竹书纪年》说：

厉王

淮夷入寇，王命虢仲征之，不克。

共伯和干王位。

共和十四年，大旱，火焚其屋。伯和篡位立。（范祥雍《古本竹书纪年辑校订补》，30 至 31 页，上海人民出版社，1957）

以"火焚其屋"与"旅焚其次"、"鸟焚其巢"相印证，此旅人确是厉王无疑。

下文举一个味其文情的例。我说的是渐卦。前人关于渐卦的说法很多：

① 讨论如何选择最佳环境；

② 阐述事物循序渐进的道理；

③ 提出民族融合的理论；

④ 表现鸿雁传书的男女之情；

⑤ 借助贤臣以为治。

我以为这里说的是一位军人妻子的际遇，用现在的话来说，是说一位军嫂。我把卦爻辞翻译一下，看像不像？

女子出嫁，筮问如何？吉利。（女归，吉，利贞。）

大雁不慌不忙飞到岸上。小青年有风险。有些闲言杂语，但没有过错。（鸿渐于干，小子厉，有言，无咎。）女子出嫁吉利。而男方有些闲言杂语，嫁给他有风险，可无过错，婚嫁成功。

大雁不慌不忙飞到山坡上。雄雌相与饮食，恩爱和乐。吉利。（鸿渐于磐，饮食衎衎，吉。）这是说婚后小夫妻恩爱。

大雁不慌不忙飞到陆地。丈夫出征未归。妻子有孕但没有生下来，流产了。凶险。但有利于抵御外寇入侵。（鸿渐于陆，夫征不复，妇孕不育。凶，利御寇。）这是说丈夫在战场上抗击敌人，有利于国家，而妻子在家流产了，大不吉利。

大雁不慌不忙飞到树林。在林子里碰上强人，幸好强人知道她是军嫂，没有伤害她。（鸿渐于木，或得其桷，无咎。）

大雁不慌不忙飞上大土山。自上次流产后，多年怀不上小孩，终于无法可想，总的来说还是吉利。（鸿渐于陵，妇三岁不孕，终莫之胜，吉。）因为军嫂支持了男人为国出力，这是大局。顾全了大局就好。

大雁不慌不忙飞上大丘陵。大雁的羽毛可用来作为仪仗的装饰。（鸿渐于阿，其羽可用为仪。）本卦爻辞全用比兴手法，用"鸿渐"开头。而最后一爻更明白地是用比喻。比喻军嫂个人虽有不幸，但仍然可为妇女的典范。

由于这里用比兴开头，运用了重章叠句的表现手法，又全押韵，就说类似于《诗经·国风》的一首小诗，亦无不可。如果按内容命题，现在就当题为《军嫂之歌》。基本上去掉断辞，加上韵脚，使全文稍具文学意味，重译如下：

天鹅缓缓儿飞，女孩儿结婚喜。

天鹅飞飞到岸边，嫁那小子有风险。

风风雨雨有传言，嫁汉我自有主见。

天鹅飞飞到石板，雌雄和鸣饮食欢。

天鹅飞飞到大陆，丈夫征战不在屋。

孩儿流产哪能顾？他在前线抗暴徒。

天鹅飞飞到树林，林中隐隐有强人。

幸好平安得脱身。

天鹅飞飞到山坡，终生不育莫奈何。

天鹅飞飞到山间，白云素羽舞翩翩。

容颜岂让广寒仙？